DE ESO <u>NO</u> SE HABLA

César Galicia

DE ESO NO SE HABLA

Pero aquí se responden 51 preguntas
sobre sexualidad, placer y deseo

OCEANO

DE ESO NO SE HABLA
Pero aquí se responden 51 preguntas sobre sexualidad, placer y deseo

© 2022, César Galicia

Diseño de portada: Citlalli Dunne
Fotografía de César Galicia: cortesía del autor

D. R. © 2022, Editorial Océano de México, S.A. de C.V.
Guillermo Barroso 17-5, Col. Industrial Las Armas
Tlalnepantla de Baz, 54080, Estado de México
info@oceano.com.mx

Primera edición: 2022

ISBN: 978-607-557-652-7

Impreso en México / Printed in Mexico

Para Paola, mi guardiana de la realidad,
y para todas las personas con quienes he compartido placer

Índice

PARTE 3. GUÍAS PRÁCTICAS SOBRE PRÁCTICAS, 149

PARTE 4. CUIDADOS SEXUALES, 235

Introducción

"De eso *no* se habla."

"*No* te toques ahí."

"Eso *no* se dice."

"Eso *no* se hace."

Es como si *no* fuera la palabra que condicionara nuestra manera de entender y hablar del sexo. Estaría bueno si se tratara de un "no hagas nada que no quieras" o "no permitas educación sexual basada en prejuicios" o "no beses a nadie que piense que los pobres son pobres porque quieren" o algo por el estilo, pero, lamentablemente, el caso es otro: se trata, más bien, de una negativa general al placer y la autonomía en nombre de los buenos valores o los modales o la tradición o el miedo o lo que sea. Esta educación sólo ha producido confusión, culpa y vergüenza sobre la sexualidad, con resultados terribles. Muchas personas creemos que no recibimos educación sexual, pero esto es falso: la no educación también es educación.

Este libro quiere enfocarse en los *sí*. Porque en el sexo hay (o debería haber) muchos *sí*: el *sí* del consentimiento entusiasta antes de una práctica nueva; el "sí, entiendo los riesgos de hacer *esto* y los reduzco de *estas* maneras"; el "sí, tócame (o bésame, o lámeme, o muérdeme, o chúpame)"; el "sí, dame más, así"; el "sí quiero vivir mi sexualidad como YO lo desee". Cuando decimos un *sí*

auténtico e informado le abrimos las puertas a una de las posibilidades más maravillosas y sorprendentes de nuestro cuerpo-
mente: el placer. Un placer libre, responsable, auténtico, amoroso.
¿Qué no es eso lo que queremos todas las personas? Para poder
hacer esto, como en el resto de las dimensiones de la vida, necesitamos información científica, clara y empática. Para eso es este
libro.

Todas las preguntas aquí presentadas me las hizo alguien en
alguna conferencia, taller, red social, nota de voz mañanera o
conversación por la madrugada: las personas que me han confia-
do sus inquietudes sexuales a lo largo de los años nutrieron este
libro de principio a fin. Frustrado de no poder decirles: "Mira, te
respondo y luego puedes revisar este texto para saber más", sea
porque no existían esos textos o porque sólo estaban en inglés (y
la barrera del idioma es un asunto complicado), decidí asumir la
tarea de escribirlos yo mismo. Aquí hay preguntas que hicieron
adolescentes y adultos mayores, personas cis y trans, religiosas y
ateas, atrevidas y prudentes. En ese sentido, la estructura de este
libro parte de un esfuerzo colectivo, como todo lo que nace de la
insaciable curiosidad humana. Los textos que aquí se presentan,
en su mayoría, aparecieron antes en tres sitios: *AnimalMx*, *Este
País* y *Revista de la Universidad Nacional*. Agradezco profundamente a estos tres medios por permitirme colaborar con ellos y
por la cooperación tan amable que tuvieron al momento de ges-
tionar la publicación de este libro. Todos fueron reeditados, ac-
tualizados y algunos, de plano, reescritos desde cero. Y también
hay textos nuevos, porque claro que sí.

Aunque están repartidos en cuatro secciones temáticas bien
definidas, los textos tienen, por supuesto, mucho que ver entre
sí, relaciones secretas y abiertas, ecos y complicidades. De modo
que puedes leerlos al menos de tres formas: puedes mirar el índice,

identificar la pregunta que más te interese y dirigirte ahora mismo a leerla. Puedes recorrer todo el libro en el orden propuesto. O puedes dejarte guiar por los *hipervínculos* que aparecen en los márgenes de las páginas, y que te dan pistas para encontrar otros capítulos relacionados con el párrafo que estés leyendo en ese ◉ 1 momento (como el de este margen, que te lleva al capítulo 1).

Si este libro cumple su cometido, cuando lo termines de leer tendrás respuestas, sí, pero sobre todo muchas nuevas preguntas, así como muchas ganas de responderlas.

Y entonces será hora de seguir preguntando, descubriendo, sintiendo y gozando.

Nota sobre el lenguaje

Este libro está escrito con lenguaje incluyente. Esto se verá de cuatro formas:

1) El masculino genérico será reemplazado por femenino, sobre todo cuando no exista un motivo para denotar que estoy hablando de un género en específico.
2) Utilizaré pronombres neutros, sobre todo cuando haga referencia a géneros no binarios.
3) Hablaré de "cuerpos con pene" o "cuerpos con vulva", sobre todo cuando hable de alguna cuestión puramente biológica.
4) Especificaré si estoy hablando de personas *cis* y *trans*, sobre todo cuando sea una aclaración que considere importante para el texto. Cuando no lo haga, puedes asumir que estoy hablando de cualquier persona que se identifique con el género mencionado. Y en algunas pocas ocasiones, si el contexto sugiere que estoy hablando específicamente de ellas, el uso de un género se referirá particularmente a personas cis.

Esto puede sonar confuso, pero me he esforzado mucho para que no lo sea. Si de entrada no estás de acuerdo conmigo, dame un

voto de confianza: te doy la garantía de que si no prestas demasiada atención a ello, ni lo notarás.

Y si quieres profundizar más sobre el tema... puedes leer la
pregunta correspondiente al final de la segunda parte del libro.

👁 24

PARTE 1

Cuerpo, mente y placer

Los seres humanos somos sensibles y sensuales. *Sensibles*, porque captamos el mundo con los sentidos. *Sensuales*, porque ¿!¿¿acaso no te has visto al espejo alguna vez, COSA PRECIOSA Y LUJURIOSA Y MAGNÍFICA??!? Pero también, vaya, porque tenemos la capacidad de sentir placer a través de la experiencia sensorial.

El placer es una experiencia total del cuerpo y de la mente. Gozamos con la piel y con el pensamiento. El erotismo es una cosa tan compleja que lo mismo nos puede llevar al orgasmo la mecánica de la frotación genital que la abstracción absoluta del concepto del deseo en medio de una práctica de meditación.

Y, sin embargo, a pesar de ser una posibilidad tan natural y maravillosa, tan al mismo tiempo animal y propiamente humana, más veces de las que no desconocemos los mecanismos que conforman nuestra sexualidad.

Esta primera parte, entonces, está dedicada a las posibilidades de la mente, el cuerpo y el placer.

1 ¿Qué le pasa a mi cuerpo durante el sexo?

A mediados del siglo pasado, William Masters y Virginia Johnson observaron y estudiaron científicamente más de diez mil actos sexuales para conocer en detalle la reacción fisiológica del cuerpo durante el sexo. La investigación tuvo un origen curioso: Masters, ginecólogo, le pagaba a trabajadoras sexuales para que le permitieran esconderse en un clóset mientras observaba y registraba todo lo que pudiera de los encuentros que ellas tenían con sus clientes: cambios en el cuerpo durante la excitación, duración del orgasmo, etcétera. Tiempo después, él y Johnson, su entonces asistente, montaron un laboratorio donde lograron medir la respuesta fisiológica de cientos de personas que se masturbaron o tuvieron relaciones sexuales frente a ellos, todo en nombre de la ciencia.

Lo más importante de esta historia es que la sexología es la disciplina de estudio más divertida del mundo.

A través de sus investigaciones, Masters y Johnson (llamémoslos M&J) describieron la llamada "respuesta sexual humana" (RSH), que consiste en las reacciones corporales que ocurren durante la actividad sexual. Los investigadores describieron cuatro fases: excitación, meseta, orgasmo y resolución. Tiempo después se agregaron otras dos: estímulo sexual efectivo y periodo refractario. Para facilitar su comprensión, M&J realizaron una gráfica que explica la RSH y que se ve así:

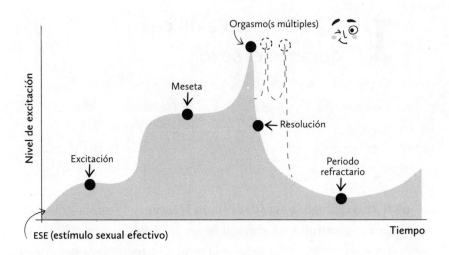

Orgasmo(s múltiples)

Meseta

Resolución

Excitación

Periodo
refractario

Nivel de excitación

ESE (estímulo sexual efectivo)

Tiempo

EL ESTÍMULO SEXUAL EFECTIVO

El estímulo sexual efectivo (ESE) es, simplemente, todo estímulo que produce excitación. El ESE (sin albur) no aparecía originalmente en el modelo de la RSH; lo agregó el sexólogo mexicano Juan Luis Álvarez-Gayou varios años después. Existen dos tipos de ESE (¿... o quizá sí con albur?): psíquicos y reflexogénicos. Los psíquicos pueden ir desde ver a una persona desnuda hasta escuchar una canción, oír coger a tus vecinos o tener una fantasía sexual. Los reflexogénicos implican una estimulación directa al cuerpo y se dividen en dos: exteroceptivos, aquellos que estimulan externamente el cuerpo, e interoceptivos, por ejemplo, tener una erección en la mañana provocada por nervios que se tocan al tener una vejiga llena.

Hay tantos ESE (pensándolo bien, DEFINITIVAMENTE con albur) como personas en el mundo, y su diversidad es inagotable. Al hablar de las cosas que nos excitan, siempre hay que tener en cuenta algo: si algo me prende, existe al menos otra persona en el mundo que también se excitará con lo mismo.

LA EXCITACIÓN

La excitación es la fase en la RSH en la que tu cuerpo se pondrá en disposición de tener actividad sexual. Las personas con pene tendrán una erección, sus testículos se elevarán hacia el perineo, el escroto se tensará y engrosará. Las personas con vulva lubricarán, sus clítoris tendrán una erección (porque sí, los clítoris también se erectan), se incrementará el tamaño de sus pechos, los labios mayores o externos se engrosarán y los labios menores o internos se abrirán para exponer la vagina, misma que ahora tendrá un color más oscuro, y habrán experimentado que se alarguen sus primeros dos tercios internos. También se iniciará la verticalización del útero. Además de esto, todas las personas experimentarán erección de pezones, aumentarán su presión sanguínea y tendrán una ligera taquicardia.

27

Algo importante: en los cuerpos con pene la sangre sólo se irradia hacia ese órgano, pero en los cuerpos con clítoris la sangre se irá hacia toda la vulva, lo que hace que muchas mujeres cis, personas no binarias u hombres trans tarden un poco más en excitarse. O sea: fajen mucho, amistades. El faje salva vidas (y orgasmos).

LA MESETA

Ésta es la etapa de los besos, el faje, las lamidas, la masturbación, el sexo oral, el coito y, básicamente, tooooooodo lo que sucede antes del orgasmo. Aquí habrá rubor sexual en el cuerpo (un enrojecimiento en la piel desde el pecho hacia los brazos y el rostro, que es la señal del cuerpo de: *oh sí, hoy hubo suerte*); la respiración se volverá agitada, rápida y profunda; aumentará el diámetro del pene y de las mamas; se incrementará la coloración del glande y de los labios menores (así como su tamaño); se elevarán los testículos y aumentarán de tamaño; el clítoris comenzará a retraerse; el

útero continuará su verticalización; la vagina se alargará un poco
más y aumentará la lubricación; tu corazón podrá llegar a latir,
en promedio, 120 latidos por minuto (algo así como *Call Me May-
be*) y comenzarás a tener contracciones musculares un tanto intensas que, digamos, se sentirán bien.

Conforme avanza la meseta (y déjenla avanzar, denle chance,
ábranle paso, disfruten su existencia) nos acercamos al momento favorito de toda relación y esto eeeees *redoble de tambor*:

EL ORGASMO(S)

En el orgasmo habrá fuertes espasmos de grupos musculares, se
tendrán alrededor de 40 respiraciones por minuto y la frecuencia
cardiaca podrá aumentar hasta 130 latidos por minuto. Las sensaciones placenteras suelen concentrarse en la zona genital (pene,
próstata y vesículas seminales, o clítoris, vagina y útero). Durante
el orgasmo, la gran mayoría de las personas con pene eyacularán
👁 5   (aunque es posible separar ambas respuestas, por ejemplo, con
orgasmos prostáticos o con sexo tántrico) y, en algunas ocasiones,
también lo harán algunas personas con vulva (aunque la eyacula-
👁 7   ción no se presenta siempre junto al orgasmo).

(Si te estás preguntando qué onda con los orgasmos múltiples, sigue leyendo, pues ya vendrá la información, como viene el
segundo orgasmo.)

LA RESOLUCIÓN

La resolución es ese momento postorgasmo también conocido
como "NO ME TOQUES" o "VEN Y ABRÁZAME" o "¿Y si ya nos vamos a
dormir?". Durante la resolución te relajarás leeeeeentamente durante unos diez o quince minutos, y tu cuerpo regresará al estado
previo a la excitación: el pene y el clítoris perderán su erección,

los órganos que se inflamaron soltarán la sangre acumulada, puede que tengas alguna contracción muscular que se sienta rico, posiblemente te den ganas de orinar debido a la vasopresina (y, por cierto, es muy importante que orines después de tener sexo, para prevenir infecciones) y puede que te dé algo de sueño, por eso es tan rico dormir después de La Caricia.

EL PERIODO REFRACTARIO

¿Ubicas cómo después de tener un orgasmo se te van las ganas de seguir cogiendo? Esto es el periodo refractario: el tiempo que tardas en volver a excitarte. Algo curioso es que para las personas con pene suele ser un poco largo, mientras que para algunas personas con vulva no existe o es súper corto: de ahí que muchas puedan tener múltiples orgasmos en una sola relación sexual. El periodo refractario varía de persona a persona y de situación a situación, y suele aumentar con la edad. Algunas personas tendrán un periodo refractario mínimo y podrán tener un orgasmo y seguir cogiendo toda la noche; otras (me incluyo acá) necesitarán más tiempo de recuperación antes de volver a excitarse, incluso días o semanas. Debido a la diversidad de los cuerpos y respuestas, no hay tiempo de espera "normal". Lo que a ti te funcione está bien.

¿POR QUÉ ES IMPORTANTE CONOCER LA RESPUESTA SEXUAL HUMANA?

Porque es una función natural, sorprendente y maravillosa de nuestros cuerpos. Porque en la escuela nos enseñan sobre el funcionamiento del cuerpo, pero deliberadamente se omite el conocimiento que existe sobre lo que nos ocurre durante el sexo. Porque muchas víctimas de abuso sexual sienten culpa por excitarse (e in-

👁 11

cluso, tener un orgasmo) durante el abuso sin saber que eso sucede porque el cuerpo es cuerpo y está diseñado para responder
a estímulos, muchas veces sin importar si existe deseo, consentimiento o voluntad (esto lo veremos más adelante en otro capítulo). Porque hay personas que viven con la angustia de no sentirse
suficientes por no tener tanto deseo como su pareja, cuando esta
diferencia podría ser sólo cuestión de tener un periodo refractario más largo. Porque hay quien nunca descubre sus estímulos
sexuales efectivos y muere sin conocer aquellas cosas que pudieron haber hecho de su vida sexual algo más rico.

Porque son nuestros cuerpos y tenemos derecho a conocerlos.
Y como dijo Paracelso: "Quien no conoce nada, no ama nada".

En fin: porque conocer nuestro cuerpo es otra forma de
amarlo.

2 ¿Cómo sé lo que me prende y lo que me apaga?

No me gusta el sexo en público. Forma rara de iniciar un texto, ya sé, pero creo que es hora de que cuente MI VERDAD: tener sexo en una calle, parque o auto, por poner algunos ejemplos, me da miedo. No es miedo de que nos vean (eso hasta me gusta un poco), sino de algunas de las posibles consecuencias: que llegue un policía y abuse de su poder, que alguien grabe sin consentimiento y suba el video, que alguna persona se aproveche de la situación... Me asusta pero no me gusta.

Sin embargo, conozco a algunas personas para las que el sexo en público es un gran afrodisiaco y sé que el riesgo que a mí me aterra las estimula. La idea de que alguien las vaya a mirar furtivamente, o que puedan ponerse en cierto nivel de riesgo, les excita. El miedo puede ser tanto alimento como asfixiante del deseo. Esto es completamente normal, pero sirve para plantear una pregunta: ¿por qué a algunas personas les excita lo que a otras les inhibe?

A finales de la década de 1990, Erick Janssen y John Bancroft desarrollaron en el Instituto Kinsey el "modelo de control dual de la respuesta sexual humana". La teoría, en palabras de la doctora Emily Nagoski, va así: el sistema nervioso central está hecho de sistemas colaborativos de aceleradores y frenos. Para la respuesta de la excitación, el acelerador es el sistema nervioso simpático y el freno es el sistema nervioso parasimpático.

👁 10

El acelerador de la excitación sexual se conoce como el *Sistema de Excitación Sexual* (SES) y es el encargado de percibir estímulos en el ambiente que pudieran ser sexualmente relevantes para luego enviarle la señal al cerebro de que debería disparar la respuesta de la excitación. Es, pues, el sistema encargado de ver la carita de nuestro crush y decirnos "qué lindo asiento, debería sentarme ahí".

El freno de la excitación sexual se conoce como *Sistema de Inhibición Sexual* (SIS), y está compuesto, en realidad, por dos frenos. El primero tiene que ver con las *consecuencias negativas* del acto y el segundo tiene que ver con el *temor al fracaso*. El primero se encarga de percibir estímulos amenazantes para la excitación y grita: ¡CUIDADO, ES UNA TRAMPA!, un poco como el freno real de un auto. El segundo es como tener el freno de mano puesto todo el tiempo: quizá puedas mover el auto, pero va a ser muy complicado.

Mi miedo a tener sexo en público es un ejemplo del primer freno, porque detecta las posibles *consecuencias negativas* de tener sexo en ciertas circunstancias e inhibe la excitación. En cambio, no poder tener una erección por miedo a enamorarte después de tener sexo con alguien, debido a que tus carencias emocionales de la infancia te llevaron a creer que cualquier persona con la que sientas la mínima conexión es el amor de tu vida y, por lo tanto, debes sabotear la situación con tal de evitar el dolor de hacerte consciente de que perdiste la oportunidad de conocer al Amor Verdadero™, es ejemplo del segundo. Desde luego, este caso es 100% hipotético y no en lo absoluto basado en mi personalidad o experiencia de vida, no-me-lean-con-esa-cara-qué-se-creen.

Los aceleradores y los frenos dependen muchísimo de nuestra historia de vida, personalidad, pareja sexual y contexto. Sucede como con las cosquillas: a algunas personas les dan risa, a otras las excitan y a otras les molesta. Si sientes cosquillas mientras te besan el cuerpo durante el sexo, puede que no moleste tanto e incluso sea emocionante; en cambio, si lo hacen para molestarte, puede ser una forma de tortura. Si llega una persona conocida y de confianza a hacerte cosquillas con ternura, posiblemente no molesten demasiado, mientras que si lo hace alguien con quien no tienes tanta confianza, lo percibirás como una agresión.

(Y si te logras hacer cosquillas a ti misma, ésa puede ser la prueba que necesitabas para confirmar que quizá no seas tú misma.)

Conocer nuestros aceleradores y frenos personales puede tener una gran ventaja: reconocer y aprender de aquello que nos excita. De esto pueden derivarse varios usos:

1. Identificar qué cosas nos pisan más fuerte el acelerador para procurar que estén presentes en nuestras relaciones sexuales y sentir más placer.
2. Conocer nuestros frenos para evitar su presencia en nuestros encuentros y que no nos vayan a apagar el anafre.
3. Reconocer que lo que nos excita no necesariamente va a excitar a nuestra pareja.
4. Encontrar acuerdos mutuos para el manejo de los aceleradores y frenos propios, así como el de nuestras parejas (siguiendo mi ejemplo del inicio: buscar espacios públicos donde no se corra tanto riesgo, o incorporar la situación como una fantasía para la otra persona).
5. Y así hasta el infinito.

La diversidad sexual también se manifiesta en la diversidad de prácticas. El deseo se alimenta de nuevas prácticas y fantasías, y el intercambio de estas experiencias puede ser una forma de nutrir el erotismo. Desde luego, no nos tiene que gustar todo ni nos tiene que gustar todo lo que excite a nuestras parejas. Sin embargo, parafraseando a John Donne, *cada persona es un continente, una parte del todo*, y en cada uno de esos continentes existe una pequeña porción de la infinitud de posibles prácticas sexuales por descubrir. Reconocer esto abre una veta para el placer: que el sexo nunca sea una imposición de valores, sino un diálogo apasionado y amoroso entre personas diversas.

3 La experiencia sexual cumbre: ¿qué podemos esperar del mejor sexo de nuestras vidas?

Hagamos un ejercicio de memoria.

Trae a tu mente un recuerdo: *la mejor experiencia sexual de tu vida.* Si no puedes pensar en la mejor, entonces intenta recordar alguna de las mejores o cualquiera que haya sido especialmente placentera. Recréala con todos los detalles que puedas:

- ¿Con quién fue? ¿Cuándo, dónde?
- ¿Cómo te sentías antes de que ocurriera? ¿Hacía calor, frío? ¿Qué ropa traías? ¿Era de día o de noche?
- Si esa experiencia fue con otra persona, ¿hubo algo en particular que te gustara de ella? ¿Cuánto tiempo duró la experiencia?
- Si tuvieron sexo, ¿qué prácticas realizaron?
- Si tuviste un orgasmo, ¿recuerdas cómo fue?, ¿qué estabas haciendo cuando ocurrió?

👁 2

Haz todas las preguntas que necesites hasta que puedas responder por qué fue tan buena. Y ahora, con el recuerdo vivo en tu mente, cierra los ojos y piérdete un rato en él.

[Pausa sensual para perderse en la memoria y recordar:
"Recordar, del latín re-cordis, *volver a pasar por el corazón."*
O por los genitales, según sea el caso.]

En *The Erotic Mind*, el psicólogo Jack Morin propone analizar lo que él nombra las *experiencias sexuales cumbre*, que no son otra cosa más que las mejores experiencias sexuales de tu vida. De acuerdo con Morin, a través del análisis de estas experiencias se pueden deducir los elementos clave que las hicieron tan buenas para luego introducirlos de forma consciente en futuras relaciones sexuales.

"¿Para qué hacer esto?" "¿No es algo frívolo?" "¿Acaso no el mejor sexo es una cuestión de química, espontaneidad, magia?" "¿Analizar las mejores experiencias sexuales no es banalizar la experiencia sexual, mecanizarla, volverla aburrida?"

Al hablar con otras personas sobre este ejercicio, no fue raro que me hicieran esas preguntas. Y, vaya, son válidas. Ciertamente, yo las tuve. Cuando leí el libro descubrí que, aunque por fortuna no me fue muy difícil pensar en las mejores experiencias sexuales de mi vida, en realidad nunca me había detenido a considerar *por qué* fueron tan buenas. Si les hubiera hablado del mejor sexo de mi vida antes de hacerme estas preguntas, el relato habría quedado así:

> Un día abrí una app de ligue. Conecté con una chava muy atractiva, hablamos durante un par de semanas porque ella andaba de viaje y quedamos de vernos a su regreso. Cuando volvió, vino a mi departamento, tuvimos sexo durante un buen rato, luego estuvimos platicando casi toda la noche, se quedó a dormir y se fue a la mañana siguiente.

Este relato está bien, pero no habla mucho ni de mí, ni de la experiencia, ni de nada en realidad. Le falta carnita, pues. Si le agregara más chismecito, quedaría algo así:

Un día abrí una app de ligue. Acababa de llegar a una nueva ciudad y me sentía un poco solo. Conecté con una chava muy atractiva (en realidad, ella me ligó: la conversación comenzó por su iniciativa y eso me hizo sentir muy deseado, algo que por lo general me cuesta trabajo), hablamos durante un par de semanas porque ella andaba de viaje (sobre documentales, de lo que ella observaba al viajar, sobre los libros favoritos de cada quien y, especialmente, sobre lo que queríamos hacer al vernos. Sexteamos mucho y en ese sexteo sentí una complicidad y una química que pocas veces había sentido con alguien) y quedamos de vernos a su regreso (la conversación fue inacabable y sólo me hacía desearla más). Cuando volvió, vino a mi departamento (antes de llegar le mandé un mensaje preguntándole si podía besarla en cuanto abriera la puerta. Nunca nos habíamos visto, así que era un movimiento arriesgado. Dijo que eso le encantaría. Lo hice y nos prendimos de inmediato), tuvimos sexo durante un buen rato (en medio del encuentro hicimos una pausa donde le pregunté cómo se sentía y me dijo que estaba un poco nerviosa. "¿Necesitas algo?", le dije. "Un abrazo", respondió. Nos abrazamos y fue un acto de tanta confianza que no pude evitar darme cuenta de que yo también estaba nervioso y que ese abrazo me había tranquilizado a mí también. Después de eso seguimos teniendo sexo y fue increíble), luego estuvimos platicando casi toda la noche, se quedó a dormir y se fue a la mañana siguiente.

Este relato dice más. Mucho más. Y ahí quedan plasmadas todas las razones por las cuales ese encuentro fue extraordinario. No fue sólo el sexo, no fue sólo que me resultara atractiva, no fue sólo que habláramos rico y cogiéramos rico. En realidad, fue todo lo que estuvo alrededor de eso: el sentirme acompañado, deseado, escuchado; el hablar de temas en común que nos fascinaban de ida y vuelta; el animarme a hacer algo nuevo y que ella lo recibiera bien; el ofrecernos confianza y seguridad en medio del encuentro. El sexo nunca es sólo sexo, sino también todo lo que ocurre alrededor del sexo.

Ahora, ¿de qué me sirve todo esto?

Piensa en cocinar. Cuando quieres consentirte (o quizá consentir a otra persona) con un platillo delicioso, no sólo avientas al horno todo lo que encuentras en tu alacena y ya: revisas una receta, planificas tiempos, eliges cuidadosamente los ingredientes y hasta pones música mientras cocinas para hacer todo más agradable. El resultado, cuando se hace con tanto cuidado y preparación, será, la gran mayoría de las veces, un platillo muy sabroso.

En algunas ocasiones, ese platillo estará tan bueno que con el primer bocado se nos hará agua la boca, sentiremos placer en todo el cuerpo y en una de ésas hasta recordaremos nuestra infancia (sí: como en *Ratatouille*). Si sucede esto, lo lógico sería repasar la preparación del platillo para conocer las circunstancias específicas que dieron lugar a que quedara tan bueno y poder replicarlas en el futuro, ¿no? A veces es la otra persona la que propone las preguntas: "Uff, te quedó buenísimo, ¿cómo lo preparaste?", "Mira, usualmente le echo dos dientes de ajo, pero ahora le puse tres, lo dejé un ratito más en el comal y le agregué pimienta gorda". "Increíble, qué sabroso, permíteme hacerte sexo oral como agradecimiento" (esto no sucedió en *Ratatouille*... hasta donde sabemos). Repasar el acto no mata el placer del momento, al contrario, lo contextualiza y con esto se extiende la experiencia del placer: la comida sigue siendo rica incluso tiempo después de que el bocado descendió por la garganta, porque la conversación sobre ella también es rica.

Repetir los pasos que en algún momento fueron sorpresivos y maravillosos no siempre dará como resultado la experiencia del platillo inesperado, pero sin duda mejorará nuestra calidad como

cocineros, la facilidad con la que prepararemos algo que nos guste y la confianza en nuestra habilidad para experimentar y probar cosas nuevas. Es decir: analizar esas circunstancias en las que
sucedió un acto placentero no elimina para nada la *magia* propia
del momento, sino que abre la posibilidad de replicarlo o realizarlo mejor. Parafraseando a Arthur C. Clarke: eso que nombramos como "magia" muchas veces no es otra cosa que un proceso
que todavía no podemos explicar. Y el hecho de que no podamos
explicarlo no elimina el hecho de que el proceso tenga sus reglas
y armonías propias.

Este proceso lo conocemos muy bien en otras prácticas humanas, como las del deporte o el arte. Aprendemos pasos de baile
y los ensayamos para integrarlos de manera orgánica en una pis-
ta. Aprendemos posiciones de las manos para interpretar acordes
en un instrumento y los ensayamos para integrarlos de manera
orgánica en una improvisación. Aprendemos movimientos del
cuerpo para tirar con mayor efectividad a gol y los ensayamos
para integrarlos de manera orgánica en un partido de futbol. En
ninguno de esos casos se considera que se pierde ninguna magia,
porque al estudiar estas prácticas se puede determinar, con mayor precisión, aquello que encendió nuestro deseo y nos llenó de
placer.

Cuando entendemos estos elementos podemos comenzar a
integrarlos en nuestras prácticas sexuales. ¿Tuviste un orgasmo   👁 25
en alguna posición específica? Quizás ahí esté la información respecto a cuáles son las posturas que estimulan mejor tu cuerpo.
¿Usaste algún juguete sexual en particular? Ahí tienes a tu nueva   👁 31
mejor amistad. ¿Fue la adrenalina el elemento clave? Procura aumentar el riesgo percibido en tus relaciones sexuales. ¿O tal vez
fue la intimidad? Quizá lo tuyo sea dejar de buscar sexo casual y
comenzar a buscar sexo más cercano y comprometido: *la caricia
honesta*. ¿Fue la lencería que tú o tu pareja estaban usando ese

día? Ahí hay una oportunidad de inversión en la calentura. ¿Fue alguna práctica más intensa e inesperada? Quizás ahí hay un *kink* que valga la pena explorar. ¿Quizá fue el lugar? Hora de agendar un viaje (a la playa, la montaña o el motel). ¿O fue que tu pareja de aquel encuentro te hizo sentir validada, emocionada o excitada de una forma muy específica? Procura que esa emoción en particular se repita. Como en un platillo de cocina, los ingredientes y gustos cambiarán según la persona que lo prepare y ahí sí es donde reside la magia: en la posibilidad de la expresión y creatividad humana.

¿O quizá fueron tantas cosas que es imposible discernir una de otra? Eso es perfectamente posible. En el mismo libro, Morin habla sobre cómo dos de los ingredientes que suelen aparecer con mayor frecuencia en las mejores experiencias sexuales son la espontaneidad y la sorpresa. Y sí, ahí reside un tipo de magia en particular que no podemos crear tanto como incentivar las circunstancias para que aparezca, pero hasta ahí. Y eso está bien. No se trata de repetir lo que por definición no puede repetirse, sino de *aprender*. No se trata de buscar constantemente *la mejor* experiencia, sino aprender de la mejor para que el resto sean *suficientemente buenas*.

Entender la magia no la amenaza, al contrario, la vivifica.

4 ¿Cómo sé si tuve un orgasmo?

En aquellos viejos tiempos, antes de La Gran Peste, yo solía dar charlas y talleres presenciales en los que le preguntaba a mi audiencia: "¿Cómo se siente un orgasmo?" Las respuestas iban de "la mejor experiencia de mi vida" a "me salí de mi cuerpo" a "olas de cosquillas y placer me recorrían de pies a cabeza" a un gutural "UUFFFFBNASFLÑASKNKÑÑ".

Descrito así, el orgasmo suena a una experiencia extrahumana, la muerte chiquita, la experiencia estética, el éxtasis infinito de placer y unión con el cosmos entero. Y aun así, a pesar de toda su mistificación, a veces sólo te vienes y dices: "Chale, voy a tener que lavar las sábanas mañana".

En aquellos viejos tiempos, antes de La Gran Peste, yo solía contarle a mi audiencia que la definición del orgasmo, ya sin el misticismo, en realidad es bastante sosa: un reflejo que usualmente se dispara de forma súbita para liberar la tensión sexual acumulada en un proceso de excitación. Cuando el cuerpo activa ese reflejo, repentinas e intensas contracciones musculares en la zona pélvica provocarán, durante unos pocos segundos, una sensación fuerte de placer (que a veces puede expandirse al resto del cuerpo), finalizando con una relajación corporal intensa (lo que conocemos como la etapa de "resolución" en la respuesta sexual humana, recuerda el primer capítulo) y un breve periodo de dificultad o imposibilidad de excitación (el "periodo refractario"). 👁 1

Tener un orgasmo es algo similar a estornudar. ¿Ubicas cómo de repente sientes cosquillas bajo la nariz, poco a poco se acumula esa tensión como una bola de nieve que se hace cada vez más y más grande hasta queeee aaah aaaah AAAH-CHÚUUU!!!? Bueno, algo así es el orgasmo, sólo que con excitación sexual. Para la mayoría de las personas, la manera más rápida de llegar a ese punto es a través de la estimulación del clítoris o del pene, aunque algunas lo experimentarán con juegos de rol, dinámicas de poder, sueños o estimulación de otras partes del cuerpo, entre otras posibilidades: existen tantas formas de excitarse como personas en el mundo. Un orgasmo es un lugar al que se puede llegar por muchos caminos.

👁 2|10

¿Por qué te aburro con esto y le quito *la magia* a una de las supuestas mejores experiencias humanas que existen? Imagina que nunca has tenido un orgasmo o que *no sabes* si lo has tenido. Quizá ni siquiera lo tengas que imaginar y ésa sea tu experiencia. Ahora imagina que por todos lados te encuentras con que esa experiencia que nunca has tenido es descrita como LA MEJOR COSA QUE PODRÍA PASARTE. Te da FOMO (Fear of Missing Orgasmito). Te angustias. Te tensas. Compras juguetes sexuales. Pagas terapia. Vas a talleres. Frotas tu clítoris o tu pene como afilador de fierro viejo o DJ joven con ganas de lucirse. Intentas "venirte" de mil formas y todo lo que haces es espantarte el orgasmo del mismo modo en que decir "salud" antes de tiempo espanta el estornudo; intentas "llegar" a un lugar interno del que te dieron una dirección incorrecta y ahora te encuentras sin mapa, referencias, brújula o GPS. Das incómodas explicaciones a tus parejas sobre por qué el hecho de que no te vengas no significa que no la/lo/le deseas y, aunque intentas convencerte de que todo está bien, no puedes evitar escuchar una voz dentro de ti que te reclama: "¿Por qué sólo yo? ¿Por qué no puedo digievolucionar? ¿Por qué no puedo vivir eso que todo mundo ama vivir? ¿Y si me abandonan

👁 31

por esto? ¿Acaso no lo estoy intentando lo suficiente? ¿Por. Qué. No. Soy. Normal?"

Y luego está la pregunta: "¿Cómo saber si ya tuve un orgasmo?", para la que la respuesta usual es: "Lo vas a saber, es como si preguntaras '¿cómo saber si ya estornudé?'" Y esto podría ser atinado si no fuera porque nadie dice ACABO DE TENER EL MEJOR ESTORNUDO DE MI VIDA, MIS MOCOS SE DISPARARON AL CIELO HASTA HACERLE COSQUILLAS A LOS PIES DE DIOS después de que un poco de pimienta le entró por la nariz. ¿Cómo no vamos a sentir muchísima presión por un evento fisiológico sin importancia ni significado inherente cuando lo describimos en semejantes términos? ¿Cómo no vamos a creer que su presencia o ausencia es señal de amor o fracaso? ¿Cómo no vamos a condenar a muchísimas víctimas de abuso sexual a años de culpa y vergüenza por creer que el hecho de haber tenido un orgasmo es significado de que deseaban su abuso (una idiotez comparable con decirles que estornudar significa que secretamente deseaban tener alergias)? ¿Cómo no vamos a tener disfunción eréctil, eyaculación precoz o retrógrada, preorgasmia, anorgasmia o, simplemente, experiencias sexuales incómodas y desagradables por la presión de tener una experiencia fisiológica que ha sido agrandada al punto de lo absurdo?

11

46

¿Quieres saber si has tenido un orgasmo o no? Pregúntate: "¿He sentido en mi cuerpo acumulación de tensión sexual al punto en que se liberó de forma relativamente súbita en donde sentí placer y contracciones musculares seguidas de relajación?" Si tu respuesta es "sí", entonces, ¡felicidades!, has tenido un orgasmo. Quizá no llegaste al nirvana, pero sigue siendo un orgasmo.

Y si tu respuesta es "no", entonces lee cuidadosamente las siguientes palabras:

No hay nada malo conmigo.

Tu cuerpo tiene la capacidad de sentir orgasmos en sus propios términos y condiciones. Lo que quizá no tenga todavía son los recursos para liberar este reflejo, sea por falta de información, 👁 44   por alguna condición médica, por algún trauma emocional, por miedo o por alguna otra razón. Pero sólo es eso: el camino no se ha descubierto, pero eso no significa que no exista. Y como dice el cliché más cliché de los clichés: el viaje es el destino. Esto puede significar distintas cosas para diferentes personas, pero al final el placer y sus posibilidades se tratan de una cosa: disfrutar del proceso, no sólo del orgasmo, sino de todo el placer de la interacción sexual.

5 ¿Son lo mismo orgasmo y eyaculación?

Vamos a jugar a "dos mentiras, una verdad":

1. Los aliens existen y caminan entre nosotros.
2. "No rompas mi corazón" de Caballo Dorado es la peor canción jamás escrita.
3. En las personas con pene, la eyaculación y el orgasmo son dos cosas distintas.

¿Ya tienen su respuesta? Pues ahí les va: todas son verdad. La primera opción era obvia, vaya. De la segunda, podrían decir, "pero César, esa canción es mi parte favorita de las bodas", y pues está bien, es válido, como también es válido llamarle "tacos" a lo que sea que vendan en Taco Bell. ¿La Constitución protege esa libre expresión de la personalidad? Sí. ¿Es una ofensa directa a cualquier definición de moral y estética? También.

Pero por mucho que me gustaría dedicar esta columna a los primeros dos puntos, no soy ni ufólogo ni musicólogo, sino sexólogo, así que me concentraré en el tercero: en los hombres, la eyaculación no es lo mismo que el orgasmo. Y conocer esta realidad del cuerpo abre la posibilidad de mejorar radicalmente nuestra vida sexual.

Me explico: aunque el orgasmo y la eyaculación suelan aparecer simultáneamente, son procesos fisiológicos distintos.

El orgasmo ocurre por la contracción rítmica e intensa de los músculos de la zona pélvica al momento de liberar tensión sexual acumulada. No sucede en el pene, como muchas personas podrían creer. Sí, la mayoría de los orgasmos que tenemos son provocados por la estimulación directa en el cheto, pero el orgasmo no sucede ahí.

La eyaculación tiene dos procesos: emisión y expulsión. ¿Ubicas el punto científicamente conocido como "SI TE SIGUES MOVIENDO ASÍ DE RICO ME VOY A VENIR NO ESPERA YA ME ESTOY VINIENDO AAAHH"? Ésa es la emisión y ocurre por la contracción de algunos órganos genitales, como los conductos deferentes, las vesículas seminales y la próstata (por cierto, la otra ciencia, la que le pone nombres descriptivos pero aburridos a las cosas, también lo llama *punto de inevitabilidad eyaculatoria*). La expulsión, en cambio, se refiere al momento en que, eh, bueno, pues... se expulsa el semen. Este proceso se lleva a cabo a través de la contracción del músculo pubococcígeo, lo que empujará al semen para que salga con fuerza. Esta contracción muscular también ocurre durante el orgasmo, pero los procesos que la activan son diferentes.

Conociendo la fisiología de ambos procesos podemos determinar que, aunque suelan aparecer de forma simultánea, el orgasmo y la eyaculación son dos cosas distintas. Esto se traduce en que puede existir eyaculación sin orgasmo, del mismo modo que puede existir orgasmo sin eyaculación.

¿Cómo es la eyaculación sin orgasmo? Es la eyaculación de semen sin el proceso fisiológico (y, por lo tanto, sin el placer) del orgasmo. ¿Has tenido sueños húmedos? Ahí pasa. ¿Alguna vez eyaculaste por masturbación o coito y como que *algo* te faltó? Ajá, exacto. En la eyaculación precoz, por ejemplo, esto suele ser común: existe emisión y expulsión, pero no se da el reflejo del orgasmo, lo que se traduce en apenas algunas sensaciones placenteras, pero no la de un orgasmo. Algunas patologías, como la esclerosis múltiple o la neuropatía periférica, pueden provocar esto también.

¿Cómo es el orgasmo sin eyaculación? Es el orgasmo que no va acompañado de la expulsión del semen, conocido de repente como "orgasmo seco". Esto puede suceder por varios motivos: cirugías como la prostatectomía radical removerán los órganos encargados de la emisión de la eyaculación… ¡pero no los músculos pélvicos! Por lo tanto, puede haber orgasmo. Otras patologías, como algunas lesiones nerviosas, hipogonadismo, radioterapia o incluso ciertos medicamentos, pueden provocar esto también.

¿Por qué es importante conocer esta información? Bueno, primero, porque el cuerpo es nuestro hogar y nunca está de más conocernos. Segundo, porque puede aliviar temores: no eyacular no te hace infértil (se puede extraer tu semen para un proceso de inseminación artificial), la vasectomía no reducirá tu capacidad orgásmica (porque no afecta ni la eyaculación ni los músculos pélvicos), los tratamientos médicos para las enfermedades de la próstata no necesariamente se traducirán en imposibilidad de sentir orgasmos, etcétera.

Además, este conocimiento abre la puerta para hablar del multiorgasmo. ¡¿Podemos tener orgasmos múltiples?! ¡Sí! Sucede esto: en la respuesta sexual humana, como mencionamos ya en el primer capítulo de este libro, existe algo conocido como *periodo refractario*: ese momento después de tener sexo en el que 👁 1 dices "ufff, ya, hasta acá" y tiene que pasar un tiempo antes de que puedas volver a excitarte.

El periodo refractario se asocia al orgasmo, aunque esto no es muy preciso. En realidad, lo que activa al periodo refractario no es el orgasmo, sino la eyaculación. ¿Qué significa esto? Que si uno aprende a disociar la eyaculación del orgasmo (*hackear el cheto*®) puede abrir la posibilidad de tener varios orgasmos sin que se active el periodo refractario.

¿Cómo lograrlo? La evidencia que tenemos disponible no ha concluido respecto a si es una posibilidad universal o no. Hay casos reportados de hombres con capacidad de tener orgasmos múltiples de manera espontánea, como también hay de quienes aprendieron a hacerlo a través de diversas prácticas: estimulación prostática, técnicas de respiración y meditación (como el tantra), ejercicios de fortalecimiento muscular, cambio de parejas sexuales en prácticas de sexo grupal, entre otros.

Y aunque el multiorgasmo es una posibilidad fascinante, creo que detrás de ella se esconde una verdad todavía más placentera y liberadora: si orgasmo y eyaculación no son lo mismo, entonces, lo que usualmente dispara la eyaculación, que es la estimulación constante en el pene, no es la única forma de llegar al orgasmo. Y si el orgasmo se trata de acumular tensión sexual, no de provocar la eyaculación, entonces nuestra atención podría rendir más frutos al destinarse a las múltiples y diversas formas en que podemos lograr esto. Y ya de ahí, poco importará si acabamos con uno o varios orgasmos, porque de cualquier modo habrá mucho placer.

6 ¿*Blue balls*? ¿¿En las mujeres??

Imagina que estás leyendo una conversación de WhatsApp. Ajena.
Ajá. Son como las 11 de la noche. Nos estás leyendo a mi amiga y a mí.

*****

oye estás?

q pasó

me acaba de pasar
algo bien raro

qué

tuve una cita

ajá

estuvo bien, nos fuimos a su depa
y fajamos y me hizo sexo oral

👁 27

no inventes, no sabía que neta era tan raro que los hombres hicieran orales

no

o sea sí, pero pérate

ok

el chiste es que todo muy bien, de que neta, MUY bien de qué increíble cosa

ajaaaaaa

y de repente me dice que tiene mucho sueño y que se quisiera dormir

y qué con eso

pues sigo muy caliente pero como raro

es invitación?? :D

CÉSAR

ash pues preguntar no cuesta nada

no, a ver, es que sigo MUY caliente, de que mi cuerpo me arde con la intensidad de mil soles pero también me siento enojada y confundida

enojada con él?

no, o sea, sólo enojada

mmm

de casualidad te duele la vulva? como si estuviera congestionada?

pues fíjate que de hecho un leve, sí

ah, pues tienes blue balls. o bueno, blue vulva, jaja

ay a poco también le da a las morras

sí, le pueden dar a cualquier persona

el dolor en los genitales no tiene género, ¿no es un maravilloso e igualitario pensamiento?

si sigues así te voy a hacer daño

👁 1

ash, a ver, o sea, cuando te excitas, tus genitales se llenan de sangre que fluye a través de tus arterias. si tienes pene, la sangre se dirige principalmente al ídem para provocar la erección, pero una parte también se irá hacia los testículos, dilatándolos. y si tienes vulva, tu clítoris, labios, ovarios y útero también se llenan de sangre, provocando lo mismo

órale qué raro que nunca había escuchado de eso

sí, está bien loco. hasta existe un término científico para las blue balls, "hipertensión del epidídimo", pero no sucede lo mismo con su equivalente en vulvas

qué sorpresa

ya sé

oye y por qué les dicen *blue*

porque durante la excitación, las venas en tus genitales se constriñen, evitando tanto que la sangre escape como que entre suficiente oxígeno (de ahí el efecto azul). esto se conoce como *vasoconstricción*. esto se siente bien durante un rato (piensa en cómo justo cuando andas muy prendida te da una sensación como de que tus genitales "aprietan" o "se tensan" rico), pero, después de cierto tiempo la sangre en los genitales, como la añoranza de un recuerdo perdido, buscará alivio

el orgasmo?

ajá

eso explica mucho, se quedó dormido antes de venirme

F

ya sé, rip yo

lo que pasa es que cuando tienes un orgasmo la vasoconstricción deja de ser necesaria, la sangre vuelve a fluir como debe, todo vuelve a la normalidad, la vida es bella y todo está bien y cuando no, como ahorita, qué

cuando no lo tienes, es básicamente como si estuvieras ahorcando un poco a tu vulva o a tu pene, y no de la manera divertida. la vasoconstricción, después de un periodo prolongado y sin alivio, producirá dolor, como si te estuvieran torciendo los testículos o los ovarios. además, el clítoris y el pene se pondrán hipersensibles y ps toda esta sensación es normal que despierte mal humor, jajjajaj

ya dime qué hacer con esto o me voy a desquitar contigo césar galicia

a ver, en este rato que hemos hablado te sigue doliendo igual??

no, o sea, leve se siente raro pero ya no como antes

pus sí, los síntomas desaparecerán solos después de unos quince o veinte minutos. en lo que te quedas dormida se te pasa ya no quiero estar caliente quiero ser feliz

aah pues le puedes decir a tu ligue que te ayude a tener un orgasmo

está dormido, acuérdate

sicierto. bueno, tócate y dátelo tú

👁 8

qué parte de que tengo a junto a mí dormido a un hombre que recién conocí hoy no estás entendiendo

ash, ps a ver, aplica la maniobra de valsalva

qué es eso

aprietas tu nariz con una mano y exhalas aire con fuerza mientras cierras tu boca. también puedes intentar cargar un objeto muy pesado que no puedas levantar, aunque ten cuidado porque igual y te lastimas la espalda. pero ps unas por otras supongo

[Pasan unos minutos]

> bendito remedio no es posible
> ya me siento yo otra vez

está bien, ¿no?

> es que no puedo creer que neta es
> tan fácil. y más porque ps pienso en
> que conozco amigas que les pasó
> que sus ligues terminaban con blue
> balls y por la frustración les decían
> de que "no me puedes dejar así" o
> "ay, a poco no me quieres?" o las
> tocaban luego sin consentimiento
> dizque porque les dolía mucho

chale. es que sí puede llegar a doler
y es normal sentir enojo si tu cuerpo
está adolorido o incómodo. pero no
es más que una reacción del cuerpo
que pasa sola y no tiene mayor
significado y no está bien que se use
como excusa cuando bien podrías
entrar a un baño y masturbarte, o
nomás esperar a que pase el tiempo o
aplicar la de valsalva

pero bueno. ya te vas a dormir o qué

> no lo vas a creer, justo ahorita se
> anda despertando el hombre y
> dice que si quiero seguir cogiendo

pues vas

descansa, voy a que me sigan
comiendo súper rico

esto es un final feliz

sí lo es

Esta historia es el recuento de una conversación real que César tuvo con una amiga suya. Ningún clítoris fue herido en la realización de este texto. Sin embargo, el final ha sido modificado para evitar herir susceptibilidades ante la tragedia de lo que ocurrió después. César se enteraría del verdadero final semanas después, cuando ella le contó que:

ese man me ghosteo luego
7:38 PM

de que dude??? you didn't even
cum????
7:38 PM

wow, la audacia
editado 7:38 PM ✓✓

rarísimo
7:39 PM

pero best oral sex OF MY
LIFE
7:39 PM

7   ¿Las mujeres eyaculan?

Sí.

Esto es algo que se sabe probablemente desde la primera vez que una se metió los dedos de *cierta* manera y notó que *cierto* fluido salía de *cierta* parte, pero a pesar de eso, más de doscientos mil años de especie humana después, existen personas que sienten miedo, vergüenza, asco hacia este simple y maravilloso hecho biológico básico. Y eso, suponiendo que lo conozcan.

Pero sí: las mujeres eyaculan. Lo hacen las mujeres cis y trans. Y también hombres trans y cis. Y también personas de género no binario. De hecho, resulta que todas las personas tenemos, en teoría, la posibilidad de eyacularnos unes sobre otres, en una gran fiesta de fluidos que nos hermana como humanidad. Quizás a eso se refería *Evangelion* con lo de la "sopa primordial", o quizá no, pero bueno, yo sólo voy a dejar la idea sobre la mesa.

¿Por qué pueden eyacular las mujeres? Porque tienen próstata. ¿Cómo sabemos que tienen próstata? Porque eyaculan. No, no es un argumento circular, sino un hecho biológico que puede comprobarse de dos maneras muy sencillas.

La primera es, literalmente, sintiéndola. Es muy fácil: sólo hay que introducir los dedos en la vagina y presionarlos en dirección al hueso púbico. Una vez dentro, haz la *maniobra de veñ*, que consiste en, bueno, eh, hacer como si le dijeras "veñ" a alguien con

los dedos. Al hacerlo, busca una parte que se sienta algo escurri-
diza, como una esponja suave pero firme que no se contrae si con-
traes los músculos de tu vagina (porque no es un músculo, ¡sino
una próstata!). Ahí es.

Quizás has escuchado del *punto G.* Bueno, resulta que no es
un punto sino un área: esa que al ser acariciada provoca estimulación tanto en la próstata como en la parte interna del clítoris.
Cuando se estimula intensamente esa área, algunas personas reportan que un fluido particular sale de su cuerpo. Lo curioso es
que aunque la experiencia es común, los detalles precisos varían
de persona a persona: el fluido *puede o no* salir al mismo tiempo
que un orgasmo, *puede o no* venir acompañado de una sensación
similar a las ganas de orinar, *puede o no* salir a chorros. El fluido,
incluso, también *puede o no* salir.

¿De qué hablamos cuando hablamos de eyaculación? Es muy
interesante. Mucho de lo que voy a escribir a continuación es conocimiento en construcción (todo el conocimiento siempre lo
es, pero bueno, *me entieeenden*), así que la narrativa podría cambiar una vez que tengamos más y mejores estudios, pero se hace
lo que se puede con lo que se tiene y, lamentablemente, sobre
eyaculación "femenina" no se tiene mucho.

Se piensa que existen dos tipos de fluidos eyaculatorios de las
personas con vulva, que se han nombrado como "eyaculación" y
"*squirt*".

La eyaculación surge de la próstata, conocida también como
"glándulas parauretrales" o "glándulas de Skene" (en honor a la
ridícula tradición de nombrar a algunas partes del cuerpo como
el vato que dizque las descubrió). Se compone químicamente de
fosfatasa ácida prostática, glucosa y antígeno prostático (lo que
lo hace similar al fluido que produce la próstata "masculina").
Su densidad es menor a la de la lubricación y suele tener un color blanquecino y un olor no muy intenso (que varía según el

momento del ciclo menstrual y la alimentación, un poco similar a lo que sucede con la eyaculación de penes).

¿Cómo saber si has eyaculado? Fácil: si alguna vez has visto un fluido blanquecino que salió de tu vagina después de estimulación sexual intensa, bueno, *eso es*. Puede que en ocasiones lo veas y en otras no, puede que a veces sea muy abundante y a veces no; esto es completamente normal y depende de varios factores, desde la mecánica específica de la estimulación sexual recibida hasta el momento del ciclo menstrual, ¡incluso el tamaño de la próstata! Algunas personas le dicen "flujo" a falta de reconocimiento de su verdadero origen y otras lo confunden con lubricación, pero no lo es por dos razones:

1) Es notablemente diferente de aquí a cuando la lubricación es blanquecina.
2) La lubricación surge *al inicio* de la excitación, mientras que la eyaculación sólo lo hace después de mucha estimulación.

El *squirt,* popularizado por el porno, se refiere a *ese* fluido que probablemente venga a tu mente: el que sale expulsado a chorros. Aunque desconocemos mucho sobre el *squirt,* sí sabemos algunas cosas: parece ser que durante la estimulación sexual intensa, la vejiga de algunas personas se "llena" súbitamente de este líquido y luego lo expulsa intensa y abundantemente. ¡Puede llegar incluso a los 150 ml! (Haz de cuenta: poco más de medio vaso de agua.) Igual que con la eyaculación, *puede o no* venir acompañado de un orgasmo y la sensación física puede variar de persona en persona: hay quien lo sentirá de manera muy intensa y quien ni se dará cuenta (y muchos puntos en medio).

Una pregunta común sobre el *squirt* es si en realidad se trata de orina. Tiene sentido creer eso por dos motivos:

1) Se origina en la vejiga.
2) La sensación que lo acompaña, en ocasiones, es similar a las ganas de orinar (algo que también sucede con frecuencia durante la eyaculación, debido a que estimular la próstata, "masculina" o "femenina", genera esa sensación).

Sin embargo, el consenso científico sugiere que el fluido no es orina sino *su propia cosa*, esto debido a que su composición química no es la misma que la de la orina y sus similitudes parecen ser, más bien, remanentes de haber pasado por todo el canal de la uretra. Aunque varía de persona en persona, para la mayoría el fluido es claro como el agua y no tiene un olor intenso.

Un misterio bioquímico curioso sobre la composición de estos fluidos es que ciertos estudios han encontrado antígeno prostático en el *squirt*, mientras que otros no. Resulta que, en ocasiones, estos fluidos se cruzan. Se ha propuesto la hipótesis de que, en algunos casos, la eyaculación se redirige hacia la vejiga (de manera similar a lo que sucede con la "eyaculación retrógrada masculina"), lo que produce la percepción de que no se está eyaculando, cuando en realidad sí sucede (se piensa que esto podría estar relacionado con el tamaño de la próstata). Cuando esto ocurre, es posible que si la persona *squirtea,* lo haga expulsando ambos fluidos.

¿Qué porcentaje de personas con vulva eyaculan? Es difícil de decir. Hay personas que eyaculan pero no lo registran como tal, o puede que su cuerpo no expulse suficiente fluido como para ser notorio, o puede que se frenen por el miedo a orinarse, o por la vergüenza, o por el estigma y, probablemente, existe un gran porcentaje que no lo ha hecho porque no se ha estimulado (o ha sido estimulada) de la manera adecuada para descubrir esta maravillosa posibilidad de su cuerpo. Y aun con toda la prudencia del mundo, existen dos suposiciones que me atrevería a sugerir:

1) Probablemente cualquier persona con próstata funcional tiene la posibilidad de eyacular.
2) Definitivamente son muchas más de las que creemos.

8 ¿Por qué a veces prefiero la masturbación al sexo?

Porque está bien rico. Siguiente pregunta.

¿No? ¿Necesito argumentar porque ése es mi trabajo? Ash. Bueno. De entrada, se trata de una falacia lógica conocida como *falso dilema* (*argumentum falsum dilemma*, para quien no sepa español). El falso dilema en cuestión parte de la suposición de que la actividad sexual con otra persona debería ser opción preferente respecto a la actividad sexual con una misma en todas las ocasiones. Y si optas por la segunda, significa que algo está mal.

La masturbación y el sexo son dos cosas distintas. Claro, ambas son una experiencia de placer sexual, ambas posiblemente involucrarán contacto genital y en ambas se suele aspirar al orgasmo. Pero pensarlas como algo equivalente es como pensar así el agua y la cerveza: ambos son líquidos, sí; ambos se pueden beber si tienes sed, también; ambos los ingieres por la boca. Sin embargo, te ofrecen experiencias sensoriales completamente distintas, por lo que el uso que les darás será distinto: bebes agua cuando tienes sed de la buena, y cerveza cuando tienes de la mala.

La gran mayoría de las veces, la masturbación es una experiencia de placer *en solitario*. Esto es importante: si estás tú y sólo tú, entonces tú tienes control sobre el acto entero: los tiempos, los ritmos, los orgasmos, el horario, el escenario, las fantasías. La masturbación es un acto de soberanía sobre ese territorio que es el cuerpo propio, un encuentro contigo en ese espacio seguro que es la piel; algo que la humanidad lleva haciendo desde que somos, pues, humanidad.

El sexo, en cambio, es con *alguien más*. Esto ya lo redefine todo: una nueva variable cambia la ecuación entera. Con una persona nueva (o dos, o tres), las oportunidades cambian, pero también los riesgos: hay posibilidad de validación pero también de rechazo, de improvisación o de descontrol, de encuentro o de angustia. El infierno son los otros, y aunque a veces queman rico, de repente no tanto.

Optar por la masturbación sobre el sexo, en ocasiones, es una decisión económica respecto a cómo conservar mejor la energía. ¿Realmente vale la pena tomar ese viaje a las 2 a.m. para ver a alguien que no sabes si te va a cucharear después, cuando tu vibrador no te romperá el corazón? ¿Realmente vale la pena desvelarse hoy por coger otra vez en las mismas dos posiciones cuando te puedes tocar un rato en la regadera pensando en esa maravillosa expareja? A veces, la respuesta será sí; otras, no. Y eso está bien.

Considerando esto, creo que una pregunta más útil es: *¿En qué circunstancias prefiero masturbarme a tener sexo?* La respuesta reflejará lo dicho: existen contextos en los que preferirás una experiencia a la otra, porque son *distintas*. E incluso cuando la respuesta indica algún problema subyacente, digamos: "prefiero la masturbación porque ya no deseo a mi pareja" o "la prefiero porque entrar en contacto con otra persona me da ansiedad", la respuesta no deberá juzgarse ni patologizarse, sino observarse desde la compasión y la ternura, pues nos está dando información sobre nuestra vida, historia y dolores.

Esto es particularmente importante en el contexto de una cultura que ha creado múltiples juicios morales alrededor de la masturbación. Por ejemplo, en los países y culturas que tenemos influencia judeocristiana, la mirada negativa hacia la masturbación es una herencia de milenios atrás: el antiguo pueblo hebreo, ante múltiples amenazas de conquista y extinción, desarrolló leyes que prohibían cualquier uso no reproductivo de la sexualidad. De esta manera, prácticas como la masturbación, el coito durante la menstruación, el *coitus interruptus* o la penetración anal se hicieron pecado, y se crearon mitos alrededor de ellas con el objetivo de no desperdiciar el semen (éste fue el famoso "pecado de Onán", de donde surgió el término "onanismo"). Si el semen se "desperdiciaba", la existencia misma como pueblo de la comunidad se vería todavía más amenazada.

El estigma ha logrado permanecer a lo largo de los tiempos, adaptarse a nuevos contextos y transformarse en nuevas cosas (finalmente, el control de la sexualidad es una de las formas más esenciales para mantener el control de una población). Mitos como los pelos en las manos, el desgaste de los genitales, la posesión demoniaca, la locura o incluso la muerte (John Marten, un médico del siglo XVIII, creía que la masturbación podría provocar muerte por inanición) son evidencia de esto. Algunos de ellos han terminado en historias francamente ridículas, como cuando John Harvey Kellog inventó los cereales Kellog's para darles a los niños una buena alimentación... creyendo que eso serviría, entre otras cosas, para calmar sus impulsos primitivos y evitar la masturbación. De modo que masturbarse después de comer cereal es hacer la revolución ideológica del placer. O algo así.

Un mito más reciente tiene que ver con el llamado No Fap November o No Nut November, que se traduciría en algo como "Noviembre sin chaquetas" (¿así se llamaba una canción de Reik, no?): un evento celebrado cada noviembre en el que algunos hombres (sobre todo hombres, aunque no exclusivamente) dejan de masturbarse todo el mes por, eh, razones. Quizá sea mejor explicarlo con una historia: recuerdo una vez en que un amigo de la secundaria nos presumió un acto de lo más extraño: había cumplido dos meses sin masturbarse. Yo, que tenía apenas 13 años y acababa de tener mi primera polución nocturna, no podía creerlo: ¿como por qué habría de privarse de un placer tan intenso, tan privado, tan inocuo? Cuando le pedí una exposición de motivos, su respuesta fue todavía más misteriosa: *es para fortalecer mi espíritu.*

La práctica de abstenerse de la masturbación con fines de crecimiento personal no es nueva, como tampoco es exclusivamente religiosa o adolescente: existen deportistas que sostienen que eso aumenta su rendimiento deportivo (algo que ha demostrado ser un mito). Podríamos argumentar que Marx se equivocó y que el verdadero motor de la historia no era la lucha de clases, sino la de los motivos para masturbarse frente a los motivos para no hacerlo.

Al día de hoy, toda la evidencia científica disponible es clara: la falta de masturbación no está ligada de ningún modo al desarrollo de las habilidades asociadas al "espíritu": la fortaleza, la destreza física, el autoconocimiento o el temple emocional. La ciencia, lo que dice, es otra cosa: masturbarse está ligado a tener un riesgo más bajo de padecer cáncer de próstata, ¡e incluso a tener una vida más larga! Claro, no podemos asegurar que la masturbación provoque directamente estos efectos, pero vaya, es lo que tenemos.

No es coincidencia que sean hombres en su amplia mayoría quienes celebran el Noviembre Sin Chaquetas (y en general, quienes han impuesto las miradas moralinas sobre la masturbación a lo largo de la historia). Parte fundamental de la masculinidad hegemónica tiene que ver con el aparente dominio emocional, con hacer lo "correcto", con la virtud moral obtenida a través del control de los impulsos. No todos los impulsos, claro: aquellos que pueden ser utilizados con fines bélicos o de explotación siempre son bienvenidos y promovidos. Pero aquellos que representan un "gasto de energía innecesario" o la aparente distracción de aquello que se "debe" hacer, como el llanto, la ternura o el placer solitario, son vistos como defectos que deben ser eliminados. Es decir, para el modelo de masculinidad que propone el evento, un hombre es alguien que elige no gozar cuando quiere hacerlo (y una mujer es alguien que sencillamente no debería gozar nunca). Y así, ¿cuál es el chiste de tener un cuerpo?

Hace varios años, durante un diplomado de educación sexual que tomé, me tocó presenciar algo: una mujer de cincuenta años narró al grupo sobre cómo nunca había tenido un orgasmo. 👁 4 Se puso a llorar de inmediato. La profesora se acercó a ella y se la llevó a otro espacio en donde hablaron por diez o quince minutos. Regresaron y la mujer se veía más tranquila, pero triste. En la siguiente sesión, una semana después, la mujer llegó con otro rostro: la tristeza había desaparecido. Nos contó que se había masturbado por primera vez y tenido su primer orgasmo. *Su primer orgasmo.* A los cincuenta años.

Como ella, hay millones de mujeres que nunca se masturban y, por lo tanto, nunca descubren lo que se siente un orgasmo o cómo llegar a él. Y del mismo modo, también hay muchísimos hombres que se podrían llegar a masturbar con culpa, que después asocian con el sexo y padecen disfunción eréctil o eyacula- 👁 46 ción precoz.

Hay personas que dejan de masturbarse cuando tienen pareja porque, pues, para eso está el coito, ¿no? O parejas que nunca se masturban mutuamente o frente a su pareja porque... pues para eso está el coito, ¿¿no?? No, de hecho, no. El coito está para el coito y la masturbación está para la masturbación. La mas- 👁 30 turbación puede coexistir e integrarse en nuestra vida sexual de pareja(s) si así lo queremos, o mantenerse como una práctica en solitario, un regalo de mí para mí. Y eso está bien.

Nadie nace con vergüenza frente a la masturbación: es algo que se aprende. Sé de personas que cuando eran infantes descubrieron que si se frotaban contra una mesa *sentían rico* y un día su maestra de la primaria o alguno de sus padres las descubrieron y acusaron de *perversión*. Como si un niño o una niña pudiera ser eso, como si no simplemente se tocaran sus genitales como se rascan la cabeza o se acarician el rostro *porque se siente rico*.

Cuando madres/padres/profes/*profas* reaccionan de esta manera, lo que hacen es horrible en dos sentidos. El primero, generar culpa; el segundo, perder esa oportunidad para tener una conversación sobre cómo tocar nuestro cuerpo es reconocerlo, cómo podemos tocar nuestro cuerpo cuando queramos, pero si alguien más desea hacerlo se necesita consentimiento, cómo el tacto puede ser una expresión del amor, cómo tocarnos es decirnos: *yo existo, yo me puedo hacer bien, yo me puedo dar placer.* La educación que recibimos de infantes y adolescentes nos hace creer que tenemos un enemigo entre las piernas cuando lo que en realidad tenemos es DINAMITA PURA. O algo así.

El morbo respecto de la masturbación está en los ojos de quien la mira, no en las manos de quien la practica. Y no existe nada malo, ni perverso, ni dañino, ni pecaminoso respecto a ella. Si se siente bien, no le hace daño al cuerpo y ayuda a conocerte, ¿cuál es el problema?

A pesar de la múltiple e histórica insistencia de muchas personas por asegurar los diversos peligros inherentes a la masturbación, no existe una relación directa entre ella y un malestar, como tampoco lo existe entre su abstinencia y los beneficios psicológicos, corporales o espirituales que se le atribuyen. Estas creencias no pueden ser tomadas como algo menos que supersticiones, ésas de las que Gabriela Wiener dijo que "son tonterías colectivas y risueñas que alguna gente adopta por si acaso, no vayan a tener razón los tontos". Y en todo caso, si de elegir supersticiones se trata, yo prefiero otra, una que al menos me promete felicidad:

Una masturbadita al día es la llave de la alegría.

Pese a lo que dicen estas historias: Masturbarse. Está. Bien. Y aunque suene a una obviedad, me parece muy importante señalar esto, porque la gran mayoría de nosotros crecimos con culpa al respecto. Esta culpa, además, ha sido mucho más intensa sobre las mujeres. A los hombres se nos permite mucho más hacerlo (como la gran mayoría de las prácticas sexuales y de la vida) y esto deriva en problemas sexuales muy complejos y reales.

En suma, prefieras lo que prefieras, cuando lo prefieras, está bien. Y entonces, de nuevo: a veces elegiremos masturbarnos antes que tener sexo, porque está bien rico.

Ahora sí, siguiente pregunta.

9 ¿Qué es un fetiche?

Comúnmente solemos entenderlo como una *fijación* hacia algo *raro* que produce excitación sexual. Y si el sexo y sus secretos ya de por sí nos fascinan al mismo tiempo que nos aterran, lo que nos excita y se sale de la norma nos vuela la cabeza: el fetiche tiene un lugar especial en el imaginario colectivo por tratarse de una especie de secreto inconfesable, una representación del núcleo moral y sexual de la persona, la caja negra que esconde los deseos más oscuros y profundos del alma. Caras vemos, fetiches no sabemos, porque claro, los fetiches nunca son propios: *siempre son de otra persona*.

Busquemos la palabra *fetiche* en Google:

Trastorno. Extravagancia. Búsquedas de placer *alternativas*. La noción de fetiche parte de varias suposiciones que lo empalman con el concepto de la *parafilia*, palabra compuesta por el prefijo *para-*, que significa "al lado de", y el elemento griego *filia*, que en este contexto significa "amor". Es decir, eso que existe *a un lado del amor*, esas inclinaciones sexuales no naturales y no correctas.

Pero ¿cómo localizamos ese sitio central del deseo a partir del que se define lo que se encuentra *al lado de*?

Veamos un ejemplo. Una mujer disfruta utilizar ciertas prendas que la hacen sentir sensual, pasa horas viendo tiendas en redes sociales, visualiza las prendas en su cuerpo y se excita de imaginar el roce de la tela en su piel, la mirada de su pareja, el personaje al que sólo accede cuando la seda cubre su cuerpo. Finalmente decide gastar en esas prendas con dinero que pudo usar para cualquier otra cosa, como acceder a alta literatura o viajar por el mundo, pero lo quiso usar en la putería.

Antes de su próximo encuentro sexual lava la prenda, la coloca sobre su cuerpo, se mira al espejo, quizá se tome algunas fotos y quizá también las comparta. Si por algo no pudiera usar la prenda, sentiría algo de incomodidad porque se percibirá menos sexy: de algún modo le ha atribuido el poder de la sensualidad a ese trozo de tela. Finalmente, la mujer tiene un secreto: a veces incluso usa la prenda en la intimidad de su hogar sólo porque lo disfruta, incluso si le incomoda un poco o si no es completamente práctica: goza de verse en el espejo y sentirse sensual, y eso basta.

Si la prenda es un calzón de encaje, diríamos: "a esa mujer le gusta la lencería". Todo estaría bien y le concederíamos ciertas atribuciones de personalidad: es una mujer que sabe lo que quiere, que confía en su poder sexual, que tiene buena autoestima, que está en contacto con su sensualidad. En cambio, si la prenda es la botarga de un animal, diríamos "esa mujer tiene un fetiche, *es una furra"*, y las atribuciones que llegarían a la mente serían espantosas: parafilia, zoofilia, pedofilia, desviación... ¡¡TRASTORNO!!

En esencia, ambas cosas son lo mismo: una persona se prende al usar una tela en su cuerpo a la que le atribuye un significado. Como le prende, le dedica tiempo y dinero. Como le prende, la usa en sus encuentros sexuales; como le prende, la usa a veces ella sola. Sin embargo, sólo una de las dos cosas se considera "normal".

Otros ejemplos pueden salir por montones:

- Si te gusta la gente con cuerpo delgado, te gusta la gente. Si te gusta la gente con cuerpo gordo, tienes un *fetiche de gordos.*
- Si te gusta la gente blanca y europea, te gusta la gente. Si te gusta la gente de otro color de piel, tienes un *fetiche de negros, de asiáticos, de morenos.*
- Si te gusta masturbarte mientras ves a personas desconocidas tener sexo a través de una pantalla, te gusta la gente. Si te gusta masturbarte mientras ves a personas desconocidas tener sexo frente a ti, eres *voyeurista.* Si además resulta que las personas no son desconocidas, sino tu pareja con alguien más, eres un *cornudo.*
- Si fantaseas con una persona imaginaria e imposible, una "esposa trofeo" o un "príncipe azul", te gusta la gente. Si esa persona imposible resulta ser un robot, tienes un fetiche de robots.
- Si te excitan las nalgas, te excitan las personas. Si te excitan los pies, tienes un fetiche de patas.

Mmmm... patas (͡° ͜ʖ ͡°)

Los fetiches no sólo se definen por excitarte a través de un objeto físico o rasgo "anormal". Cuando les pasamos el lente de la patología, el "trastorno fetichista" se considera tal cuando "causa una angustia significativa, afecta a su funcionamiento diario o perjudica a otras personas".

Pero ¿qué causa ese malestar? ¿Es el fetiche en sí o la reacción a él? Si un hombre tuviera un "fetiche" de usar tacones y todas sus parejas se burlaran de ello porque es algo no masculino, ¿el problema está en su gusto o en la burla? Si encontrase una pareja que acepte su preferencia, participe amorosamente de ella y que, incluso, en una de ésas, también le excite, ¿cuál sería el problema ahí? El fetiche está en los ojos de quien lo mira.

Los mismos cuestionamientos aplican para otras formas de tener relaciones sexuales.

Por ejemplo: si una pareja disfruta jalarse del pelo, dar órdenes y nalgadas, usar ropa de látex, y hacer *juegos de rol*, se considera que tienen un fetiche por el BDSM. Y vienen las suposiciones: ¿tendrán un trauma de la infancia? ¿Será que internalizaron la violencia patriarcal para convencerse de que les gusta? ¿Realmente podemos decir que una persona da consentimiento a eso?

En cambio, si esa misma pareja tiene sexo durante veinte años en las mismas posiciones, los mismos días a la semana, a las mismas horas, de modo que ya no sólo no es emocionante sino, además, es posible que alguna de las dos partes no lo esté disfrutando e incluso lo esté sufriendo, ningún cuestionamiento vendría a la mente y sólo se consideraría, en el peor de los casos, sexo aburrido, pero en el fondo sexo *normal*.

Por supuesto, todas las preguntas tienen un lugar en la maravillosa exploración de la sexualidad humana. Claro que existen *de gustos a gustos*, y algunos serán más "normales", entendiendo la palabra desde la estadística, y otros no lo serán tanto. Algunas prácticas son violentas de manera injustificable, como la pederastia. Algunas preferencias podrían cambiar con el paso del tiempo, como aquello que consideramos "masculino" o "femenino" en diversas sociedades. Como John H. Gagnon y William Simon propusieron en su "teoría de los guiones sexuales", la construcción de la mente erótica es compleja y se da a través de la interacción de factores culturales, relacionales, intrapsíquicos y, posiblemente, varios otros más.

Sin embargo, creo que de repente vale la pena frenar tantito y dejar de buscar la caja negra del deseo en otras personas desde una posición morbosa. Nadie está exento de tener por ahí algún gustito *raro* pero inocuo que pueda ser terriblemente juzgado por personas que no lo comprendan (sobre todo tú, sí, TÚ, la persona que anda juzgando al vecino pero que se prende al juzgarlo: está bien, vaya, se dice y no pasa nada). Y con frecuencia se ha demostrado que lo que en algún momento consideramos extravagante, enfermo o inmoral podría no serlo en un futuro (como le sucedió a la homosexualidad) y pues no queremos *quedar payaso* ante el paso de la historia.

Al observar con una mirada curiosa y empática las múltiples expresiones de la sexualidad humana, es inevitable llegar a una conclusión hermosa: hay tantas formas de tener sexo y excitarse como personas existen en la Tierra. Y acceder a esta fascinación es fácil, como supuestamente dijo Walt Whitman: *be curious, not judgemental.*

10 ¿Por qué algunas fantasías me dan culpa?

—¿Qué fantasía?

—Un trío.

—¿Un trío?

—Sí. ¿Qué básico, no?

—Nah. No es básico, aunque sí común: el sexo grupal es la fantasía sexual más común de todas. Si la monogamia es el pegamento social de las relaciones románticas, tiene sentido querer escapar de ella de vez en cuando, aunque sea sólo en el deseo.

—¿Crees? Pero bueno, en mi caso no es la parte de la no monogamia la que me prende, según yo.

—¿Entonces qué es?

—Una escena en específico: yo estoy acostada y un hombre me está penetrando mientras le hago sexo oral a otro. No los conozco, sólo estoy cogiendo con ellos. Y es sexo muy intenso, muy animal. Me jalan del cabello, me restringen el movimiento, me dan nalgadas, me hablan sucio, perdemos el control. Siento nervios, pero me encanta. Cuando pienso en eso mientras me masturbo, me vengo riquísimo.

—¿Por?

—Wey, me educaron demasiado católica para esto.

—Bueno, los republicanos conservadores de Texas son los reyes del estilo de vida swinger.

—O sea, sí me prende destruir los valores de la familia natural, pero ni que yo fuera canción de Nine Inch Nails. Y honestamente, ni siquiera querría estar ahí. No me gusta ni el sexo con gente que no conozco, ni así de rudo, es más, ¡ni siquiera me atraen tanto los hombres! ¿Por qué me excita tanto algo así?

—Dice Esther Perel que la mayoría de nosotros nos excitamos en la noche por las mismas cosas que rechazamos durante el día. A nuestras fantasías sexuales no les interesa ser aceptadas por nuestra ideología política o ética personal, y a veces ni siquiera nuestra orientación sexual.

—¿Tonces qué les interesa?

—A ver, ¿qué te prende de esa escena en específico? ¿Cuál es la imagen o sensación que la vuelve excitante?

—Pensar en ellos. Me prende imaginar sus rostros, cómo tienen sexo conmigo, cómo siento su excitación en mi cuerpo, cómo parece que no piensan lo que hacen, sólo lo hacen.

—¿Te excita verlos perder el control?

—Ajá.

—… pero lo que más te excita es verlos perder el control *por ti*.

—Uff, sí, qué rico. Espera, ¿me estoy prendiendo de mí misma?

—Pues de cierta manera. El centro donde converge todo movimiento de la fantasía es el propio ser erótico. En la escena que imaginas, la protagonista eres tú y sólo tú, o sea, los vatos ni siquiera tienen cara o nombre, sólo son un medio para que puedas vivir y gozar de tu cuerpo y deseo sin ningún tipo de límite o control. O bueno, ¿en tu fantasía, cómo te sientes tú?

—Yo también pierdo el control. Como que me suelto y no pienso en nada, sólo estoy sintiendo lo que me hacen y estoy disfrutando que lo estén disfrutando. Y eso me hace sentir bien acá.

— ¿Te cuesta trabajo soltarte en el sexo?

—No sabes cómo. Casi siempre estoy pensando: "¿Le gustaré en verdad?" "¿Lo que hago lo está disfrutando?" "¿Y si le pido algo y se molesta?" "¿Y si no lo estoy haciendo bien?" Y no sólo en el sexo, vaya, en general en la vida me cuesta trabajo disfrutar.

—¿Y crees que esa sensación de tú también perder el control podría influir también en que disfrutes tanto la fantasía?

—Sí, creo que sí. Si me sintiera así de deseada, no sólo eso, si en verdad *supiera* que soy así de deseada, chance podría disfrutar más.

—¿En general te cuesta trabajo sentirte deseada?

—A veces. Ya no tanto, pero hace unos años sí, totalmente. Me daba mucho miedo no ser aceptada, ni querida, ni deseada. Y aunque ya tengo más resuelto ese tema, todavía hay ocasiones en las que pienso: "¿Qué tal que a mi pareja no le gusta mi cuerpo?" "¿Qué tal que se va con alguien más?" "¿Qué tal que no le atraigo lo suficiente?" No siento estos miedos todo el tiempo, pero cuando lo hago, siento que me carcomen por dentro.

—Y cuando fantaseas, ¿qué pasa con esos miedos?

—Desaparecen.

—Es que a veces (y sólo a veces), las fantasías nos buscan proteger. Los miedos y los deseos son dos caras de una misma moneda, dos hermanos gemelos puestos espalda con espalda sosteniendo nuestra mente. Una de las funciones de las fantasías, en ocasiones (y sólo en ocasiones), es simular escenarios en los que nuestros más profundos miedos y deseos pueden ser expuestos para intentar resolverlos:

- Un hombre tiene pánico de ser humillado, sin embargo, en sus fantasías se excita simulando escenarios que recreen la *vergüenza*. En la cama le encanta que le digan que es un inútil, que no vale nada, que no sirve de nada. Hacer esto lo libera de su peor miedo: si de hecho, no vale nada, aceptarlo le permite, precisamente, no hacer nada y solamente disfrutar.

- Una mujer creció con pánico de que la consideraran una *puta* y ahora le excita que le griten eso en la cama. La mujer sabe que la connotación patriarcal de la palabra es perjudicial y rechaza categóricamente juzgar a cualquier mujer por su vida sexual, pero en la cama, sentir que encarna eso que toda la vida le prohibieron ser y descubrir que para ella hay mucho gozo asociado es una forma en la que se siente poderosa, fuerte, valiente, transgresora, capaz.

- Un hombre tiene miedo a nunca ser suficiente y fantasea con un harem de mujeres dispuestas a complacerlo sin que él tenga que hacer nada. El hombre rechaza la objetificación de los cuerpos de las mujeres y si lo tuviera enfrente no sabría qué hacer, pero en su fantasía, el sentirse validado sin necesidad de ningún esfuerzo por un grupo de mujeres hermosas es una forma de lidiar con su miedo.

- Una mujer tiene miedo a que la dejen y fantasea con su pareja engañándola. Obviamente no desea que pase y le destrozaría el corazón vivir eso, pero en su fantasía, el erotizar una situación que en la vida real le provocaría tanto dolor es una manera de apaciguar la angustia que genera el miedo a ser *abandonada*.

—¡¿De dónde salieron esas cosas?!

—Estás dentro de mi fantasía, yo las invoqué.

—Qué raro. Pero a ver, ¿por qué la gente fantasea con esas cosas?

—Porque al recrear en nuestra mente situaciones sexuales que se asemejan a escenarios que nos lastimaron, podemos sentir algo que no tuvimos en el momento: *control*. Como el descontrol en la fantasía del trío, la violencia, el dolor y la humillación que rodean estas otras fantasías sólo son pretextos, digamos, recursos narrativos, para generar situaciones donde exista mucha intensidad emocional al mismo tiempo que mucho poder sobre la situación. Por eso, muchas de las fantasías que más nos generan culpa tienen que ver precisamente con eso: juegos de *poder*.

—¿Todas las fantasías son así?

—No. A veces sólo fantaseas con que el amor de tu vida te dé besos en la playa porque está rico. O a veces sólo fantaseas con juegos de poder sin necesariamente haber sufrido un trauma de eso. Pero vaya, cuando hay culpa, suele ser por algo así. De hecho, creo que es posible que la fantasía te resulte tan intensa justo porque tienes la herida de no sentirte querida y deseada y, en ese escenario, esa herida desaparece para hacerte la mujer más deseada del mundo. ¿Qué piensas de eso?

—Seeh, creo que sí. Pero ¿por qué la agresividad en la mía? Yo soy bien *proibido peliar* en la vida y nunca he sufrido algún tipo de agresión o algo por el estilo, no entiendo.

—Piénsalo como un recurso narrativo: el hecho de que sea sexo rudo resalta lo mucho que eres capaz de despertar deseo en ellos.

—Pero está bien patriarcal eso, ¿no?

—Psí. Sería absurdo negarlo. No es ninguna coincidencia que nuestras fantasías estén tan cargadas de contenido que versa sobre dominación-sumisión, sobre violencia, sobre distintos roles de poder, sobre reproducir o confrontar roles estereotípicos de género. La cultura modela nuestra mente erótica y nuestra mente erótica se encuentra en un perpetuo diálogo con la cultura. Y si partimos del hecho de que existen algunas fantasías que buscan protegernos es porque antes hubo una situación violenta que nos marcó. En un mundo ideal, es posible que estas fantasías probablemente no existieran, pues no habría experiencias traumáticas o dolorosas que resolver.

—Pero ¿qué hay de la gente que fantasea con sexo romántico y en la luna de miel con su pareja?

—¡Es igual de patriarcal! La misma cultura promueve eso y de repente puede que se antoje transgredir la norma y de repente puede que se antoje formar parte de ella. No existe tanta diferencia entre escenarios, lo que cambian son los matices. Justin Lehmiller, un investigador estadunidense de fantasías sexuales, detectó siete temas narrativos a los que se reducen todas las fantasías:

1. Sexo grupal
2. Poder, control y sexo rudo
3. Novedad, aventura y variedad
4. Sexo tabú o prohibido
5. No monogamia y prácticas donde se comparta la pareja
6. Romance y pasión
7. Flexibilidad erótica (fantasías en las que se presentan homoerotismo y travestismo)

—¡¿De dónde salieron esos números, qué sucede?!

—*Tú déjameee, no arruines la magiaaa.*

—Ash, bueno, a ver. Sigue.

—Todas las fantasías, sean como sean, se alimentan de referentes culturales compartidos, impuestos por el patriarcado. Y la diferencia sustancial es poca: según Lehmiller, toda fantasía sexual es una imagen mental sobre la cual se tiene cierto control consciente que llega mientras estás despierta y que termina prendiéndote. Todas tienen ese objetivo. Y todas, al menos en un inicio, respuesta (y a veces, disenso) frente al patriarcado en donde se formaron. Por eso las fantasías en algunas ocasiones reproducen las violencias y en otras son representaciones del disenso respecto a esas violencias. Se puede argumentar que su representación no siempre es la más sana, pero la función está ahí. El patriarcado, la supremacía blanca y el capitalismo, en tanto ideologías dominantes de esta cultura, moldean toda nuestra mente, y cuestionar y reconstruir eso es una tarea de toda la vida.

—No inventes, qué *trip*. Pero ¿qué pasa cuando llevas eso a la práctica?

—¿A ti te gustaría realizar la fantasía algún día?

—No... no creo. La verdad es que no es un escenario que me atraiga mucho, sobre todo por lo que ya te dije que implica: de entrada, ni siquiera me gustan tanto los hombres; segundo, menos los desconocidos; tercero, la posibilidad de que me puedan hacer daño me da miedo. Y además, sí me incomoda todo su tonito machista.

—Pues está bien. No todas las fantasías tienen que llevarse a cabo. Desde hace mucho tiempo sabemos que no todas las cosas con las que fantaseamos son cosas que quisiéramos experimentar en realidad. A veces sí, claro, pero no siempre. Así de misteriosa es la mente.

—Oye, ¿y hay forma en que pudiera cambiar esto?

—Nadie lo sabe. Se piensa que es más probable que agreguemos nuevas formas de erotizarnos a que cambiemos las que ya tenemos. La evidencia clínica tampoco ofrece mucha claridad: hay personas que tras resolver la situación emocional y contextual que hizo nacer a la fantasía la pierden, hay otras que no. Hay personas que tras cuestionar los elementos incómodos detrás de sus fantasías pierden interés y hay otras que no (mi hipótesis: porque ciertas heridas, necesidades e inseguridades emocionales pueden ser resueltas a través de cuestionarlas... pero no todas). Es incierto.

—Pero, tipo, si le echo muchas ganas a deconstruirme, ¿podría cambiarlas?

—Quién sabe. Da miedo, pero hay que aceptarlo: no tenemos tanto control sobre el contenido de nuestras fantasías sexuales.

El control está en que podemos o no decidir traerlas a la mente y en que son escenarios donde, bueno, *estamos en control*. Pero no tanto en elegirlas, y que podamos llegar a cambiarlas o alterarlas en cualquier sentido es algo completamente impredecible y, quizás, improbable.

—¿Entonces qué hago con la culpa?

—Pues... puedes elegir la actitud que tomas frente a tus fantasías. Varias religiones e ideologías a lo largo de la historia han intentado suprimir nuestros deseos y pues dime tú qué tal les ha ido. Tampoco creo que haya que irse al otro extremo y decir: *no pasa nada, haz todo, disfruta todo*. Es demasiado simplista. Sobre todo cuando generan culpa: si las fantasías están ahí en parte para protegernos es porque hay contenido peligroso que no siempre estaremos listos para afrontar, y el que la culpa o el daño que generan pueda llegar a sobrepasar el placer, y que recrear o experimentar en vida real todas las fantasías podría llegar a ser no sólo traumático para quien lo hace sino también para otras personas (¡y hasta ilegal!), especialmente si la fantasía en cuestión involucra violencia o juegos de poder extremos. Hay que irse con cuidado. Antes de ejecutarlas, creo que lo mejor es aceptar su existencia, entenderlas y escucharlas. Comprender de dónde vienen, qué nos dan, qué nos quitan, por qué nos excitan, por qué pueden llegar a darnos culpa, de qué nos buscan proteger. Ya de ahí podremos decidir si queremos simularlas, si queremos compartirlas, si queremos experimentarlas (cuando se pueda y no sea violento para otra persona) o si queremos hacerlas a un lado. También creo que si ya están ahí y están en nuestra cabeza, muchas veces lo mejor es ya intentar disfrutarlas en la intimidad. A nadie le debemos justificaciones por lo que pensamos cuando nos masturbamos. Desde luego, esta última opción no es para todes. Existen fantasías que podrían surgir de lugares de tanto dolor o estar envueltas de tanta vergüenza que su disfrute es demasiado angustiante. Incluso en ese caso, sostengo: quizá lo mejor sólo sea observarla, ver de dónde viene, qué nos dice y a partir de eso pensar qué hacer (o si hay que hacer algo). Acercarse desde la curiosidad genuina, sin juicios. Que la actitud que tomemos ante ellas provenga de observarlas con atención, de considerar el contexto y de no intentar censurarlas antes de escucharlas. Detrás de nuestras fantasías se esconde lo que somos. Y si nos atrevemos a mirarlas, *en serio* mirarlas, podremos escuchar lo que nos están gritando, podremos aprender de ellas y podremos sanar.

—Bueno. Oye, pero a ver, ¿entonces tu fantasía es explicarle cosas a una morra imaginaria?

—Eeeeeh.... no.

—¿Entonces qué es?

—Tener un trabajo con prestaciones laborales. SI ESTÁN LEYENDO ESTO POR FAVOR CONTRÁTENME.

11 ¿Por qué se puede sentir excitación durante un abuso sexual?

Este texto tiene dos advertencias de contenido: la primera es que hablaré de abuso sexual y de por qué existen personas que han sentido excitación mientras lo sufren. El texto va orientado a explicar el fenómeno y, si es posible, liberar un poco de la culpa que suelen sentir quienes experimentan esto.

La segunda advertencia es que, para llegar al punto, primero tengo que reírme un poquito de mis propias erecciones.

(Ya sé, esto es raro, pero sígueme la corriente.)

En 2018 vivía en Guadalajara y realizaba un viaje al mes a la Ciudad de México para estudiar la maestría. Mes con mes, se repetía una rutina: me subía al camión, me quedaba dormido y despertaba unas horas después con ganas de orinar. Lo normal, claro, de no ser porque a esas ganas las acompañaba nada más y nada menos que una INCOMODÍSIMA Y PODEROSÍSIMA ERECCIÓN. Así, en mayúsculas. Una erección hiperbólica. Como no me colocaba hasta atrás del camión porque tengo algo de vértigo y me mareo (y porque el olor a baño de camión es horroroso), ese momento se convirtió en una pesadilla constante: tenía que levantarme y caminar al baño ocultando mi erección a las amables personas que me acompañaban en el trayecto. Nada la desaparecía: pellizcos en el brazo, pensamientos horrorosos e inconfesables, intentos fútiles de distracción: todo era un lamento al vacío, un canto de cisne que mi pene se negaba a corear. Cuando finalmente me rendía y me levantaba cubriéndome con mi chamarra, caminando hacia el inodoro con las voces de las sacerdotisas de *Game of Thrones* gritándome *shame shame shame* al oído, descubría la misma cosa una y otra vez: mi erección desaparecía en el momento en que comenzaba a orinar, la muy cabrona.

¿Por qué tenía una erección en esos viajes? ¿Por qué no podía perderla hasta liberar mi vejiga? ¿Estaba excitado en ese momento? La respuesta es sí y no.

Como mencionamos en el primer capítulo de este libro, existen dos tipos de excitación: psíquica y reflexogénica. La excitación psíquica es la más conocida: existen estímulos que se perciben por los sentidos y reflejan una respuesta psicofisiológica. Veo a mi crush y me prendo. Huelo un perfume específico y me prendo. Tengo una fantasía sexual y me prendo. Dios me ahorca pero no me aprieta porque me prendo. En todos estos casos hay una elaboración psicológica de lo que se percibe por el cuerpo y eso es lo que permite que surja el deseo.

La excitación reflexogénica es mucho más simple. Si se tocan los lugares correctos en el sistema nervioso, habrá excitación. ¿Alguna vez has tenido comezón en la entrepierna, te rascaste y de repente se sintió muy rico y dijiste bueno, va, creo que me quedaré aquí un rato? ¿O alguna vez el movimiento de la bici, el camión, las sábanas entre las piernas, el chorro de agua de la regadera o cualquier otro estímulo similar encendió tu cuerpo? Es exactamente eso. No existe una elaboración psicológica, únicamente un camino nervioso que se activa.

Resulta que una vejiga llena es una de las formas reflexogénicas de provocar excitación, porque *accidentalmente* presiona ciertos nervios involucrados en el proceso. Por eso mi erección finalmente cedía una vez que liberaba la vejiga, y por eso no podía desaparecerla con el poder de mi mente. Y aunque el ejemplo que uso es propio, es importante mencionar que esto puede suceder independientemente de si tienes pene, vulva o una genitalidad intersexual.

Mes con mes, mi cuerpo se excitaba por una cuestión meramente fisiológica, pero mi mente no le hacía segunda. Este fenómeno tiene un nombre: *excitación no concordante*. Este término se refiere a cuando existe una discrepancia entre el deseo (mental) y la excitación (física). La excitación no concordante se puede manifestar de dos maneras:

1. El cuerpo se excita, pero la mente no.
2. La mente desea, pero el cuerpo no responde.

Las erecciones involuntarias son un ejemplo de lo primero: la mente no desea nada (acaso sólo que la tierra se abra y te trague para matar la vergüenza), pero el cuerpo responde con excitación. La hipolubricación o la disfunción eréctil son, en ocasiones, ejemplo de lo segundo: puede que exista mucho deseo en la mente, pero el cansancio, la ansiedad, algún medicamento o cualquier otra razón interfieren en el funcionamiento del sistema nervioso parasimpático, lo que evita que se dispare la respuesta fisiológica de la excitación.

Si esto te suena raro, piensa en la excitación como la risa: si te hacen cosquillas, te vas a reír. ¿Eso significa que la estás pasando bien? No necesariamente. Puede que sí o puede que sea algo tortuoso. Sin embargo, si te hacen cosquillas te vas a reír y no vas a poder controlarlo. La respuesta de la risa ante las cosquillas no debe ser tomada como ejemplo de nada, porque no tiene un significado inherente: el significado se lo da la persona que la experimenta. Si te ríes aunque no desearas que te hicieran cosquillas, no significa que en el fondo lo deseaste. No querías, pero tu cuerpo reaccionó porque el cuerpo es cuerpo y a veces hace eso.

Y probablemente ya puedes ver a dónde va esto.

Conocer la existencia de la excitación no concordante es importante por varias razones, sobre todo para reconocer que es *normal*. Es parte normal del funcionamiento de nuestro cuerpo y, aunque parezca sorprendente, sucede muchísimo más de lo que creemos. No es un fenómeno anómalo, sino que se presenta de diversas formas en distintos momentos de la vida por distintos orígenes.

Muchas personas que han sufrido abuso narran que durante la experiencia, lubricaron o tuvieron una erección. Algunas, incluso, llegaron a tener un orgasmo. La consecuencia de esto suele ser mucha culpa debido a pensamientos confusos: "¿Será que en el fondo sí quería?" "¿Será que lo deseaba?" "¿Será que sí lo disfruté?" "Si no quería esto, si fue una experiencia violenta y dolorosa, ¿por qué mi cuerpo reaccionó así?"

👁 4

Si el cuerpo tuvo una reacción de excitación en una situación en la que no hubo consentimiento, de ninguna manera significa que en el fondo se deseaba, como tampoco significa que en realidad sí se dio consentimiento y se manifestó en el cuerpo. Todo lo que significa es que el cuerpo reaccionó de una manera inesperada como consecuencia de la estimulación fisiológica, la adrenalina, la actividad eléctrica presente en el sistema nervioso. Y ya.

La excitación no concordante durante una situación de abuso sexual puede ocurrir por varias razones. Puede ser porque la respuesta de la excitación y la del miedo pueden parecerse en algunos aspectos, por lo que, en ocasiones, el cuerpo puede confundirse (por eso a veces podemos excitarnos en situaciones extremas, como después de una pelea, de un asalto, de subir a una montaña rusa, de obtener un logro muy deseado u otras similares). En ocasiones sólo se trata de estimulación nerviosa. Incluso se ha planteado la posibilidad de que la lubricación durante una situación de abuso sirva para proteger la vagina de ser herida.

El consentimiento se otorga con la mente, no con el cuerpo. Si tú no querías que una interacción sexual ocurriera, aunque tu cuerpo haya reaccionado excitándose, no significa que en el fondo sí lo desearas, y de ninguna manera puede usarse como argumento para justificar un abuso. Hacer esto no sólo es falso y antiético: también es anticientífico, pues no existe evidencia que sustente ese tipo de reclamo.

Si has estado en una situación, la que sea, en la que tu cuerpo reaccionó distinto a lo que tu mente esperaba debido a la excitación no concordante, no fue tu culpa. Si esa situación fue de abuso, no fue tu culpa. Si tuviste un orgasmo durante una experiencia de violencia sexual, no fue tu culpa. Si alguien te culpó por ello, no fue tu culpa. Si tienes emociones complicadas al respecto, si has pasado culpándote días, meses o años por ello, no fue tu culpa. El cuerpo es cuerpo y reacciona de maneras que a veces pueden parecer misteriosas, paradójicas, innecesarias o erráticas, y si no lo supiste en el momento o si lo estás aprendiendo hasta ahora, no fue tu culpa.

De verdad.

No fue tu culpa.

PARTE 2

Nuestras ideas
sobre el sexo

Con frecuencia escucho decir: "Yo no recibí educación sexual". Eso es falso. Quizá no hayamos recibido educación sexual formal, pero de que la tuvimos, la tuvimos: en las películas que nos enseñaron a identificar el aspecto del romance, en el porno que nos impuso una forma de coger, en la observación de los afectos de los adultos a nuestro alrededor, en las ideas religiosas que sostenían la mística de nuestra comunidad. Incluso la no educación es una forma de educación (una un tanto macabra y que se centra en la ignorancia como política pedagógica).

Hoy por hoy, con casi toda seguridad creciste en una sociedad obsesionada con el sexo como tabú... y no existe nada como la prohibición para hacer nacer supersticiones respecto a eso que no puede ser nombrado. Como dijo Foucault alguna vez: el mundo se consume en sexo, el sexo es sexo, aprende algo de sexo. ¿O fue MC Dinero? No recuerdo, me confundo entre filósofos.

Las preguntas de esta segunda parte están dirigidas a las ideas, prejuicios y estereotipos que tenemos sobre el sexo. La verdad nos hará libres y también nos hará coger bien rico.

12 ¿Dónde empieza y termina el sexo?

Llegará el día en que el tiempo deje de ser tiempo y regresemos al polvo del que siempre fuimos y entonces, quizás, ese día sabremos dimensionar el daño que *How I Met Your Mother* le hizo a nuestra concepción del amor y del sexo.

Pongo un ejemplo: en un capítulo se revela que Lily *quizás* haya tenido sexo con su exnovio anterior a Marshall, su prometido. Hasta ese momento, Marshall creía que él había sido su única pareja sexual, hecho que consideraba el mito fundacional de su relación: el pilar moral y romántico sobre el que su amor se sostenía. Cuando Marshall expresa su decepción, Lily intenta tranquilizarlo asegurándole que en realidad no tuvo *sexo*, pues lo que hizo fue *nomás la puntita*.

Esta revelación genera una discusión que, curiosamente, no gira alrededor de la pregunta: "¿Por qué te importa tanto lo que hizo o no tu pareja antes de conocerte, sobre todo cuando has compartido tantos años de relación con ella, y por qué le otorgas ese valor a la virginidad como si fuera el siglo XVI, dios mío, Marshall, ya eres adulto, madura tantito, que del coraje acabo de darme cuenta de que esto ya dejó de ser una pregunta?" En cambio, lo que se plantean es: "¿En serio fue *sexo* si, como Lily asegura, su exnovio solo le *metió la puntita*?"

Discusión sobre el machismo de la serie aparte, la verdad es que de ese acto surge una pregunta interesante: ¿dónde empieza y dónde termina *el sexo*?

Como casi todas las personas, crecí concibiendo el sexo como equivalente al coito vaginal. La penetración era la visa que me permitiría cruzar la frontera y no volver a mi patria de origen: la virginidad. Cualquier otra interacción sexual que no fuera penetración pene-vagina no era sexo sino *foreplay*, "juego previo"; eso que se hace antes del sexo real.

Al estudiar en un bachillerato católico, estos mitos adquirían una dimensión particularmente curiosa: parejas heterosexuales que practicaban sexo anal de modo que no perdieran la virginidad. En el imaginario católico la práctica habita un limbo moral extrañísimo. Por un lado, la *sodomía* es considerada no sólo una perversión, sino una de las máximas expresiones del pecado sexual (sobre todo si es entre dos hombres); por otro, es un sexo *lo suficientemente sexo* como para ser considerado así, *sexo anal*, aunque no tanto como para ser *el de a deveras*, el que le juras a Diosita que no practicarás antes de que contraigas matrimonio (es decir, el reproductivo).

Esta equivalencia de "penetración = sexo" está muy relacionada con un concepto que las feministas han llamado *falocentrismo*. Significa, entre otras cosas, la patriarcal creencia de que el sexo no es sexo mientras no involucre un pene que penetra. Porque si el sexo es sólo la penetración, ¿qué es lo que hacen entonces las lesbianas?

Las mujeres que tienen sexo con mujeres pueden practicar penetración de múltiples formas (usando *strap-ons*, dildos, dedos, etcétera). Algunas lo hacen y lo disfrutan. Sin embargo, con el coito como único criterio (herencia de lo que Adrienne Rich llamó "heterosexualidad obligatoria"), las mujeres lesbianas y bisexuales que decidan otra cosa no estarán teniendo sexo. *Y sin embargo, se cogen*, como me dijo Galileo en una conversación imaginaria que tuve con él. En el sexo entre mujeres caben las posibilidades de los cuerpos desnudos, el deseo, el erotismo, los fluidos, las caricias, las fantasías, el sexo oral (otro limbo extraño, por cierto), las mordidas, las lamidas: es decir, todo eso que hace que el sexo sea sexo. Y no sólo eso: para decepción de muchos y falta de sorpresa de muchas, las mujeres que tienen sexo con mujeres son la población que más orgasmos tiene. Comprendiendo estos elementos, ¿no es absurdo, limitado y (hay que decirlo) lesbofóbico pensar el sexo sólo es *sexo* si hay coito con pene y vagina?

¿Y si en vez de la penetración lo que definiera al *sexo* fuera *el placer*? Éste es un mejor acercamiento, pero todavía insuficiente. En abril de 2019 se hizo viral un video donde una educadora sexual afirmó que "el sexo es la estimulación de los genitales para obtener placer". Hablando del coito heterosexual, ella le asegura a otra mujer que si un hombre no estimula su clítoris, no está teniendo *sexo*, sólo está dejando que él eyacule dentro de ella. Aunque entiendo el propósito de la última frase (señalar la desatención que los hombres suelen tener respecto al placer de su pareja, cosa que, dios mío, amigos, por favor aprendan a estimular el clítoris de sus parejas sexuales o jamás me van a dejar terminar este paréntesis del coraje), su definición del *sexo* me parece simplona. Si limitas el acto a la estimulación de los genitales para obtener placer, ¿no estamos cayendo otra vez en una reducción de todo lo que implica el *sexo*, con sus besos, susurros, lengüetazos, fantasías y más?

👁 27

👁 28

Y podemos seguir. Tomemos la última palabra, *placer*, y estirémosla a su aparente límite fisiológico: *el orgasmo*. "Lo que define al sexo es el orgasmo." ¿No es esta definición negligente con las personas anorgásmicas, al asegurarles que no están teniendo sexo, incluso si la interpretación de su vivencia les indica lo contrario? ¿Y si en un encuentro sexual no tuviste un orgasmo por cansancio, sueño, hambre o flojera de hacer lo que tienes que

hacer para provocarlo (vamos, después de los 25 ya es difícil echarse cogidas maratónicas un miércoles a media noche), entonces
no tuviste sexo? ¿Y qué hay de prácticas sexuales no genitales
como el sexo tántrico, el BDSM, el sexo de una persona parapléjica
que perdió sensibilidad en la parte inferior del cuerpo, el sexo de
un hombre diabético cuya enfermedad no le permite tener una
erección, el sexo de una mujer trans que por cualquier motivo
decide no estimular su pene, o el *sexting*?

👁 35   (El sexting, para abrir ooootro paréntesis, es un limbo curioso
más: ante la pregunta milenaria: "¿El sexting es infidelidad?", surge la respuesta: "Bueno, depende de si lo consideras sexo o no".)

        ¿Qué tal si expandimos las limitaciones de la definición del
sexo? Del mismo modo en que una borrachera comienza por el
momento en que se ingiere la primera gota de alcohol y termina
en el último instante de la cruda, ¿qué tal si el sexo comenzara
con la primera mirada cómplice y terminara con el último suspiro antes de decidir ponerse la ropa y ponerse a trabajar, salir a
cenar, echarse a dormir o yo qué sé? Eso nos permitiría disfrutar
de encuentros que no estarían limitados por la penetración o por
el orgasmo para mejor transitar libremente de los besos a las caricias, el coito, los masajes, las risas, los besos, el coito, las lamidas, la masturbación, las risas, el orgasmo, la pausa, el orgasmo, el
otro orgasmo, el descanso, los besos, todo y así sucesivamente:
prácticas sensuales puestas sobre una línea que tiende al infinito,
hasta que el sexo se detenga sólo porque el cuerpo recuerde que
es cuerpo y pida respiro, o hasta que el cuerpo se sienta como algo
más que un cuerpo y eso sea suficiente. El *sexo* sería como una
danza espontánea sobre la línea que antes dividía a dos países,
que ahora no tienen ya fronteras.

        No tengo idea de cómo definir *el sexo*. Tampoco me importa
mucho presentar una definición rígida y universal. No la hay. En
todo caso, podría sugerir que el sexo quizá tenga más que ver con

dos cosas: una experiencia fenomenológica y la intención de las prácticas. Y ahí caben tantas posibilidades como personas habitamos el mundo.

Al final, Marshall y Lily decidieron que "nomás la puntita" no contaba como *sexo*, mantuvieron su mito sexual iniciático y siguieron construyendo una feliz familia natural. Bien por ellos, supongo. Sin embargo, creo que vale la pena cuestionar la definición, pues preguntarnos dónde empieza y dónde termina *el sexo* marca un límite: la meta a la que hay que llegar y el camino que se recorrerá para esa meta. Y el *sexo* no debería tener metas sino *horizontes*.

Si nuestras definiciones de *sexo* se ampliaran, el disfrute de la experiencia lo haría también. El faje sería faje y no *juego previo*. El coito sería coito y no *sexo*. La penetración anal sería penetración anal y no la excusa rara que algunos hombres religiosos le dan a sus novias para penetrarlas sin que ellas sientan que están traicionando su moral.

Si el *sexo* fuera sólo *sexo* y no otra cosa, ¿qué sería el *sexo*? Sería una indefinición, una praxis de lo inefable, un suspiro de placer fijo en el tiempo entre dos o tres, o cuatro, o más. Y quizá no sería eso o quizá sería otra cosa, y eso no estaría mal. Como me dijo Wittgenstein en otra de mis conversaciones imaginarias con gente que nunca conoceré: "Los límites de mi concepción del sexo son los límites de mi placer". Yo le creo.

13   ¿El sexo es una necesidad?

Hubo un incidente que involucró a cierto hombre que miró a cierta mujer y la pasión emergió en su corazón, al punto en que se enfermó de muerte. Fueron y les preguntaron a los doctores lo que tenían que hacer con él. Y los doctores dijeron: *No se curará hasta que ella tenga relaciones sexuales con él.* Los Sabios dijeron: *Déjenlo morir y que ella no tenga sexo con él.* Los doctores dijeron: *Ella al menos debería pararse desnuda frente a él.* Los Sabios dijeron: *Déjenlo morir y que ella no se pare desnuda frente a él.* Los doctores sugirieron: *La mujer debería al menos conversar con él detrás de una reja en un lugar recluido, de modo que él obtenga un poco de placer del encuentro.* Los Sabios insistieron: *Déjenlo morir y que ella no converse con él detrás de una reja.*

SANEDRÍN 75A DEL TALMUD

Nos encanta encontrar pretextos para coger. Sexo de cumpleaños, de reconciliación, de aniversario, de celebración; sexo de año viejo y de año nuevo, sexo porque tuvimos un buen día, sexo porque el día estuvo horrible y no hay que dejar que termine mal. Si todo el tiempo estamos buscando justificaciones para actuar sobre nuestros deseos, probablemente sea porque el sexo es vida y la vida también se celebra cogiendo.

Sin embargo, existen justificaciones del sexo que pueden ser nada celebratorias y, más bien, muy violentas. Una de ellas es el mito de que las personas, sobre todo los hombres, requerimos tener sexo con frecuencia porque el deseo sexual es una necesidad fisiológica que no podemos controlar y que es urgente que atendamos apenas aparezca.

Ésta no es una creencia gratuita: hasta 2013, la Asociación Psicológica Estadunidense (APA, por sus siglas en inglés, que son las que usamos algunos para determinar cómo deben escribirse las bibliografías en libros y artículos más serios y formales que éste) consideró el sexo como una necesidad. Durante siglos, la medicina prescribió el sexo con la persona con la que uno se infatuaba como un remedio para el mal de amores (y lo hicieron asimismo varios literatos). La sexología también lo creyó así por décadas, y no es raro encontrar en manuales viejos y no tan viejos tratamientos para el deseo basados en esa noción (todavía hoy hay quien recomienda a las parejas tener sexo diario, aunque no lo deseen, como forma para atender la vida sexual).

Sin embargo, esta creencia, a pesar de su antigüedad y arraigo en nuestra forma de concebir la sexualidad (particularmente la masculina), es FALSA. Piénsalo así: cuando tu cuerpo está agotado, el cansancio aparece como expresión de la necesidad de dormir. Cuando tienes hambre, el apetito aparece como expresión de la necesidad de comer. Cuando dejas de respirar, la sensación de ahogo aparece como expresión de la necesidad de oxígeno. Después de cierto tiempo sin ser resueltas, cualquiera de estas tres necesidades causará estragos en el cuerpo. Y si dejas pasar más tiempo, te mueres. Así de sencillo.

En cambio, cuando estás caliente, el sexo se presenta como una meta a la cual llegar, más que una necesidad por resolver para esquivar la muerte. El sexo te da "ganas" de algo (por lo general, de SuCuerpito), pero no es una necesidad: aunque no cojas, no te mueres.

En realidad, el sexo es un "sistema de motivación por incentivos", como lo llamó Emily Nagoski. A diferencia del hambre, que es desagradable, surge internamente y reaparecerá cuando necesites alimento, la motivación por sexo surge a partir de un incentivo externo (SuCuerpito, por ejemplo, o el recuerdo del mismo) y, después de satisfacerse, sólo aparecerá de nuevo cuando detecte otro incentivo en un contexto adecuado.

Además, a diferencia de las necesidades, la motivación de tener sexo se siente bien: estar caliente es placentero. Esperar a que llegue el repartidor con tu comida es terrible; esperar a que llegue el chofer para ir con tu ligue es emocionante. Desear es rico. Claro, existen excepciones: ¿qué pasa cuando tienes ganas de coger pero nomás no hay suerte? Si tener sexo fuera una necesidad, estaríamos hablando de resultados horribles ante su ausencia: vulvas petrificadas, penes caídos, civilizaciones convertidas en tierra, en polvo, en humo, en sombra, en nada. Pero no, lo peor que puede llegar a suceder es que te den *blue balls*. Nadie nunca se ha muerto por no coger. Esto es esencial porque hace posible entender el sexo como un sistema de motivación por incentivos y no como una necesidad fisiológica necesaria para la supervivencia.

Esta creencia falsa ha sido ligada con otra mentira: esa que dice que los hombres tenemos más deseo sexual con las mujeres. No sólo eso: dice también que en los hombres, el deseo sexual es un imperativo que se apodera de nuestros cuerpos y mentes para convertirnos en animales entregados a la carne y al vicio. Y esta combinación de mitos ha sido usada durante siglos para justificar crímenes atroces como la violación, así como limitar la exploración de prácticas sexuales distintas al coito o pensar que el orgasmo es el único fin del sexo.

En ocasiones, la infidelidad se llega a justificar bajo este argumento ("¡Te puse el cuerno porque tú ya no cogías conmigo, es tu culpa, si tuviéramos sexo no me hubieras obligado a hacer esto!"). Otro ejemplo es la trata: es común que se justifique la explotación sexual y esclavitud de mujeres porque "los hombres necesitan de prostíbulos para satisfacer sus necesidades no resueltas". Uno más son las violaciones dentro de la pareja: no es raro saber de testimonios de mujeres que fueron violadas por sus novios o esposos bajo el pretexto de que, aunque ellas no quisieran tener sexo, su deber conyugal era ceder, debido a que para ellos el sexo es una necesidad (dato oscuro: la violación entre cónyuges se tipificó como delito en México apenas en 2005). Uno más, pa' cerrar: esta creencia es uno de los pilares que sostiene la discriminación hacia personas asexuales, de lo que hablaremos en el capítulo siguiente.   👁 14

Aquí entra otra vez la distinción entre necesidad y sistema de motivación por incentivos. Si tienes hambre, robar comida puede ser un acto de vida o muerte. La justicia tendría que contemplar esto al momento de evaluar una sentencia sobre ese robo. No sucede esto con el sexo. Si tienes ganas de coger y no coges, no te va a pasar nada (y creo que saber eso alivia muchas angustias). Muchas personas religiosas o ascetas practican la abstinencia como forma de vida, y eso no tiene ninguna repercusión en su salud mental. Ningún proceso fisiológico depende del sexo aparte de liberar la inocua tensión de la excitación.

Tener sexo con una persona contra su voluntad, por otro lado, no es un acto que pueda justificarse de ninguna manera. Presionar a alguien para coger no es una conducta que surja por la "necesidad de sexo", sino una decisión consciente que puede evitarse eligiendo actuar de otra forma como, ya saben, no abusando de nadie (dejo la idea ahí para que se considere).

Éste es el momento de las *hard to swallow pills*: los hombres somos quienes nos apoyamos más en esa justificación y quienes nos beneficiamos más de ella. Haber crecido con esta creencia no es necesariamente nuestra culpa: si la gran mayoría de las personas la seguimos teniendo es porque así se entendía en el modelo médico y esos conceptos tardan años o décadas en cambiar (y pasa todavía más tiempo para que dichos cambios se den a conocer y se asimilen en la vida cotidiana). Podemos partir de ahí.

Una vez reconocido esto, creo que toca asumir otra cosa: sí tenemos la responsabilidad de hacer cambiar esta creencia. Primero, porque podría ser que en nuestras historias de vida hayamos llegado a violentar a personas bajo esa justificación y nos toca reconocerlo, resarcir el daño cuando sea posible y asegurarnos de que no vuelva a ocurrir. Segundo, porque pertenecemos al género que históricamente más se ha beneficiado de esta idea y que más la ha utilizado para lastimar a otras personas, sobre todo, mujeres (aunque si eres mujer, igualmente recomendaría mucho que revisaras si en tu historia de vida no has utilizado este argumento para presionar a alguien para coger contigo). Y tercero, porque es una idea falsa y, como generación al borde de la catástrofe climática y del apocalipsis por la avaricia de los *baby boomers*, nos toca destruir las historias que nos contamos y que no corresponden con la verdad.

Pero ¿qué pasa si estás del otro lado y, más bien, es a ti a quien le insisten en coger porque supuestamente es una necesidad? Déjalo morir. Al fin que no le va a pasar nada.

14 ¿Por qué no deseo tener sexo?

Cuando la gente se entera de que soy sexólogo, la pregunta que más me hacen es: "¿Qué es lo que más te preguntan?" Usualmente se espera que responda algo como "¿cuál es la fantasía sexual más común?" o "¿somos monógamos por naturaleza?" o "me salió una roncha un poco extraña en el pene, ¿podrías mirarla?", cuyas respuestas son: sexo grupal, la monogamia es un constructo social y, señor, yo sólo quiero disfrutar mis chilaquiles, por favor, vaya con un médico. Y aunque éstas sí son preguntas frecuentes, no son ni de cerca la más usual. Ésa es, por una abrumadora mayoría: "¿Soy normal?"

¿SOY NORMAL?

La respuesta suele variar un poco dependiendo de si estoy en consulta, dando una conferencia o si sólo quiero decir algo rápido para que no se enfríen mis chilaquiles, pero la mayoría de las veces suele ser: "Sí, eres normal". Porque la gran mayoría de las veces, y para la gran mayoría de las situaciones, así es. Cuando digo esto, lo más sorprendente es ver cómo el rostro de la otra persona cambia, porque usualmente, quien pregunta si es normal, lo hace con miedo. Miedo a ser rara, disfuncional, mala persona, que nadie la vaya a querer, que la gente la vaya a rechazar o juzgar, que nunca encuentre pareja, que la vayan a abandonar, que no tenga cura. Tenemos miedo a ser anormales porque existe la falsa equiparación entre ser "normal" y ser "bueno", "sano", "digno de amor". El miedo a la anormalidad es un *miedo moral*.

No se necesita que algo sea normal para que exista. Pal caso, ni siquiera importa muchas veces: lo que importa es saber que las personas experimentan cosas y tienen la posibilidad de elegir qué hacer con ello, si quieren entenderlo, hablarlo o no hacer nada. En el campo de la sexualidad humana, además, el concepto de *normal* es particularmente escabroso: hace menos de cincuenta años el *Diagnostic and Statistical Manual of Mental Disorders*, o DSM (la "biblia de la psiquiatría"), aseguraba que la homosexualidad era una enfermedad. Un tratamiento similar han recibido la bisexualidad, la masturbación, las fantasías sexuales, la no monogamia, el orgasmo por estimulación del clítoris, el sexo oral, el sexo anal, las personas transgénero, la sexualidad infantil y un montón de otras realidades humanas que han sido injustamente categorizadas como "anormales" o "enfermas" o "abyectas" por no cumplir cierto ideal de cómo debería vivirse la sexualidad humana.

Por fortuna, la cosa ha cambiado y sigue cambiando. En parte por eso comencé a dedicarme a la educación sexual, enfocándome en poder compartir información o reflexiones que ayuden a las personas a informarse, aceptarse y vivir una sexualidad placentera, autónoma y libre de culpas. Pero no estoy libre de sesgos. Durante muchos años, en casi todos los videos y textos que he producido, partí del supuesto de que todas las personas sienten atracción sexual, ganas de enamorarse, interés en sentir placer sexual...

Porque eso es lo normal, ¿no?

Pero ¿qué es lo normal? Tomemos, por ejemplo, el concepto de *atracción*. Solemos creer que toda atracción es, en cierta forma, atracción sexual. ¿Me gusta tu rostro? Te quiero coger. ¿Platicamos rico? Queremos coger. ¿Me trata bien en la oficina?

Definitivamente me quiere coger. Sentir duda de si le atraes a alguien se traduce en: "¿Me quiere (coger) o no me quiere (coger)? He ahí la cuestión". Porque si no es por lo sexual, ¿por qué sentiría estas ganas de estar, de hablar, de sentir, de disfrutar?

Respuesta: porque, en realidad, existen varios tipos de atracción:

Atracción romántica: el deseo de enamorarse, de mirarse a los ojos y sentir que el tiempo no pasa, de escribir grandes poemas de amor o mandar imágenes para enviar y decir nosotros, jaja, *esbromaperosiquieresnoesbroma*.

Atracción estética: la apreciación de la belleza de la otra persona, que no necesariamente se traduce como deseo de enamorarse o de tener sexo. Como cuando ves a alguien y piensas: "Órale, qué adecuada es la estructura ósea de esa persona para los estándares hegemónicos y eurocentristas de belleza, masculinidad y feminidad"... o lo que sea que ustedes piensen, a mí internet me arruinó para siempre.

Atracción sensual: el deseo de relacionarte con alguien a través del contacto físico y demás sentidos, no necesariamente de forma sexual, como cuando ves a alguien que te produce muchas ganas de querer darle un abrazo (por ejemplo, tu abuelita), o alguien que te encanta cómo huele o cuya voz es muy linda y disfrutas escucharla.

Atracción emocional: el deseo de conocer a alguien porque te resulta interesante su personalidad y porque te sientes afín. Esta forma de atracción está presente en la mayoría de las relaciones importantes, como en la amistad, y sabemos que no siempre hay atracción sexual en las amistades. Porque amistad es amigo, no comida (excepto cuando no... ¿o cuando sí?).

Atracción intelectual: el deseo de conversar con alguien, conocer su pensamiento, aprender de su experiencia. Tampoco esto significa necesariamente que haya deseo sexual.

Todas estas formas de atracción pueden o no presentarse junto a la atracción sexual. Y aun así, curiosamente, las personas alosexuales solemos creer que sólo existe un tipo de atracción: la sexual.

¿Alo-ké?

Las personas alosexuales, como yo, sentimos atracción sexual con suficiente frecuencia e intensidad como para orientar una parte importante de nuestra energía en la búsqueda de la gratificación que se obtiene con el placer sexual. Esta característica de nuestra orientación sexual nos hace entrar dentro de lo que se considera "normal" en esta sociedad "alonormada", es decir, que considera que sentir atracción sexual es la norma. Porque, vaya, todo tiene que ver con sexo. ¿Quieres ser cool? Ten sexo. ¿Quieres rebelarte contra el sistema? Convierte tu posada en una orgía. ¿Quieres enamorar a alguien? Ten muy buen sexo. ¿Quieres apropiarte de tu cuerpo? Mastúrbate. ¿Quieres producir contenido en internet? Habla de sexo. ¿Quieres vender hamburguesas? Adórnalas de sexo. ¿Quieres hacer publicidad de cualquier tipo? Haz el chiste eterno de "sexo gratis" que luego revela que no hay nada gratis para personas de ningún sexo. ¿Quieres sentirte una persona humana normal? Desea sexo.

Todas éstas son distintas manifestaciones de cómo se vive la sexualidad en esta cultura heteropatriarcal y colonial, que lo mismo hipersexualiza que reprime, acaso como dos caras de una misma moneda. En una cara, para las personas alosexuales tiene sentido hablar de rebeldía o autoafirmación a través de actos sexuales, porque justo son formas de reapropiarse de una dimensión de la vida que nos ha sido negada en lo general y castigada en lo particular por motivos de género, raza, clase, corporalidad, capacidades físicas o mentales, etcétera. Y en la otra cara, existe todo el machismo alrededor de muchas expresiones culturales centradas en el sexo, lo mismo que homofobia, clasismo, racismo, capacitismo, gordofobia... y acefobia.

¿Ace-ké?

La acefobia es la discriminación contra las personas asexuales que cometemos, sobre todo, las personas alosexuales. Es muy probable que no conozcas este término, como también lo es que no venga a tu mente un ejemplo inmediato de cómo se ve esta forma de discriminación, lo cual, de hecho, evidencia su invisibilidad.

Imagínate a una persona asexual que no ha tenido recursos o información para entender que su orientación sexual es normal, que no es una enfermedad ni un problema. Esta persona crece con sentimientos profundos de culpa y vergüenza por no sentir eso que se supone debería sentir. Estos sentimientos la ponen en distintas situaciones de vulnerabilidad; por ejemplo, que su pareja le sea infiel bajo el pretexto de que es "frígida" o "poco hombre". La persona no hace nada, porque *qué tal que tienen razón.* ¿Qué hace entonces? Es posible que sufra abuso sexual al tener sexo que no desea y quizá no consiente, pero que hace porque es "lo que le toca", porque "en una de ésas le acaba gustando", porque "tiene que ser normal" (una situación que les activistas de la asexualidad han descrito, con justa razón, como una forma de violación correctiva).

Ahora, supongamos que esta persona decide hacer algo al respecto. Quiere entender qué sucede con ella y cómo actuar. Acude con profesionales de salud que posiblemente la discriminen y revictimicen porque no le sabrán explicar lo que sucede por prejuicios y desinformación. Pero vamos a suponer que este profesional dice: *Ok, quiero entender, vayamos a los protocolos de salud.* Muy probablemente le acabe recetando tratamientos médicos con posibles efectos secundarios graves que no servirán de nada, porque resulta que los sistemas de salud pública en México, hoy en día, no tienen protocolos para distinguir entre la asexualidad y el "trastorno del deseo sexual hipoactivo" (TDSH), en parte porque durante muchísimas décadas, la psiquiatría, la psicología y la sexología han tomado como "bueno", "sano" y "natural" sentir atracción sexual, y si no aparece en algún grado, se interpreta naturalmente como síntoma de que hay una patología detrás.

¿Cuál es la diferencia? El TDSH es transitorio, lo que significa que aparecerá durante un periodo de vida particular debido a causas específicas, como desórdenes hormonales, temporadas de ansiedad o depresión, tratamientos médicos, entre otras razones. Cuando se tratan estas causas médica o psicológicamente, el trastorno desaparece. El malestar de la persona alosexual con TDSH se debe en gran medida a que se sentirá que *falta* algo que se *perdió*, una posibilidad de la mente y del cuerpo que antes existía y que se desea recuperar, no sólo por la alonorma, sino por el deseo intrínseco y auténtico de la persona.

En cambio, la asexualidad es una orientación sexual. Esto significa que se mantendrá constante a lo largo de la vida y no tendrá una causa específica. También significa que, muy posiblemente, la persona asexual se sentirá cómoda con no sentir atracción sexual, y que su malestar probablemente se deba a la reacción de la sociedad, o la sensación de anormalidad, o las violencias que pueda vivir por su orientación (como una persona gay que viviría con absoluta comodidad su orientación si no fuera por la sociedad homófoba). En la asexualidad no hay una "falta" o "pérdida" de la excitación o deseo sexual porque, en realidad, nada se ha perdido: así es, así siempre ha sido, y está bien.

Alguien podría decir: "Bueno, este caso que planteas es extremo, yo no he participado de la acefobia nunca en mi vida", y... yo no estaría tan seguro de eso. Porque cuando pensamos en las personas asexuales, solemos considerarlas como grises, robóticas, frígidas, aburridas, sin vida. Enfermas, vaya. Si una persona dice que es célibe, probablemente surja una conversación interesante sobre los motivos políticos, intelectuales, religiosos por los que decide no tener sexo, y esa renuncia a lo sexual quizá sea considerada como un ejemplo de estoicismo, fuerza de temple, fe, compromiso. Kant murió hace más de doscientos años, y sé que no tenía sexo porque alguna vez un profesor trajo el dato a colación para resaltar su compromiso con la intelectualidad. En cambio, si una persona nos dice: "Yo no siento atracción sexual" (o, como dicen en la comunidad asexual, *Preferiría comerme un pastel*), no la veríamos de la misma forma. Parece que no tener sexo está bien cuando hay un motivo pero también hay ganas, pero si el motivo es simplemente que no hay ganas, entonces no es normal.

¿Qué es lo normal, entonces? ¿Quién define lo que es normal? ¿Y por qué creemos que no sentir atracción sexual no es normal, cuando todas las personas, incluso las alosexuales, sentimos formas de atracción que no tienen nada que ver con el deseo sexual? ¿Por qué le damos tanto peso a ese deseo, por qué tantas veces nuestra vida, identidad y consumo giran alrededor de ese deseo? Vaya, no está mal que tu vida gire alrededor del sexo (la mía definitivamente lo hace), pero ¿por qué seguimos suponiendo que así debería ser para todas las personas, y cuando no es así, creemos que hay algo malo con ello? ¿Pretender que todas las personas sientan atracción sexual no es acaso una imposición tan terrible como pretender que todas sean heterosexuales o que todas deban tener orgasmos de ciertas maneras, o que todas deban querer relaciones monógamas, o lo que sea?

Cuando algún aspecto de ti existe fuera de la norma, logras ver esa "norma" con mayor claridad, y de esa perspectiva pueden salir sorprendentes aportaciones al conocimiento. La comunidad asexual las ha hecho en el campo del estudio de la sexualidad humana, y han sido increíbles. ¿Los tipos de atracción? Comunidad asexual. ¿La distinción entre alosexualidad y asexualidad? Comunidad asexual. ¿Los cuestionamientos a la patologización de la falta de deseo y las críticas que existen hacia la noción de "trastorno del deseo sexual hipoactivo"? Comunidad asexual. ¿La definición de términos como *grisasexualidad*, *demisexualidad* u *orientación romántica*, que matizan y complejizan nuestro entendimiento del deseo y las orientaciones sexuales? Comunidad asexual. ¿La ampliación de nuestro entendimiento de la discriminación, terapias de conversión y violaciones correctivas? Comunidad asexual. ¿Una de las críticas más poderosas que he visto en la sexología hacia la noción de la normalidad? Comunidad asexual.

Creo que todas las personas que nos dedicamos a la sexualidad le debemos mucho a la comunidad asexual.[*] Al menos en mi caso, su perspectiva me hizo reconocer que durante años fui cómplice inconsciente en seguir construyendo una cultura acefóbica, así como que puedo reconocerlo y dejar de hacerlo. Y creo que en estos cuestionamientos y luchas que existen para poder vivir relaciones y sexualidades más amorosas y libres de violencias tenemos que cuestionar también la noción misma de atracción sexual y las atribuciones que hacemos a partir de ella. Como personas alosexuales, nos toca escuchar, empatizar, remover discursos que podrían ser discriminatorios, combatirlos activamente y, en una de ésas, hasta aprender alguna que otra cosa.

[*] Quiero reconocer particularmente a Carla Escoffié, brillante abogada y activista de muchos temas fascinantes, como el derecho a la vivienda, quien me ha otorgado con mucho amor y paciencia una perspectiva distinta respecto de la asexualidad.

15 ¿Por qué es raro el sexo?

Una de mis cuentas favoritas en Instagram se llama "Sex is weird". En ella, Katy Fishell, standupera e ilustradora, representa historias propias y ajenas de situaciones raras durante el sexo: la vez que un hombre muy amable terminó demostrando su fetiche por los pies de una manera muy impredecible, la vez que una seguidora suya comenzó a masturbarse con un tigre de peluche, el miedo de que su culo parezca un personaje de Hellraiser al hacer un 69, entre otras. La maravilla de su arte es que representa uno de los tabús más prevalentes del sexo, ese que sigue plagando las mentes y miedos de incluso las personas más liberales: el sexo es raro.

Al ver las ilustraciones de Fishell es imposible no mirar la propia historia y reconocer de inmediato un montón de situaciones donde la rareza estuvo presente. Si yo hago un breve recuento de situaciones raras que he pasado durante el sexo, las primeras imágenes que me vienen a la mente quedan algo así:

- La vez que tuve sexo con una amiga al final de una fiesta en mi casa y olvidé completamente que HABÍA OTRA PERSONA DORMIDA AL OTRO LADO DE LA CAMA, y cuando nos dimos cuenta lo seguimos haciendo porque, pues si Dios está muerto, todo está permitido (F. Dostoievski, 1821-1881).

- La vez que tuve sexo escuchando "In the Shadows" de The Rasmus. Se lo debía al puberto emo que alguna vez fui, supongo.
- La segunda vez que me disloqué el hombro derecho haciendo sexo oral.
- Porque sí, hubo una primera vez.
- La vez que una pareja de amigues y yo tuvimos un trío y luego nos pusimos a llorar abrazándonos, jurándonos cariño eterno, mientras esperábamos a que se lavaran las sábanas del dueño del cuarto que habíamos desacralizado.
- La vez que una amiga y yo despertamos muy crudos pero igual tuvimos sexo (benditos 21 años), y mientras lo hacíamos me mareé tanto que salí corriendo del cuarto a vomitar. Luego fuimos a comer tacos, así que supongo que fue un buen día.
- La vez que le hice sexo oral a una morra y cuando acabé me dio un calambre en la pierna que me tiró al piso y ella NO HIZO NADA HASTA QUE EMPECÉ A GRITAR porque se acababa de venir y seguía acostada y relajada.
- TODAS LAS DEMÁS.

El sexo es raro. Sólo intenten describirlo: dos personas (o más, si así lo desean, no quiero limitarles) se frotan, muerden, besan y lamen en distintas partes de su cuerpo, echándose su sudor en la cara, con la esperanza de generar reacciones nerviosas reflejas que se traduzcan en secreción de fluidos, contorsiones involuntarias y sonidos guturales que se asemejan a llantos de dolor o bramidos animales.

¿Por qué un ser humano le haría eso a otro?

Resulta que nomás porque *se siente rico*. Qué delirio.

El sexo es raro y no tendría por qué ser otra cosa. Cuando negamos su naturaleza rara e impredecible, el sexo se vuelve solemne y burocrático. La rareza del sexo quizá sea una de las principales ausencias de representación en todo el espectro del cine erótico/pornográfico: sí a representar otros cuerpos, sí a representar otros orgasmos, sí a representar otras identidades, pero también, ¿en dónde están el sudor, los pedos, las cosquillas, los torzones, los calambres, las ganas de orinar, el llanto súbito, los calcetines, las frases forzadas que a veces uno repite de otros lugares pensando que sonarán sensuales, los estornudos, las pausas para tomar agua, los cambios de condón porque perdiste la erección, los "Ay, pásame el lubricante porque ya me sequé", la pausa, la pena?

¿En serio es tan inconcebible pensar en un retrato erótico de la sexualidad que permita que se filtre nomás tantita sorpresa, tantita rareza?

En la serie de Netflix *Sex Education* hay un capítulo donde una mujer llega a extremos delirantes para evitar que su novio vea el rostro que hace cuando tiene un orgasmo. He escuchado cientos de historias así, en las que la vergüenza por alguna característica "rara" de la sexualidad de la persona la llena de culpa y de terror. La tragedia está en que estas emociones están completamente justificadas y no existen en un vacío. La mayoría de las veces puedo responder: "Eso que me cuentas de ti no es raro en lo absoluto y, por lo contrario, es completamente normal". Pero eso es porque he estudiado el tema. En la práctica, la cultura (y la mayoría de las personas que habitamos en ella) castiga fuertemente a quienes se salen de cualquier norma, y los nombra "pitochicos", "ninfómanas", "parafílicos", "precoces", "insaciables" y más.

No hay solución fácil ni universal a esto, pero creo que sí existe una última línea de defensa: la risa, esa arma infalible contra todas las dictaduras ideológicas, incluyendo las que se cuelan en nuestras camas. La risa (la que es amable y compasiva, desde luego, nunca la burlona o sádica) nos permite quitarle poder a la vergüenza de esa cosa rara que acaba de suceder y apropiarnos de ella. Reírnos de nuestras rarezas es una declaración: "Sí, sé que esto es *algo raro*, pero no me puede hacer daño". La risa es facilitadora de encuentros y empatía porque, mira, qué gracioso que a ti te pase esto, déjame te cuento ahora algo que me pasa a mí. Desde luego, no estoy diciendo que en todas las prácticas sexuales tendría que existir la risa, pero sí creo que en todas debería haber su posibilidad. ¿Es posible imaginar un erotismo que permita la risa?

Chance sí. Chance no. Nomás una cosa es segura: el sexo va a seguir siendo raro, porque raras somos todas las personas que habitamos este planeta.

16 ¿Por qué le damos importancia a la primera vez?

Seguramente has escuchado todos esos mitos alrededor de *la primera vez*:

- que va a ser incómodo y extraño;
- que si eres hombre, vas a venirte en dos segundos;
- que si eres mujer, ni siquiera te vendrás;
- que quizá ni siquiera sientas rico y seguramente te va a doler;
- que si eres mujer, muy definitivamente dolerá;
- que vas a sufrir cambios en tu cuerpo y toda la gente podrá notar que ya hiciste el delicioso;
- que sique si quesi.

Acaso el mito más grande de todos sea el de la noción misma de "primera vez": ese que dice que existe un estado ontológico anterior a la primera relación sexual, *la virginidad*, que luego de frotar dos partes del cuerpo se perderá para siempre. El mito, desde luego y por definición, no es real.

¿A qué nombramos "primera vez"? Usualmente a la primera experiencia de coito pene-vagina, eso que consideramos como LA actividad sexual y sobre la que ya pesan muchos mitos y mucha presión. Pero incluso cuando no se refiere a exactamente a esa práctica, la noción igual pesa: existe una sensación de *antes* y *después* de la *primera vez* en que se hace algo, la entrega de un *tesorito*.

El mito de la virginidad ha sido utilizado por siglos para controlar la sexualidad de las mujeres y mantener la idea de *patrilinealidad* de las sociedades. El cuento dice que el sexo es algo que sólo debe realizarse por amor y, de preferencia, en sagrado matrimonio. La mujer pura es la mujer virgen, y la manera de comprobar que sea virgen es que sangre en la primera relación sexual. El sangrado se debe, supuestamente, a que la penetración rompe el himen (la membrana que cubre la entrada de la vagina). Si no sangra y no le duele, es porque la membrana ya ha sido removida por el sexo impuro y, por lo tanto, no hay pureza ni dignidad, sólo pecado, y la mujer en cuestión no merece ser valorada dentro de una relación o matrimonio, y por ende NO SIRVE.

Existen creencias falsas que se anclan en hechos supuestamente naturales. La virginidad es una de ellas. El himen no es como el mito indica. La membrana, que no tiene utilidad alguna, puede desaparecer haciendo actividades no sexuales, como andar en bicicleta, correr, estirarse o saltar. Además de esto, hay mujeres que nacerán sin himen, mientras que habrá otras cuyo himen no desaparezca incluso iniciadas ya las relaciones sexuales coitales.

¿Nacieron sin ser puras porque no tienen *tesorito* qué entregar? Desde luego que no. Porque, además, la primera relación sexual no es algo que se *entregue*. Ésta es otra parte del mito: la primera relación sexual debe ser realizada con y por amor. Si amas, debes tener relaciones sexuales con la persona que amas. Aunque no quieras, aunque no te convenza, debes hacerlo.

(Una amiga me contó que, hace años, en un festival de música, su exnovio le propuso que lo penetrara por el ano. Ella, desconcertada, le preguntó por qué, y él le dijo: "Porque quiero que mi primera vez sea contigo, para tener esa memoria para siempre". El ano: esa inesperada cajita de recuerdos.)

Pausa necesaria para poder procesar la cantidad de cringe que me provocó escribir eso.

Recuerdo un compañero de la escuela que me decía que la primera vez era como preparar un pastel. Si le dabas rebanadas a muchas personas, cuando llegara *esa* persona especial, ya no te quedaría pastel para darle. Yo le respondí que los genitales, aunque son deliciosos, no son pasteles, e incluso si lo fueran su metáfora no funcionaba: puedes hacer varios pasteles, y cuando llegue *esa* persona vas a poder preparar un pastel increíble y sabroso.

La primera vez sólo es importante porque la hemos hecho importante. Si todo mundo dice que una piedra es importante y lo crees, la piedra va a adquirir un significado y se va a volver un tótem para ti. Ésa es la forma en la que simbolizamos las cosas: somos animales de significados. Pero más allá de lo que creamos, la piedra sigue siendo una piedra. Para alguien, esa piedra puede ser un dios. Para otra persona, puede no ser nada. Ambas posturas son válidas, pero sólo una es real en términos materiales: la piedra es una piedra es una piedra es una piedra.

Lo mismo sucede con la primera relación sexual (y en general, con la *primera vez* de todas las prácticas sexuales): es un simple hecho biológico al que sólo tú puedes darle el significado que le quieras dar. Si para ti es importante hacerlo con alguien a quien ames y sea especial, está bien. Si no es importante, también está bien. Lo esencial es que tengas presente que por sí misma esa relación no significa nada: sólo lo que tú quieras que signifique, y eso es completamente válido.

Decir esto no es atacar las creencias de ninguna persona, sino permitir que esas creencias existan en libertad. Sucede que muchas personas terminan teniendo su primera relación sexual por un sentimiento de deber, como diciendo: *Porque te amo debo hacer esto contigo.* Realmente no lo quieren, pero lo hacen por esa razón. En muchas ocasiones, sus parejas las presionan para que lo hagan. Dicen cosas como: "Si me amas, vamos a tener sexo" o la famosa "Es una prueba de nuestro amor".

El sexo no es prueba de nada.

👁 14 Distinguir el sexo del amor como dos cosas distintas no tiene como objetivo el "libertinaje", sino evitar que se use su unión para presionar a otras personas a tener relaciones sexuales. Además, hay que recordar que si tenemos cualquier práctica sexual con alguien, y esa persona no consintió en libertad sino por presión, entonces estamos hablando de abuso sexual.

Y esto no es menor. Para muchas personas, sobre todo mujeres, la primera relación sexual puede llegar a ser una experiencia de abuso. Todo abuso sexual tiene el potencial de dejar una marca profunda en la persona que lo sufre, pero cuando sucede en la primera relación sexual, se agrega un peso añadido: el de creer que esa marca durará por toda la vida, porque sucedió en un momento definitorio. Y esto tampoco es verdad. La experiencia que se tiene durante la primera relación sexual no es determinante de nada. El cuerpo no es una piedra: las heridas que se escriben en él pueden ser reescritas. El dolor sexual puede sanar con tiempo, amor y cuidados.

Todo esto me lleva a otro punto: el dolor.

Solemos creer que la primera relación sexual será dolorosa, sobre todo en las mujeres. Y lo cierto es que para muchas esto es verdad. Pero no tendría por qué ser así, o no para todas. De hecho, la principal razón por la que la primera vez duele es por falta de relajación muscular: si existe tensión, los músculos de la vagina (o del ano) se contraerán y no permitirán la penetración. Esta tensión también puede provocar falta de lubricación en personas con vagina, o falta de erección en personas con pene. El discurso que equipara el sexo con el amor omite que la excitación no siempre obedece a los sentimientos, y que los cuerpos a veces nos indican mensajes que vale la pena escuchar.

¿Cómo aconsejar a alguien para su primera relación sexual? Aquí va una pequeña guía:

1. **Pregúntate:** ¿por qué quiero tener mi primera relación sexual? ¿Porque la deseo? ¿Siento presión? ¿Siento que es algo que debería hacer? ¿O en verdad muero de ganas por hacerlo? ¿Lo quiero hacer por amor? ¿Por curiosidad? Ten presentes todas las motivaciones que estén detrás de tu decisión y determina si son las que quieres que te lleven a tener tu primera vez. Consejo: si existe al menos una mínima parte en ti que siente presión, no lo hagas. La primera vez debe ser completamente libre, deseada y consciente.

2. **Piensa:** ¿cómo me gustaría que fuera? ¿Quiero que sea con alguien a quien amo o con cualquier persona? ¿Me gustaría que fuera en una situación romántica o no? Imagina incluso el lugar donde te gustaría, o la hora, o las circunstancias. Cuanto mejor puedas construir una imagen de cómo te gustaría tener tu primera vez, es más fácil que puedas buscar las circunstancias para que suceda así.

3. **Aprende** sobre cuidados y consentimiento. Si tienes edad suficiente para tener tu primera relación sexual, la tienes para conseguir tus propios condones. Puedes comprarlos o conseguirlos en centros de salud. También aprende todo lo que puedas sobre consentimiento. Tres reglas de oro: pregúntale constantemente a tu pareja cómo se siente, comunica tú cómo te sientes y respeta todos los "nos". No es no.

4. No es no. En serio. Si tu pareja te lo dice, respétalo. Si tú no quieres hacer algo, dilo. Sabemos que puede dar mucho miedo o culpa decirle que no a tu pareja, pero depende completamente de ti expresar lo que sientes y exigir que sea respetado. Y también presta atención a las reacciones de tu pareja para asegurarte de que está cómoda. Es por tu salud, bienestar y placer.

5. Cuanto menos angustia sientas por la experiencia, mejor la pasarás. Avanza progresivamente: puedes fajar mil veces antes de tener tu primera relación sexual, y eso está bien. Pueden practicar penetración con dedos, masturbación mutua, *dryhumping* (o sea: frotarse ahí sin penetrarse), juegos de rol, en fin. Habla con tu pareja todo lo que necesites para sentirte en total comodidad.

Finalmente y resumiendo: recuerda que la primera vez tiene la importancia que tú quieras darle, y que es posible tener una experiencia maravillosa. Así que cuando te sientas en disposición y lo desees, ve por ella: tan sólo será la primera de muchas relaciones sexuales (coitales o no coitales) hermosas y placenteras.

17   ¿Cuánto debería durar el sexo?

¿Cuánto debería durar el sexo? Depende de quién te responda. Si le preguntas a Roberto, el fuckboing que desesperadamente te quiere coger, probablemente te diga que hará suyo tu cuerpo toda la noche hasta dejarte, como mínimo, al borde del colapso. Si le preguntas a las varias científicas y científicos que llevan haciendo investigación desde hace décadas sobre el tiempo promedio del coito, te dirán que Roberto nomás te anda haciendo promesas vacuas y que probablemente eyacule en menos de diez minutos, tras dedicarle apenas unos segundos más al faje, mal llamado *juego previo*.

A la mayoría de los hombres nos gustaría durar *mucho* cogiendo. Es entendible. En el imaginario colectivo, la escena pasional por antonomasia es la del sexo que recorre la noche sin notarla hasta que la primera estela de luz de la mañana ilumina la habitación. Otros estigmas pesan: la eyaculación precoz y la falta de vigor físico son motivos de vergüenza, el sexo rápido se piensa como desinteresado. El coitocentrismo (la creencia de 👁 12 que el coito es el epítome del placer) marca como punto de partida la primera metida y como punto de llegada la venida. O dicho sin rimas: el sexo empieza cuando al hombre se le para y acaba cuando el hombre acaba. Ok, hubo rimas, lo siento. El punto es 👁 5 que estas dinámicas se suelen traducir en una relación compleja entre el sexo y el tiempo.

Pero ¿cuánto tiempo es *mucho?*

No hay una medida exacta. La duración del sexo se compone, por lo menos, de dos tiempos. El primero es un tiempo social, que es el de la cultura popular y las revistas de moda (y en ocasiones, la ciencia misma). Este tiempo social dice que el sexo debe durar horas para ser sexo, nombra a los encuentros menores a diez minutos como *rapidines* y los mayores a una hora como *maratónicos*, y glorifica los encuentros que parecen nunca terminar. El segundo tiempo es un tiempo relacional, que lo mismo puede perder la noción de sí que adaptarse a las circunstancias; se construye en función de la energía, expectativas, deseos y capacidades de las dos o más personas que se están compartiendo; y valora lo mismo la inyección de adrenalina de los encuentros donde hay que apurarse que el gasto lento y pausado de energía de aquellos que tienen todo el tiempo del mundo.

Un problema que nos ocurre con frecuencia a la mayoría de los hombres (y en realidad, me atrevería a suponer que la mayoría de las personas, en la medida de que la cultura que nos educa a nosotros es la misma que educa al resto) es que nos dejamos llevar demasiado por el tiempo social, construido por expectativas que no siempre corresponden a nuestra realidad, y nos olvidamos del tiempo relacional, construido por, de hecho, las circunstancias propias de la realidad, es decir, la magia propia del encuentro.

El machismo nos educó para creer que todo encuentro sexual es una conquista y que a los cuerpos, como a los territorios capturados, hay que poseerlos el mayor tiempo que nos sea posible. Esto, como lo ha sabido cualquier imperio en la historia, es un objetivo destinado al fracaso, pues todo territorio conquistado siempre está a la espera de perderse en cualquier momento. El fracaso demostraría que uno, quizá, no es "tan hombre" como quisiera, y la ansiedad, sabemos bien, puede llevarnos a traicionar nuestras expectativas. Hitler quería un *Reich* que durara mil años

y apenas le duró doce; Roberto quisiera encuentros de cien minutos pero apenas llega a tres. La conquista no es un buen pro-
yecto ni en la geopolítica ni en la cama.

La eyaculación precoz no sólo se alimenta del miedo a durar poco, sino también de nuestras ansias por llegar al orgasmo
como meta última de sexo. Para muchos hombres, el orgasmo es
el único momento en que *de verdad* sentimos, la única parte del
sexo en la que nos abandonamos, con todos nuestros sentidos,
al disfrute. Somos adictos a la eyaculación: nos encanta verla en
el porno, nos masturbamos frenéticamente para llegar a ella y la
deseamos ansiosa y constantemente. Pero por bien que se sientan los orgasmos, deberíamos aceptar que considerar la eyaculación como meta última de la sexualidad masculina es ponerle
una vara muy baja al placer. Tanto así, que la condición que determina la disfunción sexual más conocida de los hombres es el
tiempo que tardamos para llegar a él.

Esta forma de entender el sexo produce una paradoja: por un
lado, quisiéramos que el espacio entre el primer momento de la
penetración y el orgasmo fuera amplio; por otro, todo lo que hacemos durante el sexo es apenas un medio para llegar al orgasmo.
Si cada que besamos a alguien estamos esperando el momento
de eyacular; si nuestros hábitos de masturbación se reducen a ver
un par de minutos de porno antes de irnos a la escuela o al trabajo; si nunca nos permitimos erotizar otras partes de nuestro cuer-   👁 28
po además de nuestro pene; si el único placer que aprendemos a
reconocer es el del momento exacto del orgasmo y no el que se
vive en cada instante del encuentro; entonces no debería sor-
prendernos ni la brevedad de la penetración ni su prolongación   👁 43|46
al infinito. Tanto la eyaculación precoz como la retardada son, en
buena medida, reflejos condicionados por la forma en que entendemos el tiempo y el sexo.

Y aunque este texto se enfoca principalmente en hombres, las expectativas del tiempo y el sexo ni siquiera son exclusivas de ese género. Por poner un ejemplo de muchos posibles: del sexo lésbico se dice que es maratónico, multiorgásmico e inacabable, algo que podría ser verdad en algunas ocasiones y podría crear expectativas muy difíciles de llenar en otras. ¿Qué pasa, por ejemplo, con la mujer que padece una enfermedad crónica que la agota rápidamente, con la que vive con un trauma no resuelto que le impide relajarse durante un tiempo prolongado, con la neurodivergente que no es capaz de mantener la atención en una sola actividad durante horas, con la asexual que se enamora de otras mujeres pero no desea sexo con ellas, con la que preferiría simplemente y por cualquier motivo que el encuentro no durara tanto?

👁 14

Si queremos aprender a disfrutar más del sexo, es necesario comenzar a cuestionar nuestras preconcepciones sobre él. Hacer esto podría llevarnos a un descubrimiento: que el único tiempo que importa es el que se comparte. El tiempo social y patriarcal del coito podrían dejar de tener tanta importancia, al punto de que podríamos pensar en una eyaculación cuyo momento de llegada importa poco, porque lo que ha dejado de tener tanta importancia de fondo es la propia eyaculación. El cuerpo entero podría ser erotizado y disfrutado sin las prisas de llevar la atención exclusivamente al pene. El orgasmo llegaría porque se desea, no porque se ansía. La presión por terminar muy pronto o muy tarde no existiría, porque el disfrute del encuentro se centraría no en su final sino, precisamente, en *el encuentro*.

O, como dice T.S. Eliot en *Burnt Norton*:

En el punto inmóvil del mundo que gira:
Ni carne ni ausencia de carne, ni desde ni hacia.
En el punto inmóvil: allí está la danza.

¿Cuánto tiempo debe durar el sexo? Lo que dure la danza.

18 ¿Cómo nos educa la pornografía?

Digamos que estamos en un pasado cercano o en un futuro incierto en el que no hay pandemia, vamos al cine y vemos la nueva de *Rápido y furioso*. Digamos que la película nos gusta, nos emociona, literalmente *nos excita*: nuestro sistema nervioso se altera al ver la fantasía representada en la pantalla y eso nos produce placer. Digamos que salimos del cine, nos subimos a un auto y, por un instante, deseamos ponernos unos lentes oscuros y salir manejando a toda velocidad, pero justo antes de hacerlo nos vemos en el espejo retrovisor y nos damos cuenta de algo: no tenemos ni la calva, ni los músculos, ni las calles, ni el auto de... ¿Vin Diesel? ¿Michel Foucault mamado? ¿Dwayne Johnson? ¿The Rock? ¿Son la misma persona o son entidades distintas? Por desgracia nunca lo sabremos, la ciencia no puede darnos todas las respuestas.

Digamos, pues, que te miras al espejo y descubres algo: no estás en una película, sino en la vida real. Y en la vida real la gente no maneja como en *Rápido y furioso*: hay calles más estrechas, autos menos rápidos, gente menos hábil al volante (definitivamente) y leyes de tránsito que probablemente no quieras romper. La famosa "suspensión de la incredulidad" dura el tiempo que pasas sentado en la sala y nada más: ése es el contrato que firmas contigo mismo y que se cumple cuando sales del cine y los referentes del mundo que te rodea aparecen nuevamente, con su caos y ficción de orden propios.

¿Por qué nos emociona la película? Porque tiene un propósito: otorgar una experiencia emocional basada en la representación de una fantasía en la que las reglas de la realidad se rompen para presentarte una versión idealizada de *algo* (en este caso, una aventura acorde a un modelo aspiracional patriarcal y capitalista: mucha gente guapa, muchos carros *run run*, mucho dinero-dinero-aprende-algo-dinero, mucho poder). Pero es sólo eso: una fantasía.

La pornografía, como cualquier otra ficción, es también una fantasía. Los seres humanos desde siempre hemos representado nuestros deseos y temores (dos caras de la misma moneda) en todo vehículo narrativo posible, y nuestra mente erótica no tendría por qué ser una excepción. Todas las culturas que han hecho representaciones gráficas de cualquier cosa también lo han hecho de la sexualidad y el erotismo; con distintos matices según su contexto, por supuesto, pero ahí están.

Es decir, no hay nada inherentemente "malo" en el acto de plasmar gráficamente la sexualidad humana con la intención de provocar excitación (de una o de otra persona), como tampoco lo hay en excitarse por ello. Es algo que sucede porque tenemos una mente con capacidad de fantasear y tecnología para plasmar nuestras creaciones en distintos medios. Sólo es (a veces, además, es muy rico) y ya.

Sin embargo, en la medida de que estas creaciones no surgen en un vacío, sino que nacen dentro de un contexto histórico, político, cultural y económico particular, pueden ser problematizadas de distintas formas. Y vaya que hay problemas: la industria de explotación detrás del porno, el monopolio de ciertas plataformas en internet, la cosificación de cuerpos dirigida al consumo de un público principalmente masculino y heterosexual, etcétera. Mucho se ha escrito sobre eso y no me voy a detener en estos puntos.

En cambio, permítanme otra digresión, una chiquita: digamos

que usted es mi papá cuando yo tenía diez años (yo sé que esta
oración es muy rara, pero dadme chance). Digamos que acaba de
descubrir que el impoluto historial de internet de la primera PC
en casa ha sido desacralizado con una búsqueda particular: "www.
pornografía.com", el único sitio en el que a mi yo de la infancia se
le ocurrió buscar porno (si lo piensan bien, fue un perfecto uso
de la navaja de Ockham). Digamos que discute el hecho con mi
mamá y se enfrentan a un dilema: la pornografía, por supuesto,
es mala, y no quieren que corrompa mi mente, así que tienen que
actuar al respecto. Negarme el uso de internet no funcionaría, y
tampoco quieren castigarme porque entienden que el problema
está en el contenido que vi, no en mi curiosidad que, por lo demás, es perfectamente normal.

Después de un rato, llegan a una conclusión: quemar un CD
(googléenlo, centennials) con una carpeta llena de fotos de la *playmate* del mes.

Esto puede sonar raro, pero tiene sus razones detrás: la *pornografía* es mala, pero lo *erótico* puede no serlo. Centennials,
googleen "Cinema Golden Choice" y el resto acompáñenme a un
viaje por la memoria. ¿Ya? Bueno. Digamos que estamos viendo
una película *erótica*. Su estructura es idéntica a la de la porno-
gráfica: sexo heterosexual centrado en el coito entre un hombre
fuerte y una mujer delgada, tez blanca, sin discapacidades ni cansancio, disfunciones sexuales, inseguridades, pausas para tomar
agua, calambres, sudor en la cara, pedos accidentales, hambre,
orgasmos por una vía distinta a la penetración o, vaya, cualquier
otra cosa que pueda verse como *diversa*. Esto aplica igual para
Emmanuelle que para la inmensa mayoría de las escenas de sexo
que han salido en cine o televisión, o para la mayor parte de la
pornografía que se puede encontrar gratuitamente en internet.

¿Cuál es la diferencia, entonces? Que sólo una, la pornografía, pone el foco en la genitalidad, y mostrar los genitales sólo es

aceptable si se tiene una intención distinta a excitar. Pero resulta que es muy difícil mostrar genitales en una pantalla sin excitar, sobre todo si es en una ficción y no en un material educativo, así que para justificar este efecto secundario, el desnudo o acto sexual debe tener una propuesta estética. Y la propuesta estética será definida como tal desde una concepción moralina y elitista de lo que significa la belleza. La belleza significa bondad. La bondad tira línea respecto a lo que es permisible. Y la pornografía, que sí tiene una propuesta estética pero que, o no es reconocida como tal o se cataloga como *vulgar, sucia, morbosa*, no puede comprobar que existe con otra aspiración a la de excitar. Por lo tanto no es bella sino mala e injustificable, a diferencia de las películas o fotografías *eróticas*, que definitivamente deben ser otra cosa, que incluso hasta puedes decir que es arte, porque cómo es posible que una persona virtuosa como yo disfrute de ver un acto sexual fantasioso y crudo, entonces mejor veré únicamente con mi ojo más sensible y estético y educado y fino y artístico escenas de actos sexuales insertadas en una narrativa mayor que son igual de fantasiosas pero apenas un poco menos explícitas que, de nuevo, cualquier video que puedes encontrar en internet o, regresando al punto, las fotos de la *playmate* del mes.

(Existe otra diferencia, que tiene que ver con las condiciones de producción de ambos tipos de filmes según el contexto donde se realicen, pero no entraré en ella ahora; me quedaré nomás con lo estético-moral.)

El tema acá es que tengo a unos padres amorosos que intentaron responder a mi incipiente curiosidad sexual de la manera más cuidadosa y no juiciosa que supieron y pudieron, pero incluso con sus mejores intenciones ignoraron un asunto crucial: la diferencia entre su concepción de lo pornográfico y lo erótico fue meramente estética y moral. La realidad es que si las miramos desde otra lente, digamos, la de la fantasía que representan, resulta que están hechas prácticamente de la misma cosa, vienen del mismo sistema ideológico, benefician a las mismas personas, producen prácticamente el mismo efecto y cuentan prácticamente la misma historia.

Digamos, entonces, que yo ya no tengo como referencia del sexo y del cuerpo desnudo de una mujer lo que sea que haya visto en internet ese día. ¿Qué quedó en su lugar? Mujeres blancas en fondos blancos con cuerpos operados, retocados, con poco o nada de vello, etcétera. Es decir: *exactamente lo mismo*, un referente que no corresponde a la realidad y que, además, tiene una intensa carga ideológica machista y puritana de lo que es el erotismo.

Los referentes educan. A diferencia de otras películas, cuando terminamos de ver un video porno no hay nada con qué contrastar lo que vimos en la pantalla. O sea: es fácil ver cómo maneja la gente, pero no es tan fácil ver cómo cogen. ¿Cuántos cuerpos desnudos has visto frente a tus ojos? ¿Cuántas personas has mirado tener sexo? ¿Alguna vez has discutido sobre un video pornográfico del mismo modo en que discutes cualquier otro producto audiovisual? Esto es un problema, porque la ausencia de referencias en la vida real hace que la pornografía se convierta en la única representación visual de lo que se supone que es el sexo. ¿Realmente podemos sorprendernos de que la gente "coja como en el porno"?

Y luego viene el problema de la representatividad. Cuando pensamos en "pornografía", hay una estética particular que viene a la mente de la gran mayoría de las personas: la de la Pornografía con P mayúscula, que se compone (hasta parezco disco rayado, pero es que así es) de sexo heterosexual centrado en el coito entre un hombre fuerte y una mujer delgada, ambes de tez blanca, etcétera, etcétera. Toda práctica que se aleje de este guion es considerada una "categoría", una fantasía de importancia menor, siempre en peligro de considerarse parafilia que necesita un apellido para validarse y reconocerse. Todo cuerpo o identidad que se aleje del guion es degradado a uno que sólo puede ser erótico en tanto se fetichice. La pornografía no sólo es pedagogía del erotismo sin contraste, sino que también educa desde una fantasía aspiracional elaborada desde la hegemonía.

Regresemos al inicio. Digamos que no quieres ver *Rápido y furioso* porque lo tuyo es el cine de arte latinoamericano con conciencia de clase inspirado en Shakespeare, así que decides quedarte en casa a ver *Amar te duele*. O digamos que te gustan las comedias románticas, así que te pones a ver *El club de la pelea*. O digamos que te gusta el cine independiente sueco y te pones a ver, eh, bueno, alguna película grabada con luz natural y en una sola toma. El punto es que, a estas alturas, e incluso con lo limitada que es la representación de la diversidad humana en el cine, hay más opciones de donde elegir y más referentes para entender la realidad. Puedes ver *Nuevo orden* y luego de que te perdones a ti mismo por maltratarte de esa manera puedes ver *Parasite*.

Ahora digamos que estamos hablando de ti, amable persona: ¿dónde encuentras referentes alternativos para el erotismo? ¿A dónde voltea une para mirar la gran diversidad de prácticas sexuales que existen? ¿A qué página o revista o cineclub se suscribe une para mirar contenido erótico a sabiendas de que fue producido sin explotación? Va: la pornografía es pedagogía de violencia, promotora de prácticas sexuales insatisfactorias y, sobre todo, no corresponde a la realidad. Puedes elegir no mirarla o puede que nunca en tu vida hayas tenido un encuentro directo con ella. Es más: puede que la rechaces sin un proceso de pensamiento previo y únicamente porque la fantasía que muestra no te emociona ni representa.

Pero ¿entonces qué sí corresponde a la realidad?

¿Existe una posible expresión alternativa de porno? Hay quien dice que no y, ante este problema, promueve la prohibición total de todo contenido sexual audiovisual, lo mismo que condena moralmente a quien la consume (*spoiler alert*: no es sólo gente religiosa quien hace esto). Hay quien no cree en esta prohibición generalizada, pero igual se la autoimpone y deja de consumir contenido cuando no tiene garantía de que fue producido en condiciones laborales adecuadas, con pleno consentimiento y cuidado de quien aparece en pantalla. Sin embargo, como ocurre con toda decisión individual basada en la regulación de nuestros impulsos, no es raro que existan "recaídas" y, en realidad, nuestra decisión no hace mucho por modificar el sistema.

Hay, en cambio, quien dice que sí se puede. Desde creadores en plataformas como Reddit, Tumblr y Onlyfans, a personas que suben sus nudes a redes sociales con *gente de confianza* (el mejor uso que tiene el *Close Friends* de Instagram hasta ahora), a personas que intentan crear pornografía con una intención tanto erótica como educativa, a gente que simplemente lo hace por pura diversión, a gente que teoriza al respecto en textos, podcasts o videos. Quizá, como alguna vez dijo la activista y productora de posporno (una propuesta subversiva y feminista respecto a la pornografía) Annie Sprinkle, "la respuesta al mal porno no es eliminar el porno, ¡sino hacer mejor porno!".

Y desde luego, hay personas que no dicen ni sí, ni no, sino *depende*, y que tienen posturas llenas de matices y críticas valiosísimas. La discusión sobre qué hacer con la educación que nos ha dejado la pornografía no se va a resolver de un día para otro y estará llena de propuestas que a veces serán más útiles (o no), controversiales (o no), eficaces (o no), patriarcales (o no), transgresoras (o no), inteligentes (o no) y permanentes (o no) que otras.

Lo cierto es una cosa: mientras no existan alternativas para una mejor educación sexual, el porno de siempre nos va a seguir educando como siempre.

19 ¿El tamaño importa?

El momento ha llegado. Ya no puedo huir más. El destino está frente a mi puerta, tocando el timbre y pidiéndome enfrentar la pregunta milenaria:

¿El tamaño importa?

Bueno, la respuesta, como suele ser en estas cosas, es *depende*. Y no, prometo que no voy a dar una respuesta fácil en el estilo de:

El tamaño de tu pene no importa, lo que importa es el tamaño... DE TU CORAZÓN ૭(*∩▽∩*)/

Ese tipo de respuestas son lindas, pero la realidad es bastante más compleja y, honestamente, no sé si alguna vez le hayan ayudado realmente a una persona con inseguridades genuinas respecto al tamaño de su pene. Así que me comprometo a dar una respuesta honesta, crítica y no condescendiente.

Desde una perspectiva fisiológica, el pene tiene cuatro funciones: orinar, eyacular, penetrar y estimular.

¿El tamaño importa para orinar? No.

¿El tamaño importa para eyacular? No. Y, dicho sea de paso, la intensidad de tus orgasmos no dependerá en lo absoluto del tamaño de tu pene.

¿El tamaño importa para penetrar? Depende. Un pene corto podría impactar en la viabilidad de unas pocas posiciones sexuales.

Pero, vaya, muchas otras cosas también podrían hacerlo: cargar a tu pareja para hacer un 69 de pie depende de tu fortaleza física y equilibrio, pero yo nunca me he preocupado por mejorar mi centro de gravedad para lograr esta hazaña. Por otro lado, un pene muy largo o grueso podría causar una penetración dolorosa, pero ésa es una posibilidad que rara vez se menciona. Eso, en los extremos; para la gran mayoría de los penes que se situarán en algún punto medio del espectro, el tamaño no importará para nada en esta función.

¿El tamaño importa para estimular? Otra vez, depende. La vagina es sensible únicamente en sus primeros cinco centímetros y las próstatas de cualquier cuerpo se pueden estimular en un rango similar. Es decir, desde una perspectiva fisiológica, un pene de más de cinco centímetros de largo es vanidad. *Nocierto, sicierto.* También es importante mencionar que la penetración vaginal no es tan estimulante fisiológicamente como otras prácticas (aunque puede serlo, vaya, cada persona es un mundo y toda práctica sexual erotiza no sólo por su fisiología sino, también, por la carga emocional y simbólica que tenga), por ejemplo, la estimulación de la parte externa del clítoris. Sumado a lo anterior, las próstatas de cualquier persona pueden ser estimuladas utilizando juguetes sexuales, aunque si lo que importa es estimular *con tu cuerpo*, siempre puedes usar tus dedos.

👁 27

Lo cierto es que, aunque el tamaño no importe mucho, el grosor y la forma sí lo harán un poco más. Un pene de mayor grosor podría "sentirse" un poco más, del mismo modo en que las curvaturas de ciertos penes podrían estimular de manera más sencilla la próstata o la parte interna del clítoris de una persona con vulva (algunas posiciones penetrativas pueden promover esta estimulación). Pero, de nuevo, la diferencia usualmente es notable sólo en sus extremos: un pene de poco grosor podría "no sentirse mucho", así como un pene de un grosor igual a una lata de coca-cola podría ser doloroso. Un pene con curvatura podría ser una bendición para algunas personas, mientras que para otras podría traducirse en penetración muy intensa o incómoda.

Revisando esto, podemos concluir: *desde una perspectiva fisiológica, y refiriéndonos al placer sexual, el tamaño del pene no importará en la gran mayoría de las veces, y cuando lo haga, será sólo en circunstancias muy específicas y en casos extremos.*

Entonces, si no es por cuestiones fisiológicas, ¿por qué nos preocupa tanto? ¿Tienes la respuesta? Exacto. Es porque, como diría el Joker (escucha lo siguiente en la voz de tu joker favorito):

Vivimos en una sociedad.

Y sí, esta sociedad es falocéntrica y cisheteropatriarcal y coitocentrista y todas las palabras compuestas que se han utilizado para describirla. Eso es real, como también es real la angustia que varios hombres sentimos por el tamaño de nuestros penes. No por nada, bell hooks afirmó que "los niños aprenden que deben identificarse con su pene y con el potencial placer que sus erecciones provocarán, mientras que, simultáneamente, también aprenden a temerle a su pene como si fuera un arma que podría traicionarlos, dejándolos indefensos, destruyéndolos".

Por eso no me gusta la respuesta fácil de "el tamaño no importa, sino que lo sepas usar" o cualquiera de sus variantes, porque ¿cómo no sentir angustia por esta parte de tu cuerpo cuando tiene TANTO significado acumulado? ¿Cómo no sentir preocupación cuando toda la vida hemos escuchado a las personas hablar con deseo sobre penes grandes, burlarse de penes pequeños, dudar del género de un hombre trans por no tener pene, dudar del género de una mujer trans por tenerlo, expresar curiosidad morbosa hacia la genitalidad de una persona intersex, hacer comentarios racistas sobre el tamaño del pene de hombres negros o asiáticos, atacar la masculinidad de alguien diciéndole *pitochico*, referirse a la actitud de alguien como *big dick energy*, compartir notas pseudocientíficas sobre "el tamaño del pene ideal" y cuestiones similares?

¡Y todo eso está bien! Bueno, no, en realidad NADA de eso está bien y, de hecho, va de lo mala onda a lo completamente discriminatorio. Hay una excepción: el deseo hacia los penes grandes. Ni modo, la cultura cisheteropatriarcalfalocoitocentrista promueve ese estándar como el más deseable y, en muchas personas, ese deseo habrá sido inoculado. No eres buena o mala persona por desear lo que deseas (ni eres más o menos *woke*, esa vara moral cada vez más absurda), sólo lo deseas y ya. Es decir: que nadie piense que estoy argumentando en contra del deseo por los penes grandes, sea de forma preferente o exclusiva. Ustedes dense con lo que les guste, por donde les guste, siempre y cuando sea con consentimiento.

Sin embargo, creo que sí hay algunas cosas que podemos señalar. Por ejemplo, que el tamaño de los penes suele importar más en la fantasía que en la práctica: a la mayoría de las personas realmente no les importa mucho el tamaño del pene de sus parejas. Pero también es cierto que las fantasías, aunque existan en nuestra cabeza, tienen un papel importantísimo en modelar nuestras prácticas (por ejemplo, un estudio encontró que, en hombres que tienen sexo con hombres, quienes tienen pene pequeño suelen ser más "pasivos" que los que tienen penes grandes, quienes suelen cumplir el rol del "activo", independientemente de sus preferencias personales). Es decir, es complicado y se necesitan matices.

El punto es: todo deseo hegemónico es excluyente de otros, y los guiones sexuales que los redactan influyen tremendamente en nuestra concepción de lo bello, lo excitante, lo normal, lo sano y lo correcto. El margen de acción que tenemos sobre el deseo (propio y hegemónico) es poco e incierto. No podemos hacer mucho al respecto, pues. Sin embargo, donde sí podemos incidir es en los discursos que nos rodean y modelan nuestros deseos, de modo que sean lo menos excluyentes posibles. Y ahí es donde creo que vale la pena concentrar la energía: en desestigmatizar, compartir información precisa que ayude a erradicar mitos, aumentar el placer y aceptar que la realidad es que el tamaño de tu pene no importa mucho, pero es entendible que te importe.

20   ¿Por qué los hombres casi no gemimos?

Los hombres hetero casi no gemimos en el sexo. Algunos somos silenciosos como estrellas de mar, otros bufamos durante el coito agitado como si nos habitara el espíritu de un toro estreñido; pero gemir, lo que se conoce como simplemente *gemir*, es algo que no solemos hacer.

En parte, creo que esto se debe a que solemos asociar el sonido de los gemidos con lo femenino. El gemido es la traducción sonora del placer en el cuerpo, la piel hablando, el lenguaje antes del lenguaje. El gemido, además, invita a mayor sensación, como decir "aah" después de darle el primer trago a una cerveza helada y sentir en la garganta una pizquita de goce, eco del sabor de la bebida que invita a seguir bebiendo.

Pero los hombres hetero, educados y afirmados en el estoicismo, no solemos darnos permiso de esas expresiones, porque simplemente no es lo que un hombre debe hacer. Sucede así con el dolor, la alegría, el miedo, la tristeza o la sorpresa. Lo que el cuerpo siente no ha de ser expresado, o ha de ser expresado prudentemente.

(Curiosamente, no sucede así con el enojo o el orgullo, situaciones psicofisiológicas que invitan al grito y al bramido, sonidos que pueden usarse como demostración de poder.)

Consecuencia de esto es la limitación de nuestra propia expresión emocional. Y la limitación afecta nuestra capacidad de sentir placer, porque ¿cómo le vamos a dar permiso al cuerpo de sentirse cuerpo si tenemos nuestra atención puesta en que no se exprese como cuerpo? ¿Cómo nos vamos a dar chance de ceder al placer si limitamos la expresión de ese placer?

Lo que solemos pensar (en parte, educados por el porno) es que los gemidos son poco masculinos y que, por lo tanto, a ninguna mujer les van a gustar. Pero esto es falso. Como buen hombre de ciencia, dejaré que la evidencia hable por sí misma. Éste es el resultado de una encuesta que realicé en Twitter en 2019, y a la que respondieron casi 11 mil personas:

Mujeres hetero y bisexuales, ¿a ustedes les gusta escuchar **gemir** a los hombres durante el sexo?

Por favor, quien guste, deje su opinión como respuesta :3

Sí	54%
No	6%
Soy vato (ver respuestas)	40%

10,904 votos • Resultados finales

Ahí está la evidencia. Haz la prueba. Dale chance a tu cuerpo de ser cuerpo, de sentir todo lo que se puede sentir sin temor, de expresarte sin miedo a ser menospreciado por la expresión. Verás que se siente bien.

21 ¿Es mejor el sexo casual o en pareja?

¿Cuál es el mejor taco? ¿El que lleva piña, limón, cilantro y cebollita? ¿El que lleva salsa verde o salsa roja? ¿El que sólo tiene la tortilla y la carne, y, quizá, queso derretido encima? ¿El de chorizo o el de carne asada? ¡¿O ES ACASO EL CAMPECHANO?!

No hay un acuerdo universal, y la respuesta dependerá mucho de los gustos de cada persona, del momento particular en que se encuentre (si anda con dolor de estómago probablemente no disfrute nada la salsa), de las experiencias previas con ese taco y hasta del lugar donde lo consuma (el taco árabe *poblano* lo es todo).

Un taco de pastor con salsa roja y piña es una experiencia completamente distinta a un taco de barbacoa con limón y sal, o uno de chorizo vegano con frijolitos y guacamole. No es que uno sea mejor que el otro, sino que todos te ofrecen una experiencia distinta, con su diversidad de texturas, sabores, picores y especias.

El sexo es como comerse un taco (¡ya cómete el maldito taco!). Cada persona con la que te compartas te puede dar una experiencia distinta que estará sujeta a muchas condiciones: la relación que lleven, el día, el lugar, la pericia, el humor, etcétera.

El sexo con una pareja de varios años te puede dar una experiencia de intimidad, cercanía y conexión profunda. En momentos de enamoramiento esto se puede traducir en sexo íntimo y cercano, lleno de suspiros, declaraciones de amor y promesas que aspiren a la eternidad. En momentos de poco enamoramiento, el sexo en pareja puede convertirse en parte de la cotidianidad: algo así como el taquito seguro de arroz con frijoles, que no emociona pero satisface y forma parte de las dinámicas, olores, texturas y sensaciones que construyen aquello que nombramos como "hogar".

También existe un lado B, claro: la intimidad no siempre es la mejor amiga de la pasión, y no es raro que las parejas que llevan mucho tiempo juntas sacrifiquen exaltación por comodidad. Esto no es malo, sino *propio* de la experiencia, y tendría que entenderse de tal manera: las parejas que llevan años sin sentir pasión y quieren hacer algo por recuperarla podrían dar un primer paso entendiendo que, bueno, después de diez años de tener sexo con la misma persona es tan sólo natural que el cuerpo reaccione como reaccionaría *a cualquier cosa* que lleva haciéndose una década.

El sexo casual, en cambio, ofrece una experiencia completamente distinta. La falta de compromiso romántico puede dar pie a ligereza, improvisación y pasión desbordada. Aunque solemos pensar en la pareja como el mejor espacio de exploración, lo cierto es que, para algunas personas, el sexo casual es el sitio propicio para la exploración: la exposición a personas nuevas implica también conocer y saborear nuevos olores, sensaciones, *kinks*, ritmos, acuerdos. Además, las condiciones a través de las cuales sucede el sexo casual influyen mucho: ¿es sexo con una amistad, un ligue en una fiesta, una cita de Tinder, un encuentro en un club swinger / cuarto oscuro / cuarto violeta? El sexo casual suele ser un experimento lleno de variables extrañas, y ahí reside gran parte de su atractivo.

Sin embargo, aquí también existe un lado B: las mismas circunstancias que facilitan que sea una experiencia llena de adrenalina también la vuelven más riesgosa e impredecible (digamos, el sexo casual es el taco con salsa habanera), lo cual podría facilitar experiencias desagradables. Claro, podemos tomar medidas para reducir riesgos a la salud física y mental (o para, simplemente, evitar tener una experiencia chafa), pero las variables extrañas siempre estarán ahí.

👁 47|48
50

¿Cuál sexo es mejor, entonces? Como con los tacos, dar una sola respuesta es imposible. De entrada porque las definiciones respecto a lo que hace *mejor* a algo no pueden ser universales en algo tan subjetivo como lo es el gusto. Segundo porque, hoy por hoy, en este contexto que le tiene tanto miedo al sexo y al placer, me parece que no hay condiciones de igualdad para comparar una situación con la otra, en medida de que lo "casual" se sigue asociando a la culpa, la "promiscuidad" o la falta de compromiso. Tercero, porque ¿cómo definimos el sexo casual? ¿Tener sexo con una amistad cercana con la que llevas cogiendo por años sin una relación romántica es "casual"? ¿Tener sexo con una pareja estable y de largo aliento pero cambiar radicalmente el contexto (digamos, en una experiencia *swinger*, un hotel, un juego de rol, etcétera) no es también una forma de inyectar adrenalina a la experiencia? Y cuarto, porque, finalmente, yo estoy escribiendo desde *mi* experiencia con el sexo casual y en pareja, pero todo podría ser distinto para otras personas.

El punto es: todas las formas del sexo te van a ofrecer una experiencia distinta que podrías o no desear y que podrías o no disfrutar. Al día de hoy pienso que jamás probaría un taco de buche o de cabeza porque me da asco la textura de esa carne (podría cambiar de opinión, pero, vaya, hoy es lo que siento), aunque entiendo que hay gente que los ama, del mismo modo en que alguien que podría decir que el sexo casual no le va bien y sólo disfruta el sexo si es con gente que ama, o viceversa.

Lo que importa, como en todo, es que haya consentimiento, placer, deseo y responsabilidad. Y tacos. Muchos tacos.

22 ¿Cómo puedo tener sexo si vivo con una discapacidad?

La única condición para sentir placer sexual es tener un cuerpo. Parece obvio, pero para algunas personas no lo es: en nuestra visión patriarcal y colonial de los cuerpos, existe la creencia de que algunos de ellos *merecen* ciertas cosas que los otros no: cuerpos blancos, cuerpos delgados, cuerpos masculinos; cuerpos *funcionales* al sistema, nombrados como funcionales desde el propio sistema. Esos cuerpos son deseables, amables (dignos de ser amados), reconocibles, sexualizables. Los cuerpos distintos a la mirada hegemónica de lo que debería de ser idealmente un cuerpo, no.

La sexualidad de las personas con discapacidad, que nace de su cuerpo como del cuerpo nacen todas las sexualidades del mundo, se niega, reduce, fetichiza, limita o prohíbe, como consecuencia de la mirada discriminatoria hacia ellas. Y de este modo, los cuerpos con cualquier tipo de discapacidad o diversidad funcional son cuerpos que se construyen como indeseables, incapaces de ser amados, irreconocibles, no sexualizables. Cuerpos que no deberían tener acceso (o sólo tener un acceso limitado) al placer y la educación sexual.

Ésta es la mirada capacitista de la sexualidad,[*] que es, a su vez,

---

[*] Como persona que vive sin discapacidad (hasta este momento) es esta mirada la primera que tuve para entender al mundo; como sexólogo, ha estado presente en los estudios en los que me formé y en el trabajo que he realizado. Reconozco este lugar privilegiado de enunciación y escribo este

una forma de discriminación. Y como todas las miradas discriminatorias, está formada por un compendio de mitos que necesitan de varios recursos para validarse. Tomemos como ejemplo la infantilización: percibir y tratar a una persona adulta como si fuera un niño o una niña debido a que se le atribuyen características asociadas a la infancia: el desamparo, la falta de agencia, la incapacidad de tomar decisiones propias. La infantilización de una persona adulta es una forma de deshumanización. En *The Ultimate Guide to Sex and Disability*, los autores Miriam Kaufman, Cory Silverberg y Fran Odette escriben: "Puede que tengas sesenta años de experiencia de vida, con el cuerpo, el cerebro, el temperamento y la libido de un adulto, pero si no puedes alimentarte a ti mismo, o necesitas ayuda para limpiarte el culo, o para entrar y salir de un auto, eres considerado un niño. De esta manera, niegan nuestras sexualidades".

Acaso la infantilización de las personas discapacitadas llegue a su punto máximo con quienes viven con algún tipo de discapacidad cognitiva, a quienes no sólo infantilizamos, sino que, además, colocamos en una posición de bondad e inocencia innata e irrevocable, incapaces de sentir o desear las "impurezas" del sexo: ángeles en la Tierra. "Pero ¿acaso un ángel requiere educación sexual?", se pregunta con sarcasmo la abogada Aranxa Bello en un ensayo sobre la sexualidad de su hermano con trisomía 21, haciendo eco de las voces que consideran que las personas con discapacidad cognitiva no deberían recibir información sobre su propia sexualidad.

Si el cuerpo es nuestra principal frontera con el mundo, el reconocimiento de la sexualidad propia y la capacidad de sentir

---

texto porque la profesión que ejerzo, los pacientes con los que me he encontrado y las personas con las que he dialogado me han hecho entender que es una mirada que urge sustituir.

placer es un acto de agencia y autoafirmación. Al construir ciertas identidades como no meritorias de soberanía dentro de esas
fronteras, no sólo se limita la comprensión de su dimensión sexual y su derecho de nacimiento a sentir placer en el cuerpo por
el simple hecho de tener un cuerpo, sino que también se las expone a múltiples violencias. Aranxa escribe: "En un ambiente
donde se niega la experiencia y educación sexual, la ignorancia y
el silencio crean las condiciones propicias para el acoso, el chan-
taje, el engaño y el abuso. Quizá por ello el porcentaje de personas con discapacidad que son víctimas de abusos sexuales sea tan
alto. Se estima que 90 por ciento experimentan abuso sexual en
algún momento de su vida. De ese porcentaje, entre 97 y 99 por
ciento de los abusos son cometidos por alguien que la víctima
conoce".

39   Es decir, no es coincidencia que una población a la que se le
niega la posibilidad de reconocerse como ser sexuado también
sea foco de tanta violencia sexual. Cuando cruzamos este hecho con el género, tampoco es coincidencia que en México ni
siquiera exista un programa o iniciativa gubernamental dirigido
a atender a mujeres con discapacidad que hayan sido víctimas de
violencia sexual, a pesar de que el Fondo de Población de las Naciones Unidas ha estimado que las niñas y mujeres jóvenes con
discapacidades enfrentan hasta diez veces más violencia de género que aquellas sin discapacidades, así como que las niñas con
discapacidad cognitiva son más vulnerables a la violencia sexual.

¿Cómo sería una mirada no capacitista de la sexualidad? Un
ejemplo se puede ver en el documental español "Yes We Fuck!".
En una de las escenas iniciales, un grupo de personas entra a un
cuarto iluminado con tonos rojos. Existen personas con diversas
expresiones de discapacidad y otras que no, o al menos no de manera evidente. Las segundas asisten a las primeras para encontrar
posiciones en donde estén cómodas: algunas están acostadas en

el suelo, otras sentadas en alguna silla. Comienza entonces la actividad por la que entraron al cuarto. Todas respiran. De repente, comienzan a tocarse entre ellas. Al cabo de un tiempo, se quitan la ropa. Se siguen tocando. Se dan nalgadas, se hacen cosquillas, restriegan sus cuerpos. La escena recuerda a una danza o a una orgía: un festín de cuerpos gozando a través de esa acción de reconocimiento de la otredad que es el tacto sensual y consensuado.

Pienso que la potencia de la escena viene de tres actos de reconocimiento: el primero, el de la sexualidad inherente de las personas con discapacidad; el segundo, el de las necesidades y deseos individuales de cada una de ellas; el tercero, el de la posibilidad de coexistencia de las sexualidades y placeres de todos los cuerpos y todas las identidades, sin importar su corporalidad, sus capacidades o su aparente "funcionalidad".

Una mirada no capacitista sobre la sexualidad involucraría considerar la individualidad de cada persona y cada cuerpo para construir en forma colaborativa, desde ahí, recursos que le puedan servir a cada persona para tener una vida sexual plena y saludable. Hacerlo implica continuar demoliendo mitos, no sólo de la discapacidad, sino también de la sexualidad y el placer en general: ante la creencia de que sólo los genitales sienten placer habría que presentar la evidencia de que hay personas que tienen orgasmos a través de la respiración, o de que personas que han sufrido daños a su columna vertebral que han limitado o eliminado la sensibilidad en los genitales, desarrollan sensibilidad exacerbada y placentera en otras partes del cuerpo, como las orejas, el cuello o los pezones. Ante la creencia de que la pasión debería ser espontánea, habría que aclarar que existen personas que por sus necesidades específicas tendrán que planificar sus encuentros sexuales y realizarlos en ambientes controlados, y que lejos de matar la pasión, la planeación puede incrementarla si se erotiza y se convierte en un juego de pareja. La creencia de que sólo deberíamos relacionarnos con nuestros iguales podríamos confrontarla con la pregunta de cómo construimos a aquel sujeto al que consideramos nuestro igual, y a quiénes estamos dejando fuera, expuestos a distintas formas de deshumanización. A la creencia de que somos los expertos™ los únicos habilitados para hablar de la sexualidad humana habríamos de recordarle que la sexualidad es de quien la vive, y que nuestra percepción y descripción del mundo (por ejemplo, en este texto) siempre será limitada y limitante si no escuchamos desde un lugar de iguales a las personas que no entran en las nociones hegemónicas y discriminatorias de lo que debe ser una persona.

Si no adquirimos nuevas perspectivas, si no entablamos un diálogo que permita expandir las nociones generales de lo que es deseable o erótico, estaremos perdidos. Y desde la demolición de estos mitos quizá podríamos construir una nueva mirada de la sexualidad: una donde quepan todos los cuerpos y todas las identidades, con sus necesidades específicas, nos haría comprender un hecho que, por lo demás, debería ser bastante obvio: que la sexualidad y la posibilidad de sentir placer nos iguala a todas las personas en la Tierra.

23 ¿Qué es el mal sexo?

Soy experto en mal sexo. Pero no es por lo que piensan (¿o quizá sí? No lo sé, la historia me juzgará), sino por mi profesión: como sexólogo, escucho y leo sobre el tema todo el día en historias de pacientes, personas que me escriben en redes sociales, preguntas en conferencias o conversaciones con amistades: hablar de sexo con frecuencia es sinónimo de hablar de mal sexo. He escuchado sobre sexo que defrauda. Sexo que aburre. Sexo que acabó siendo una experiencia traumática. Sexo que no significa nada. Sexo que se hace por inercia. Sexo que no tiene motivo para recordarse. Sexo que sólo es malo. Y por eso, y tomando un poco de todas las historias que he escuchado por aquí y por allá, he compilado algunas de las razones que constituyen un mal sexo:

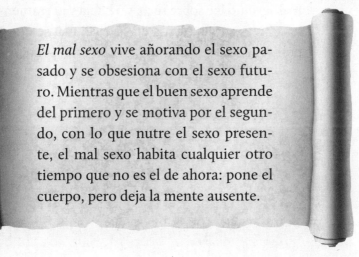

El mal sexo vive añorando el sexo pasado y se obsesiona con el sexo futuro. Mientras que el buen sexo aprende del primero y se motiva por el segundo, con lo que nutre el sexo presente, el mal sexo habita cualquier otro tiempo que no es el de ahora: pone el cuerpo, pero deja la mente ausente.

El mal sexo no tiene paciencia, no cuida el faje, no lee el contexto, no le da oportunidad al placer para que crezca y se acumule y reviente. Todo placer se alimenta del tiempo.

El mal sexo es formulaico: no es flexible ni creativo, no experimenta, no tiene la espontaneidad propia de cualquier otra actividad viva y, por lo tanto, no se siente como que se está compartiendo con un ser humano vivo.

El mal sexo no pregunta. Peor: el mal sexo asume lo que la otra persona desea. Peor todavía: el mal sexo asume que lo que la otra persona desea es lo que uno desea. Y todavía peor incluso: el mal sexo asume que lo que la otra persona desea no importa tanto como lo que uno desea.

El mal sexo no escucha, no aprende, no busca educarse, practicarse, mejorarse o reinventarse. El mal sexo no lee sobre sexo, no habla sinceramente sobre sexo, no piensa en sexo. El mal sexo supone que sólo por ser sexo es o debería ser bueno.

El mal sexo es burocrático, un trámite que las parejas realizan para mantener vivos los pretextos que las mantienen juntas, y no importa lo que dure, siempre tendrá el mismo sabor que el tedio de hacer una fila en un banco.

El mal sexo no procura el consentimiento y fácilmente deja de ser mal sexo para convertirse en abuso. No sólo eso: el mal sexo a veces sólo lo consideramos "mal sexo" porque no somos conscientes en el momento de que en realidad es violencia.

El mal sexo vive aterrado de la crítica, y por lo tanto, su *performance* deja de ser genuino para sólo ser eso: performático, fingido, falso. Y no es que haya nada de malo querer dar un *show* o verse bien, pero cuando lo único que existe del encuentro es eso, uno descubre que no se tuvo sexo por otra razón más que para satisfacer o a otra persona o a la falsa expectativa que tenemos de la nuestra. El goce propio queda delegado en último plano. El mal sexo no se tiene por placer, sino para complacer.

El mal sexo se educa con el porno e imita al porno y sólo desea a los cuerpos del porno y le gustaría que el sexo fuera menos como es el sexo y más como es el porno: un acto centrado casi exclusivamente en la penetración, en el goce de los hombres, en la sumisión de las mujeres y en la fetichización de todos los cuerpos e identidades que sean diferentes a la aparente e impuesta "norma".

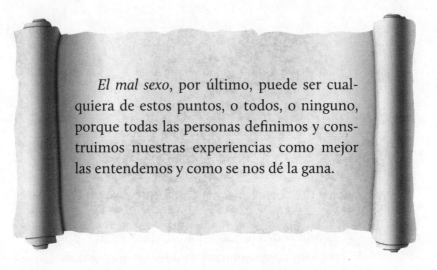

El mal sexo, por último, puede ser cualquiera de estos puntos, o todos, o ninguno, porque todas las personas definimos y construimos nuestras experiencias como mejor las entendemos y como se nos dé la gana.

Esto sólo está basado en lo que he leído y escuchado, pero, vaya, a ti te podría gustar lo que sea, y si encuentras a una pareja (o parejas) a las que también les gusta, y todo lo realizan de manera consensuada, pues adelante. Así que si te identificas con algo de lo que escribí acá, o tienes en tu cabeza otras ideas o experiencias sobre lo que para ti es el mal sexo, sólo tengo una última recomendación: aléjate de ahí y busca mejor sexo. Es más: busca buen sexo, que la vida es corta y el placer es efímero, y antes de que nos demos cuenta estaremos a punto de regresar al polvo y la nada, y para cuando ese momento llegue, vive de tal manera que, justo antes de tomar ese último hálito, puedas pensar: *Sí, cogí bien rico*.

24 ¿Por qué escribí este libro con lenguaje incluyente?

Como anoté en las primeras páginas, este libro está escrito con lenguaje incluyente. No sólo me refiero a los pronombres neutros y a evitar el masculino genérico, sino a hablar de cuerpos "con vulva" o "con pene" y a personas *cis* y *trans*.

¿Por qué hacer una apuesta respecto al lenguaje incluyente? Existen dos tradiciones de pensamiento principales para abordar la lengua: la *prescriptiva* y la *descriptiva*. La primera, en esencia, indica que sólo existe una manera correcta de hablar y escribir, misma que es determinada por ciertas instituciones reguladoras, por ejemplo, la RAE.

Este enfoque podría resultar útil en situaciones que requieran seguir convenciones institucionalizadas del idioma para facilitar su lectura en ciertos espacios. Si yo escribo, no sé, un manual de reparación de autos, tiene sentido que me apegue a las reglas convencionales del idioma para facilitar su lectura: klaro io pomdría ezkribir ashí and it may be the case that me 3ntiend4n,,,, ✿UwU✿. Pero si lo hago, pierdo muchas oportunidades: la impredecibilidad ortográfica y gramatical de la oración se vuelve incómoda, las referencias o chistes "locales" y el cambio de idioma pueden subir el "costo de admisión" para entender el texto y las palabras "inventadas"* podrían provocar que su lectura sea

---

* "Todas las palabras son inventadas", respondió famosamente el dios del

complicada o imposible para personas con discapacidad visual. Es decir: escribir siguiendo las "reglas" del idioma (que más que reglas son acuerdos en lo colectivo, y más que acuerdos son imposiciones hacia lo individual) tiene sentido en ciertos contextos.

Sin embargoooo, el enfoque prescriptivo del idioma tiene algunos problemas y limitaciones. Por ejemplo, no considera la velocidad con la que el lenguaje cambia, del mismo modo en que considera "incorrecta" cualquier expresión no reconocida por instituciones como la RAE. Y la Real Academia Española, antes que otra cosa, es eso: *española*, y para aceptar como válidas determinadas palabras, expresiones o usos gramaticales, primero verificará si tienen sentido y uso en un contexto muy local: el español que se habla en España (o más bien, el acuerdo, que más que acuerdo es imposición, del español que supuestamente se habla en España). Y además, esta perspectiva es aburridíiiiiisima.

Aquí es donde entra la otra perspectiva del lenguaje, la *descriptiva*. El enfoque descriptivo del lenguaje no niega que existan consensos respecto a cómo se habla y escribe, así como que éstos puedan articularse de una forma eficiente a través de determinadas instituciones que elaboren guías respecto a su uso; pero sí toma en cuenta el hecho de que, al final, la lengua no tiende a hablarse y escribirse como las reglas lo indican, sino como *las personas hablantes eligen hacerlo*.

O dicho de otra forma: como le dé la regalada gana a toda la raza que habla y canta y rima y murmura y grita y junta palabras en espera de cerrar la brecha que nos separa de las otras personas, en ese intento cotidiano de entender(nos). El lenguaje no es de nadie, por mucho que algunas de las instituciones que lo estudian (y que más que estudiar, lo norman) pretendan hacernos

---

trueno, Thor, al ser interrogado por Drax el Destructor durante la Guerra del Infinito.

creer lo contrario, porque no existe en un vacío sino en la multiplicidad de relaciones que se forman en el ir y venir infinito de las interacciones entre las personas y la(s) cultura(s) que habitan. El problema con la Torre de Babel no fue que la gente hablara lenguas distintas, sino que nadie se detuvo a intentar entender lo que la otra persona quería decir.

Aquí es donde entra el lenguaje incluyente. Esta apuesta estratégica tiene sentido en ciertos contextos. Por ejemplo, un libro sobre sexualidad. Si hablamos de sexualidad, tenemos que visibilizar la desigualdad entre los géneros, así como reconocer la existencia de los géneros no binarios. Si hablamos de cuerpos humanos, tenemos que utilizar expresiones como "personas con pene/vulva" en vez de "hombres" o "mujeres", porque nos concentraremos en el sexo más que en el género. Y además de esto, el lenguaje incluyente también tiene algunas funciones o apuestas políticas específicas, como ser una herramienta discursiva que ponga en jaque la concepción binaria de los géneros y el uso del masculino genérico de la gramática española.

Desde luego, el lenguaje incluyente no está exento de límites. En este libro evito el uso de la *x* porque podría complicar la lectura de un texto para personas con discapacidad visual que requieran programas de lectura en voz alta. El uso de la "@" es estorboso y quizá no sea entendible para nadie que haya nacido después de 1875, o algo así. No siempre es posible encontrar palabras "neutras". El uso del femenino y masculino juntos puede extender demasiado oraciones que podrían ser más cortas (además de que, si nos ponemos quisquilleses, en ciertos momentos también invisibiliza identidades no binarias). El uso de la *e*, que por el momento es la apuesta más común y aceptada, puede ser un tanto cacofónico. *But then again*: lo cacofónico es una posibilidad del lenguaje por ser lenguaje, sea incluyente o no. La creatividad viene de encontrar maneras de darle la vuelta a esto.

La existencia de estas cuestiones no debe asumirse como se-ñal de que el lenguaje incluyente es, por sí mismo, problemático o ineficiente. Al contrario, surgen porque las reglas, acuerdos e imposiciones ya no son suficientes (¿lo fueron alguna vez?) para representar la realidad de las experiencias e intereses de un grupo significativo de sus hablantes; de ahí que se argumente que exis-tan circunstancias en que no utilizarlo puede ser un acto violen-to o discriminatorio, como cuando no se usan adecuadamente los pronombres de las personas no binarias. Algunas propuestas se mantendrán y otras no, algunas se adecuarán a contextos es-pecíficos y otras se adaptarán a un uso más general.

Este libro está escrito considerando que estas apuestas valen la pena.

PARTE 3

Guías prácticas sobre prácticas

No se trata sólo del *qué*, sino del *cómo.* Uno puede, por ejemplo, conocer los ingredientes y pasos para crear un taco, pero si la apuesta es hacerlo rico y no sólo algo *suficiente*, el conocimiento técnico del platillo no basta: se requiere práctica y conocimiento de todo el proceso. Si se quiere hacer el delicioso de manera, eh, *deliciosa*, es lo mismo.

Esta parte conjunta varias guías prácticas y breves para disfrutar más del sexo.

25 ¿Cuál es la mejor posición sexual?

¿Qué es lo que hace a un buen amante? Dependiendo de a quién le preguntes, la respuesta varía: hay quien se lo adjudica a "la química" (tanto en su sentido mágico como científico); hay quien cree que se trata de una habilidad que se puede aprender, estudiar y practicar; hay quien opina que se trata de "experiencia", y quien piensa que es algo que sólo sucede, como un don que tienes o no tienes. No hay un consenso, e incluso entre quienes estudiamos la sexualidad existen diversas opiniones y perspectivas respecto a lo que significa el "buen sexo".

Entre las varias propuestas y exploraciones que existen respecto a esta pregunta, un elemento tiende a destacar casi como una obsesión cultural: las posiciones sexuales. Existe una suerte de fascinación morbosa respecto a la idea de pensar en el sexo como un acto más o menos mecánico cuyo secreto reside en conocer *esa* postura entre cuerpos que otorgará oleadas de placer sin límites.

La noción de que existen distintas posiciones en que se puede practicar el sexo es, probablemente, uno de los primeros aprendizajes que muchas personas obtuvimos respecto al placer sexual. Sin embargo, a pesar de toda la atención volcada a ese tema, resulta que no ofrece muchas respuestas respecto a lo que realmente es el placer o la sexualidad: muchas personas no tienen idea de cómo estimular su próstata (o desconocen que tienen una), pero

saben perfectamente a qué se refiere la expresión "coger de perrito", varias otras reconocen las posiciones penetrativas que les
pueden llevar a sentir más placer (incluso, tener un orgasmo),
pero no sabrían decir por qué; algunas más no pueden nombrar

👁 2   al hilo diez cosas que las exciten, pero claro que conocen de qué
trata ese texto conocido como *Kama-sutra*.

El Kama-sutra es, precisamente, un ejemplo curioso de la obsesión con las posiciones sexuales en Occidente. El texto hinduista
original es un compendio de ideas respecto al amor y a la sexualidad que abarca distintos temas, como la seducción, el matrimonio o "la conducta adecuada de una esposa" (!). Las posiciones
sexuales son sólo uno de los varios temas abordados en el texto
(no es, ni siquiera, el más relevante), y la descripción de las "64 ar-
tes" se enmarca dentro de toda una filosofía y religión específicas.

Este contexto, desde luego, no se menciona en la mayoría de
los textos contemporáneos que se han escrito en su nombre: al
buscar "kamasutra" en Google, la mayoría de los artículos arro-
jados serán una variación de "Las 10 posiciones del Kama-sutra
que debes probar", con amplias descripciones que parecen menos indicaciones para el placer y más instrucciones para armar
un mueble ("coloca A encima de B y ensarta C dentro de D").
Además, pareciera que el objetivo de varios de estos textos no es
ni siquiera proveer de información útil para las personas que lo
lean, sino impulsar una suerte de despliegue de fortaleza física
para demostrar más: cuál es la posición *más* retadora, *más* complicada, *más* peligrosa, *más* secreta.

La mayor parte de la discusión sobre las posiciones sexuales
suele girar alrededor de las *coitales*, es decir, las que se realizan en
la penetración pene-vagina, algo que suele ser contraproducente
cuando se toma en cuenta que *a*) en las personas con vulva, la vagina no es el órgano sexual que tiene mayor capacidad de sentir
placer; *b*) no existe mucha atención a las posiciones sexuales que

se puedan adoptar para prácticas sexuales genitales entre personas del mismo sexo (reto a cualquier hombre heterosexual que esté leyendo esto a que piense en una posición sexual entre dos mujeres. ¿Ya la tienes? Ahora menciona otra que no sea "tijereteo"), y c) existe todo un cuerpo, más allá de los genitales, que queda olvidado en su estimulación.

Todo parece indicar que la obsesión por las posiciones sexuales es muy masculina, no sólo en su casi exclusiva exploración de la penetración (quizá la única posición sexual ampliamente conocida que podría ser distinta es el "69"), sino en la demostración de poder a través de la fuerza física o equilibrio que requiere para realizarla. Si pensamos en cuerpos con pene, tiene sentido: la penetración, sea anal o vaginal, estimula intensamente el glande. Pero si dirigimos la atención a cuerpos con vulva, deja de tenerlo: la penetración no estimula el clítoris, o lo hace muy indirectamente (y el desconocimiento de esto es, en parte, uno de los muchos factores en juego al momento de explicar la brecha orgásmica). 👁 26

Considerando esto, no es exagerado sugerir que la obsesión por las posiciones sexuales también tiene un elemento que podría considerarse capacitista (es decir, discriminatorio hacia personas que viven con discapacidad), puesto que considera de entrada que el placer reside en la capacidad física para realizar múltiples posiciones y no en, no sé, el intentar pasarla bien, independientemente del cuerpo que tengas. 👁 22

No es que las posiciones no importen. Desde luego, importan, ¡y mucho! La posición sexual adoptada durante una relación sexual puede ser determinante en aspectos como:

- *Dolor*. Algunas posiciones coitales, tanto vaginales como anales, podrían ser más o menos dolorosas que otras, tanto por la profundidad alcanzada durante la penetración como por las zonas que se estimulan.

- *Agotamiento físico.* Existen posiciones que requieren menos esfuerzo que otras.
- *Juego psicológico.* La erotización de las posiciones sexuales, es decir, lo que interpretamos de ellas, puede influir mucho, por ejemplo, con posiciones que permitan realizar ciertos juegos de poder.
- *Estimulación fisiológica.* Algunas posiciones estimularán más el cuerpo (por ejemplo, en la penetración, sentarse sobre la persona con pene puede otorgar mayor control a quien está arriba, así como estimular más fácilmente su clítoris y/o próstata).
- *Seguridad física.* Existen posiciones que podrían representar un riesgo para la salud y que requieren, por ejemplo, sentarse en la cara de alguien, pero de tal manera que se le permita un margen para que pueda respirar.
- *Capacidad física.* Algunas personas no podrán realizar diversas posiciones por cuestiones relativas a sus capacidades físicas, su tamaño, su condición de salud, etcétera (yo, por ejemplo, no puedo realizar ciertas posiciones sin riesgo a lesionarme severamente debido a la hiperlaxitud ligamentaria de mis hombros).
- *Sensación de rutina o sorpresa.* Jugar con distintas formas de erotizar el cuerpo puede ser muy estimulante, del mismo modo en que repetir una fórmula conocida una y otra vez podría resultar aburrido a largo plazo.

En resumen: las posiciones sexuales importan mucho. Sin embargo, la forma en que solemos entenderlas las reduce a uno o dos aspectos y no considera que son un *medio* para llegar al placer, no un *fin* en sí mismo. No es raro que en el consultorio reciba a parejas que llevan mucho tiempo sin sentir deseo una por la otra y que al momento de explorar su historia repitan la frase:

"Ya hemos probado un montón de posiciones nuevas". ¿De qué sirve realizar el catálogo entero del Kama-sutra si no se entiende el sexo como algo más que un acto mecánico? ¿Dónde quedaron ahí el deseo, la chispa, la curiosidad, la espontaneidad, el juego?

Cuando he llegado a tener en consulta a parejas con esta situación, solemos realizar un ejercicio que va así: piensa en las tres mejores relaciones sexuales de tu vida e intenta recordarlas con todos los detalles. ¿Con quién fue?, ¿cómo?, ¿cuándo?, ¿dónde? Recuerda lo que te excitó desde el primer momento, lo que hizo que fueran *las mejores*. Recuerda las posiciones. Mantén esa imagen mental en tu cabeza.

Ahora recuerda otras tres ocasiones en que hayas tenido sexo mediocre, de ésas en que piensas: "Guau, esto me lo pude haber ahorrado" o, cuando menos, algunas que no hayan trascendido demasiado en la memoria. Otra vez, intenta recordar la experiencia en detalle y recuerda las posiciones.

Ahora compara ambas experiencias. ¿Notas algo? Estoy seguro de que las posiciones sexuales que realizaste en el mejor sexo de tu vida, de hecho, *no tuvieron nada de espectacular*. E incluso cuando sí, cuando de hecho las posiciones hayan sido un factor clave, preguntaría: ¿por qué? ¿Qué hizo que esas posiciones fueran tan significativas y excitantes?

En la otra cara de la moneda también estoy seguro de que las posiciones que hiciste tanto en el mejor sexo como en el más mediocre, de hecho, fueron las mismas o muy similares. Es decir: aunque cojas en las mismas posiciones, la experiencia puede ser completamente distinta. Y eso, pienso, debería ser suficiente evidencia para notar que, como sociedad, quizás estamos poniendo nuestra atención en los lugares incorrectos.

¿Qué es lo que hace a un buen amante? De nuevo, la respuesta varía de persona en persona, pero me atrevería a sugerir algo para quien le resuene. No se trata del número de posiciones

sexuales que pueda realizar o de la habilidad física con la que lo
haga, sino de otra cosa: la sorpresa, el juego de poder, la anticipación del momento, la energía, el amor, el riesgo, la planeación,
vaya: el deseo.

26 ¿Cómo cerrar la brecha orgásmica?

Tener buen sexo es difícil: nadie nos enseña a hacerlo. La mayor parte de nuestra educación sexual (cuando no toda) no va dirigida a estimular el placer sino a alertarnos sobre los peligros de toda interacción erótica. El paradigma pedagógico del profesor de educación física en *Mean Girls* nos enseña que lo mejor es la abstinencia, porque si tienes sexo vas a embarazarte, morir y ya.

👁 15

Una de las muchas consecuencias de esto es que todo lo que rodea al sexo, como el deseo, la diversidad de prácticas, las técnicas masturbartorias, las fantasías, los juguetes, las actividades grupales, la respuesta sexual humana, entre otras cosas, son conocimientos oscuros a los que muchas de nosotras jamás llegaremos a acceder. Hay gente que muere sin haber tenido un solo orgasmo en su vida.

👁 1|8|10
31|36

Un estudio de 2017 le preguntó a diversas personas si habían tenido un orgasmo durante el último mes, y los resultados, aunque alarmantes, son poco sorprendentes: las mujeres heterosexuales son la población que menos orgasmos tuvo (65 por ciento) mientras que los hombres heterosexuales son quienes experimentaron más (95 por ciento). En cambio, 86 por ciento de las mujeres lesbianas dijeron haber tenido un orgasmo durante el último mes.* No es exagerado suponer que la brecha orgásmica

* El estudio consideró únicamente personas cis.

es una de las muchas extensiones de la desigualdad de género que permea en la sociedad.

Las mujeres que tienen sexo con hombres son quienes menos orgasmos tienen; los hombres que tienen sexo con mujeres son los que más. Esto sucede por varias razones: falta de educación sexual, culpas, desconocimiento del cuerpo, ignorancia respecto a las cosas que provocan el propio placer, disfunciones sexuales, etcétera. Sin embargo, si tomamos en cuenta que las mujeres que tienen sexo con mujeres reportan un índice mayor de orgasmos, podemos suponer que el problema no reside en las mujeres *en sí*, sino en los hombres con quienes tienen sexo.

¿Por qué los hombres no estamos procurando orgasmos a nuestras parejas? ¿Es porque muchos tocamos el clítoris como si fuera tornamesa de DJ? ¿Porque crecimos creyendo que las mujeres eran insaciables por naturaleza? ¿Porque pensamos que tener sexo sólo significa tener penetración pene-vagina (práctica que, por cuestiones fisiológicas, no suele resultar tan placentera para ellas como para nosotros)? ¿Porque recibimos buena parte de nuestra educación sexual por medio de la pornografía *mainstream*, que vende una fantasía usualmente misógina sobre el sexo y que poco o nada tiene que ver con las prácticas, cuerpos y encuentros reales? ¿Porque creemos que las mujeres deben tener sexo con nosotros si les invitamos un combo Icee? Probablemente un poco de todo. El punto es que, por lo visto, coger con hombres heterosexuales no suele ser una buena inversión de tiempo. Y los únicos que tenemos la culpa de eso somos nosotros.

No creo que todos los hombres que contribuyen a ese 35 por ciento de mujeres sin orgasmos lo hagan por desidia o falta de interés. Mi experiencia clínica me sugiere que, al menos en parte, se debe a falta de conocimiento. Claro, podrían educarse por su cuenta, pero es posible que no sepan que existe algo en que educarse. Finalmente, la educación sexual que recibimos no hace mucho para siquiera sugerir la noción de que hace falta algo más que meter y sacar el pito una y otra vez para dar placer.

Por lo menos así fue mi caso. Yo me enteré de la existencia del clítoris cuando tenía 17 años. Die-ci-sie-te. Para ese entonces ya había tenido tres parejas sexuales (si me juzgan, la ultraderecha gana) y me consideraba un buen amante porque tardaba mucho en venirme. Un día estaba fajando con una chica con la que salía y, según yo, todo iba bien. En algún momento ella detuvo el faje, me miró a los ojos y me preguntó consternada: "¿Sabes qué es el clítoris?" "Por supuesto", le dije, y luego aclaré que, en realidad, no tenía ni idea y qué no sabía por qué había dicho eso. Amablemente, ella me explicó, me enseñó a estimularlo, y mi vida nunca volvió a ser igual.

Que yo no supiera de la existencia del clítoris a los 17 años es un tema de educación sexual y de machismo. A todas las personas nos educan para creer que el coito pene-vagina es la práctica sexual por antonomasia y el ingrediente secreto para todos los orgasmos, pero sabemos que esto es falso: sólo un mínimo porcentaje de mujeres puede venirse durante la penetración. A los hombres nos educan para ser complacidos y a las mujeres, para complacer. Como efecto secundario, los hombres no solemos invertir en nuestra educación sexual, mientras que muchas mujeres sí lo hacen: leen artículos, usan lencería, compran juguetes, etcétera. Cuando esa inversión no es recíproca, al final termina siendo principalmente para nuestro provecho más que para el placer de ambes. A los 17 años, como muchos hombres a los 20 o a los 50 o a la edad que sea, yo no sabía ni qué era el clítoris; tampoco sabía cómo estimular los pezones de una mujer sin lastimarla (resulta que los pezones son muy sensibles, quién lo hubiera imaginado) ni técnicas para el sexo oral (resulta que no tengo que hacer un abecedario con mi lengua, QUIÉN LO DIRÍA) ni para erotizar el cuerpo entero (tip: la próxima vez que tengan sexo, laman muy suavemente la parte trasera de las rodillas, de nada) ni cómo hacer *edging* para aumentar la tensión del orgasmo ni cómo tener posiciones penetrativas que estimulen la próstata y la parte interna del clítoris ni muchas cosas que hacen que la mecánica del sexo sea genuinamente rica para ambas partes.

¿Qué hacer, entonces? Hoy en día, cada vez hay más esfuerzos de educación sexual de mujeres para mujeres que tienen como objetivo cerrar la brecha orgásmica. Pero ese trabajo, aunque urgente y maravilloso, no es suficiente si lo que nos interesa es que esos orgasmos los tengan con nosotros. Los hombres también tenemos que procurar el placer de nuestras parejas e invertir tiempo y recursos en nuestra educación sexual, así como aprender a comunicarnos y dejarnos enseñar. Hacerlo traerá un maravilloso descubrimiento: el placer del sexo sólo puede llegar a conocerse en su totalidad cuando todas las partes involucradas lo disfrutan al máximo.

¿Cuál debe ser el rol de los hombres en la lucha por cerrar la brecha orgásmica? No tengo respuestas definitivas, pero sí algunas sugerencias: nos urge conocer la anatomía de nuestras parejas, nos urge educarnos en los mecanismos del deseo, nos urge diversificar nuestras prácticas, nos urge invertirle tiempo a ser mejores amantes. Lo sé porque lo he visto: un mundo con más y mejores orgasmos es posible.

27   Encontré el clítoris, ¿ahora qué?

Dijo Claude Lévi-Strauss: "El sabio no es el hombre que da respuestas verdaderas; es el que plantea las verdaderas preguntas". Y una de ésas, quizá la más grande de todas, es la siguiente:

Encontré el clítoris, ¿ahora qué?

Hay una insistencia grande en visibilizar el clítoris como un órgano sexual increíblemente sensible, en contraste con la vagina, que no lo es tanto. Los datos llevan ahí décadas: el clítoris es el órgano más sensible al placer sexual del cuerpo humano y, para muchísimas personas, es la vía preferente, cuando no la única, para llegar al orgasmo. La brecha orgásmica que existe en el sexo heterosexual se suele deber a su falta de estimulación (y ésta, a su vez, es reflejo de la poca atención y el poco conocimiento que solemos tener de la vulva). Por lo tanto, esta insistencia va dirigida a cualquier persona que se relacione sexualmente con personas con clítoris, sobre todo a hombres, quienes no solemos poner atención a este órgano. Pero resulta que se trata del órgano sexual que más placer puede otorgar al ser estimulado. Como me comentó en entrevista la doctora en psicología y facilitadora Bodysex, Fabiola Trejo: "Estimular el clítoris no es el preámbulo: es el objetivo. No es para prepararla para que la penetres ni para facilitar la lubricación. Si te interesa su placer, estimular su clítoris es prioridad".

👁 26

Creo que la típica pregunta que muchos hombres cisgénero se plantean una vez que por fin hallan el clítoris es: *¿Qué hacemos con el* cliptori? ¿Cómo estimular este órgano que se siente tan distinto a los que tenemos en nuestro cuerpo?

(Dato curioso: en realidad no es tan distinto.)

Por si no lo habías visto, te presento al clítoris:

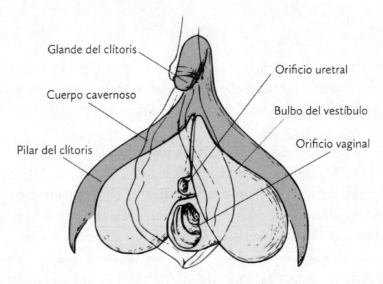

Glande del clítoris

Cuerpo cavernoso

Pilar del clítoris

Orificio uretral

Bulbo del vestíbulo

Orificio vaginal

Anatomía del clítoris, il. de Marmanel, liberada a dominio público, en Wikipedia.

Las terminaciones nerviosas del clítoris, aunque se concentran en el glande (que es lo que se puede ver desde afuera), se reparten en realidad por todo el órgano y por lo tanto, pueden estimularse de manera directa o indirecta. La primera es la evidente: masajeas el *botón del diablo* (o el *cristori*, dependiendo de tus creencias) con contacto directo de tus dedos, lengua, pene, vulva, juguete sexual o cualquier otra parte del cuerpo u objeto que decidan usar. Aunque la estimulación oral es una de las más comunes y más placenteras, Fabiola Trejo sugiere no estancarse ahí: "Apóyate de masajes, caricias, frotaciones con diferentes partes del cuerpo y con vibradores para ampliar el repertorio de sensaciones de placer". Como en todo en la vida, la diversidad es tu aliada.

La estimulación indirecta puede lograrse de varias maneras: a través de la pared superior de la vagina, de modo que se estimule el cuerpo del clítoris; usando un juguete sexual como un succionador de clítoris (que no toca directamente el órgano sino que lo estimula a través de succión o de ondas sónicas), frotando el prepucio que lo cubre cuando no está erecto, entre otras. Incluso existen algunas posiciones de penetración coital que pueden llegar a estimularlo indirectamente.

Delia Ochoa, sexóloga y psicoterapeuta, aconseja que, cuando la anatomía lo permita, estimules el clítoris sobre el prepucio y no sobre el glande. Esto debido a que "las terminaciones nerviosas están distribuidas de forma distinta en cada clítoris, por lo tanto puede variar mucho qué tan directa puede ser la estimulación en el glande". Además de esto, ella sugiere que "uses los labios y el resto de la cara, no sólo la punta de la lengua". O en otras palabras: come como si tuvieras hambre.

La terapeuta sexual Laurie Mintz sugiere en su libro *Becoming Clitorate* iniciar trazando círculos de forma suave sobre el prepucio, e ir incrementando la vigorosidad conforme tu pareja se vaya excitando más. Por su parte, la activista por el placer Alicia Delicia recomienda iniciar con estimulación indirecta y avanzar hacia la directa una vez que tu pareja avance en la meseta, así como preguntarle a tu pareja cómo le gusta más. Y cuando notes que tu pareja está disfrutando lo que haces, Fabiola Trejo exhorta a mantener esa estimulación y no cambiar de ritmo ni de velocidad, pues es justo eso lo que anda disfrutando.

Además de la estimulación directa e indirecta del clítoris, recuerda que no es sólo ese órgano sino *toda la vulva* la que tiene posibilidad de producir placer. El clítoris es el órgano más importante y sensible, sí, ¡pero no olvides lo demás!

En resumen: inicia despacio y avanza conforme tu pareja lo vaya expresando y/o solicitando. Y recuerda, cuando no sepas qué hacer (e incluso cuando sí)...

¡PREGUNTA!

"La cosa más bonita que puedes llevar a la cama es no asumir que sabes lo que a la otra persona le gusta, sino que sea una conversación", dice Alicia Delicia. Ella sugiere preguntarle a tu pareja sexual cómo le gusta masturbarse e, incluso, cuando sea el caso, pedirle que te muestre cómo lo hace para que la observes directamente, así como preguntarle también por la intensidad, la presión y la velocidad ideal. Al cuerpo que fueres, haz lo que vieres.

Alicia Delicia también sugiere aplicar "el semáforo", que me parece una excelente técnica no sólo por si te da pena preguntar, sino porque también puede ser un juego muy erótico. Funciona así: mientras estimulas a tu pareja, ella puede utilizar un código de colores para indicarte cómo le está resultando lo que haces.

- Rojo = no me está gustando lo que haces, detente.
- Amarillo = cambia lo que estás haciendo, pero no necesariamente detengas la estimulación.
- Verde = me gusta lo que haces, sigue.
- Azul = POR FAVOR SIGUE CON ESO, NO TE DETENGAS.

Al respecto, Fabiola Trejo tiene otro consejo muy atinado: "Detente cuando ella te lo diga o veas que se siente incómoda o adolorida. Pon atención a su lenguaje corporal, porque para algunas mujeres puede ser complicado expresar su incomodidad o pedir que te detengas".

La verdad es que, en el sexo, siempre es buena idea preguntarle a la otra persona qué quiere y qué le gusta.

👁 40
41

👁 2

LUBRICA

Algo importantísimo es la lubricación: no toques el clítoris en seco (a menos que la otra persona te lo pida, pero incluso entonces, ten cuidado). La saliva es útil si vas a hacer sexo oral, pero idealmente utiliza la propia lubricación de tu pareja o un lubricante de base agua. Como dice Fabiola Trejo: "El lubricante es tu mejor amigo. Hará las sensaciones más detalladas y complejas, potenciando las posibilidades de placer".

Es importante recordar que, aunque la lubricación suele aparecer durante la actividad sexual, conforme la excitación incrementa, la cantidad puede variar de persona en persona. A veces, incluso, una persona puede estar muy excitada y no lubricar, del mismo modo en que otra podría estar muy excitada y no tener una erección. El consentimiento se otorga con el deseo, por lo que si el cuerpo no está lubricando pero desean tener sexo, ¡usen lubricante, sin miedo ni pena! Y si está lubricando y quieren aumentar las sensaciones, ¡también!

👁 11|42

CONVERSA

Se dice mucho: el sexo es una conversación. Lo verbal es importantísimo, sí, pero la realidad es que, la mayoría de las veces, el sexo es un diálogo donde se privilegia el lenguaje del cuerpo: las caricias, las contorsiones y los gemidos son lo que te indicará si a tu pareja le está gustando o no lo que haces. La escucha atenta y empática es el secreto para el buen sexo.

Hay un motivo por el cual este texto no se enfoca en técnicas de estimulación del clítoris: no necesitas ser un virtuoso de la técnica. Necesitas conocerla, sí, así como necesitas conocer al menos lo básico de la anatomía de la vulva, y por eso este texto fue armado en colaboración con expertas en placer, para que puedas seguirlas en sus redes y aprender de lo que comparten.

Dicho esto: no necesitas ser un virtuoso de la técnica. Si te concentras en ella y no en escuchar a tu pareja, lo más probable es que termines perdiendo todas las señales verbales y no verbales que podría otorgarte y con las que podrías aprender, genuinamente, cómo estimular su cuerpo y su mente. Como sugiere Fabiola Trejo: "Recuerda que estás con una persona completa, que se note que estás interesado en toda ella y no sólo en encontrar el movimiento ideal. Notamos cuando están más concentrados en la tarea que en nosotras". Para coger bien hay que pensar menos, sentir más y disfrutar todavía más.

28 ¿Cómo podemos desgenitalizar el sexo?

La primera vez que alguien me besó las piernas fue muy interesante pero muy *estraño*. Llevaba mucho tiempo con el antojo, y aunque todas las parejas a las que les había propuesto la idea dijeron que sí, ninguna lo había hecho. Supongo que no es tan común que un hombre le pida eso a una mujer y se les olvidaba. O quizá también era raro para ellas. No sé.

Cuando pasó, fue toda una experiencia. Primero me emocioné: por fin iba a probar algo nuevo, una forma de estimulación que deseaba mucho. Cuando yo le besaba las piernas a alguien, notaba que les gustaba, que era algo erotizante. Así que tenía la expectativa de que algo así sucedería conmigo y descubriría una nueva forma de sentir placer. Pero no ocurrió.

Primero fue emocionante, claro. Por fin las puertas de la percepción estaban siendo depuradas para mostrarme todo como realmente es: infinito. Pero rápidamente la situación se volvió extraña. Comencé a sentirme incómodo. Los besos me provocaban cosquillas, y eso me molestaba. Me puse ansioso. Una parte de mí se puso un poco hostil sin razón alguna, como si una alarma se me hubiera prendido diciendo: ¡¿QUÉ SE SUPONE QUE ESTÁS HACIENDO?! ¡ALÉJATE DE AHÍ! Nada cercano a lo que esperaba, pues.

Sin embargo, no me rendí, y después de intentarlo algunas veces más, la cosa cambió. Las cosquillas que antes me molestaron pasaron a ser disfrutables. Mis piernas se sensibilizaron de una manera que no conocía. Ahora sí puedo decirlo: me encanta y me prende muchísimo que me besen las piernas.

(Luego descubriría que sólo me prende por unos segundos, pero eso ya es otra cosa.)

Para algunas personas (y pienso que sobre todo para hombres heterosexuales), erotizar el cuerpo entero puede ser una experiencia mucho más retadora de lo que imaginamos. Al cuerpo no le importa mucho si queremos erotizarlo porque leímos del tema en una columna o porque estamos experimentado con una sexualidad más diversa: su respuesta más probable será la que tiene por fuerza de la costumbre. Y si lo que llevamos enseñándole durante años es que el placer sexual se concentra únicamente en los genitales y que el resto de nuestra corporalidad existe para otros motivos, pues ya empezamos perdiendo.

Desgenitalizar el sexo puede aprenderse a través de la construcción paciente y atenta de nuevas prácticas. A continuación propongo cinco. Puede que algunas te interesen de entrada y otras no. Puede que algunas te encanten y otras te parezcan raras, como a mí. No lo sabrás hasta que lo intentes, así que, ¿por qué no hacerlo?

1. *Respiración consciente*. Recuéstate junto a tu pareja y dense un momento para sólo mirarse a los ojos. No se preocupen por ninguna otra cosa más que por respirar y relajarse. Después de un rato, cierren los ojos y sólo respiren. Si quieren, pueden acercar sus rostros y cuerpos para sentirse más cerca, pero no se toquen activamente. Sólo respiren y noten qué sucede en sus cuerpos cuando hacen eso.

Respirar conscientemente tiene muchos beneficios en el sexo: la relajación puede aumentar el disfrute, y además se mejora la concentración en las sensaciones físicas (lo que puede aumentar su intensidad placentera). Cuando respiramos de forma consciente, conectamos con nuestro cuerpo; cuando lo hacemos al ritmo de la respiración de otra persona, la conexión es doble. Además, puede ser una experiencia súper erótica: una respiración suave al oído que aumente de intensidad y recorra el cuerpo podría marcar el camino para luego convertirse en sexo súper intenso y apasionado. Quizás ocurra, o no. Quizás acaben teniendo sexo apasionado o sólo sea un momento de mucha dulzura, intimidad y cercanía. No lo sabrán hasta que lo intenten (¡y más de una vez!).   👁 2

Dicho sea de paso, respirar junto a tu pareja es uno de los primeros pasos que muches terapeutas sexuales recomendamos como primer paso al iniciar la terapia de focalización sensorial. Así que, créanme: les conviene.

2. *Besar todo el cuerpo*. Todo el cuerpo tiene potencial de ser erógeno, pero hay algunas zonas más sensibles que otras. El chiste es aprender a reconocer no sólo las que nos gustan, sino también cómo nos gusta que las estimulen.

¿Cómo podemos hacer esto? Experimentando. Existen zonas no muy conocidas que pueden ser muy potentes para algunas personas: las rodillas (frente y vuelta), el espacio entre los dedos de la mano, la parte lateral del abdomen, la parte inferior de las nalgas, los codos (frente y vuelta), los muslos (sobre todo en su parte interna), los pezones de los hombres (en serio, prueben esto), los pies (una de las zonas más sensibles de todo el cuerpo), entre otras.

Una idea más: recuéstate en la cama sin ropa y pídele a tu pareja que estimule con besos todo tu cuerpo. Puede iniciar con tu frente e ir bajando poco a poco hasta tus pies. Hazlo de frente y voltéate, para que también te bese la espalda, las nalgas y la parte de atrás de las piernas. Cuando termine, ahora hazlo tú. Pongan mucha atención en lo que les prende, lo que se siente bien, lo que les hizo sentir nervios, lo que les incomodó, lo que quieren volver a hacer, y platíquenlo cuando terminen (o durante la sesión, si sienten muchísima necesidad de hacerlo, aunque recomendaría que fuera hasta terminar para no interrumpir la experiencia). Les prometo que si nunca lo han hecho, van a descubrir muchas cosas.

3. *Tomarse nudes juntes.* Además de tocarlo ¿qué mejor forma de erotizar el cuerpo entero que con la mirada? El plan es simple: tómense nudes entre sí. Pueden dirigirse mutuamente, diciendo "a ver, ponte ahí", "tu pierna pa' allá", "gírate así", "a ver, quédate ahí y yo me pongo abajo", "¿y si te cubres con esto?" o lo que se les ocurra. Jueguen, ríanse, experimenten. ¡Incluso pueden tomarse fotos donde salgan ambes! El único requisito: eviten en la medida de lo posible que el foco sean los genitales (y, en el caso de las mujeres o personas con vulva, los senos, pues también es una zona que ya está muy erotizada por sí misma).

¿Qué beneficios pueden salir de esto? Bueno, puede servir para que vivan alguna fantasía de dirigir una sesión de fotos erótica, con la cámara en mano o posando para ella. O para reconocer lo que a tu pareja le prende de tu cuerpo. O para hacerle ver a tu pareja lo que te prende del suyo. O como un *teasing* largo, un faje visual. O para hacer ARTE. O para intentar mirar de una forma distinta y compasiva aquellas zonas de nuestro cuerpo que nos causen inseguridad. Las posibilidades son varias.

Desde luego y como siempre: cuiden muchísimo el consentimiento, la confianza, la intimidad y la privacidad.

4. *Masturbarse viendo el cuerpo de la otra persona.* Sé que esto puede sonar extraño: ¿por qué recomiendo masturbarse si el punto es desgenitalizar? Porque el punto de esta práctica no es el tacto, sino la proximidad. Es intentar comunicar con la mirada, cuerpo

y rostro lo mucho que deseas a tu pareja. Al hacer esto, es posible que intentes enfocarte en otros puntos de su cuerpo que quizá suelas pasar por alto.

Sólo pide a tu pareja que se coloque frente a ti mientras tú la ves y disfrutas. Puedes hacerle comentarios sobre lo que sientes y sobre lo que te gusta. Cuando termines, te toca a ti. Observa bien cómo te sientes en el papel de la persona observada y usa tu creatividad para sentirte en comodidad. También pueden intentarlo al mismo tiempo; vaya, la creatividad aquí es lo más importante. Puede que algunas personas disfruten muchísimo de ser miradas mientras su pareja se toca y que otras se sientan extremadamente inseguras, nerviosas o confrontadas. Si es el caso, ahí hay un punto para trabajar y explorar. Incluso si sale mal, algo se puede aprender.

5. *"Yo quiero..."* Uno de mis juegos favoritos del mundo. Las reglas son sencillas:

1. Colóquense frente a frente. Idealmente, con ropa.
2. Una persona empieza y le pide a la otra que haga algo que le prenda. Por ejemplo: "Dame un beso lento".
3. La otra persona lo hace. Cuando termina, pide algo. Por ejemplo: "Siéntate en mis piernas y susúrrame algo al oído".
4. Vayan así, por turnos, ideando cosas, hasta que de plano ya no aguanten y olviden que estaban jugando.

Algunos consejos: procuren que las peticiones sean lo más específicas posible y déjense llevar con lo que sea que les venga a la mente, obvio, procurando reducir al mínimo la interacción directa con los genitales. El juego tiene que ver con la creatividad, sí, pero también con ejercitar el consentimiento y decir *"quiero esto"* o *"no quiero esto pero propón/propongo otra cosa"* o *"no quiero* esto y quisiera detener el juego". En ese sentido, es un juego que no sólo te ayudará a conocer mejor lo que le gusta a tu pareja (y que tu pareja conozca lo que te gusta a ti), sino que, además, puede dar muchísimo poder y sensación de agencia. Y si algo necesitamos para nuestra sexualidad es eso: recuperarla, disfrutarla, decidir cuándo, cómo y con quién vivirla.

29 ¿Cómo nos tocamos sensualmente?

El lenguaje terapéutico de la salud sexual suele estar lleno de términos ambiguos: *conectar*, *sentir*, *estar presente*, *escuchar a tu cuerpo*, entre otros. Vale, pero ¿cómo se hace eso? La abstracción no es gratuita: los procesos a los que estos términos aluden suelen ser complejos y multifactoriales, y suceden lo mismo en nuestra razón que en nuestra emoción que en nuestro cuerpo que en nuestras relaciones. Sin embargo, existen algunas dimensiones más tangibles que otras; por ejemplo, el desarrollo de ciertas habilidades de atención y sensibilidad a estímulos que pueden impactar positivamente en nuestra sexualidad. Y para eso quiero compartir un ejercicio que pueden realizar de manera muy fácil y en casa.

El ejercicio tiene una meta específica: experimentar sensaciones corporales en el cuerpo. Puede ser *muy sexy*; sin embargo, su primer objetivo no es erotizar, sino reconocer. Piénsalo de esta manera: hay una importante retroalimentación nerviosa de tus genitales a tu cerebro, y conforme vayas notando que tu cuerpo se excita, puede que tu mente interprete esas sensaciones como sexuales, lo que incrementará más la excitación corporal y el placer. Está rico, pues.

El ejercicio está planteado para realizarlo en pareja; sin embargo, puedes adaptarlo para hacerlo contigo:

Duración: 30 a 60 minutos.

Contexto ideal: cualquier momento del día en que sientan tranquilidad, tengan pocas distracciones y existan pocas probabilidades de que les interrumpan.

Materiales: ninguno, aunque si alguna de las partes tiene vulva podría ser conveniente tener a la mano lubricante a base de agua.

Código de vestimenta: poca ropa, idealmente, que sólo cubra las "zonas erógenas" comunes: nalgas, pezones y genitales.

Pasos

1. Siéntense frente a frente, en una posición cómoda. Cierren los ojos y respiren profundamente. Mientras lo hacen, revisen el estado de sus propios cuerpos: ¿cómo se sienten? ¿Existe alguna sensación o emoción particular que detecten? ¿Cuál es el estado de su mente? No importa la respuesta a la que lleguen, lo importante es que se hagan las preguntas.

2. Ahora, hagan lo mismo, pero acercándose. Pueden tomarse de las manos, acercar sus rostros o ambas cosas. Respiren lentamente e intenten sincronizar su respiración al ritmo de la de la otra persona.

3. Con cuidado, toquen con las manos el rostro de la otra persona y concéntrense en su piel. ¿Es fría, tibia, cálida? ¿Áspera, suave? ¿Agradable o desagradable? Recorran los rostros con las manos suavemente, reconociendo las facciones, (re)descubriendo el cuerpo de quien tienen enfrente. Procuren que el tacto sea tierno y agradable: el objetivo es que se sienta rico. Si sienten alguna duda, pueden preguntar en voz baja y tranquila: "¿Te está gustando esto?" Escuchen la respuesta sin juicios. Si no saben qué

hacer, pueden pedirle a la otra persona que les guíe. Y si algo no se está sintiendo bien, es válido pedir que se haga distinto. Tengan este contacto por algunos minutos.

4. Hagan lo mismo pero recorriendo el cuerpo entero, de arriba abajo: rostro, cuello, hombros, brazos, pecho, espalda, cintura, abdomen, piernas, rodillas, pantorrillas, tobillos. Si existe alguna zona del cuerpo que no quieran que se estimule (por ejemplo, algunas personas podrían encontrar muy retador que se toque de manera prolongada su abdomen), es válido decirlo y pedir que no se haga. Si existe alguna zona del cuerpo cuya estimulación está resultando muy agradable, es válido pedir que se mantenga. El objetivo de todo, de nuevo, es que se sienta rico y sensual.

5. Una nota importante: durante este momento habrá que evitar tocar pezones, genitales y nalgas. El objetivo es estimular el cuerpo entero, dotar de tacto sensual la piel que no suele ser erotizada.

6. Una vez que hayan recorrido el cuerpo entero y antes de terminar, tómense unos momentos más para permitirle a su atención dirigirse de forma libre y fluida hacia todas las cosas distintas que estén sintiendo en su cuerpo. Cuando noten alguna sensación de sensualidad, quédense ahí. Disfruten lo que ocurre: son personas sensuales con mucha capacidad de disfrutar el placer de sus cuerpos. Puede que sean impresiones difíciles de sostener, pero no importa, basta sólo con reconocerlas.

7. Una vez que se haya estimulado el cuerpo entero, tomen una pausa y regresen nuevamente a estar únicamente cerca, sin tocarse. Respiren profundamente. Noten de nuevo su cuerpo: ¿cómo se siente? ¿Qué emociones o sensaciones lo recorren? ¿Tienen frío o calor? ¿Tienen hambre o

sed? ¿Sienten necesidad de espacio o de contacto? ¿Existe alguna tensión que noten o alguna que ya no esté ahí? Después de realizarse estas preguntas internamente, abran lentamente los ojos.

8. Para este momento puede que sientan relajación, excitación o alguna emoción intensa como ternura o incluso miedo (para algunas personas, sobre todo para quienes han sufrido algún tipo de violencia física o sexual, el tacto consciente puede ser abrumador). Si notan pensamientos negativos en cualquier momento del ejercicio, sólo nótenlos, como diciendo: "Ah, los juicios están aquí". Una vez que hayan desaparecido, dirijan nuevamente su atención hacia las sensaciones corporales. No se enjuicien mucho si sienten que esto es difícil. Para muchas personas lo va a ser y, con frecuencia, se requiere de algo de práctica para sentir comodidad con esto. Intenten realizarlo una vez por semana o cada dos.

9. Al terminar, si así lo desean, ¡hablen de lo que sintieron! Cualquier cosa que mencionen es válida. Éste es un ejercicio de (re)descubrimiento, por lo que comunicar las impresiones es tanto o más importante como experimentarlas. Independientemente de si toca hablar o escuchar, procuren hacerlo desde una posición sin juicios, con escucha curiosa y genuina.

10. Finalmente, después de practicarlo algunas veces, pueden integrar nuevas sensaciones como telas, frutas, hielos o juguetes sexuales, explorar otras partes del cuerpo y más. A algunas personas esto les puede ayudar a despertar su excitación y, de esa manera, se vuelve más fácil crear una imagen sexual positiva de sí mismas, así como se incrementa su habilidad para notar las sensaciones en su cuerpo.

¡Listo! Las primeras veces puede que sea un poco extraño y tengan que ir repasando punto por punto lo que tienen que hacer. ¡No pasa nada! Conforme lo vayan haciendo más, la práctica volverá al ejercicio una cosa más intuitiva. Si se fijan, se trata únicamente de una cosa: darnos tiempo y pausa para tocarnos y poner atención en nuestro cuerpo.

¡Disfruten mucho!

30 ¿Cómo podemos masturbarnos en pareja?

Si hay una cosa que colectivamente debemos agradecerle al sexting es la forma en que reivindicó la masturbación como una actividad de pareja.

Quizá sólo sea yo, pero la idea de masturbación con la que crecí fue, más bien, individualista: esa cosa que hacías sólo si estabas solo (y soltero), o si no podías frenar tus impulsos, o si eras una *persona en situación de calentura* pero no podías más que "hacer justicia con la propia mano". La sabiduría popular de los adolescentes y adultos jóvenes a mi alrededor era que las personas sólo se masturbaban si tenían *necesidad*, cosa que se resolvía al estar en pareja o con una gran fuerza de voluntad.

Y entonces llegó el sexting. En esta práctica, la masturbación de la otra persona se vuelve el indicador de que todo va bien: nada dice tanto "vas por buen camino" como una nota de voz con un gemido, un mensaje que describe cómo se está tocando o, de plano, una foto o video que ilustre el momento. En el sexo presencial, uno se da cuenta de eso (idealmente) a través de las reacciones del cuerpo de la otra persona al ser estimulado; en el sexo virtual uno debe provocarse esas sensaciones en el propio cuerpo y presentarlas de alguna manera. Si antes la masturbación era una cosa que se hacía en solitario, con pena y a luces apagadas, el sexting le dio la oportunidad de adornarse, presumirse, *actuarse,* jugar a ser al mismo tiempo *voyeur* y exhibicionista, sacar el

Emmanuel Lubezki que tenemos dentro y grabar nuestro orgasmo entero en un delicioso plano secuencia.

La experiencia del sexting demuestra algo: la masturbación puede ser una actividad de pareja. Esto sonará raro para algunas personas, pero lo cierto es que está llena de oportunidades si se atreven a jugar con ella:

- Puedes observar cómo se toca tu pareja y aprender a tocarla mejor.
- La masturbación puede facilitar el orgasmo, sobre todo si se te dificulta tenerlo durante la penetración o el sexo oral.
- Algunas personas tienen sus orgasmos más intensos cuando se tocan a sí mismas, ¡y eso está bien! 👁 4
- La masturbación también es una forma de darse placer en pareja cuando hay calentura pero no mucha energía. (Y eso está bien rico, la verdad.)
- Es una forma de aliviar la presión que sentimos por *provocar* un orgasmo: si se acuerda dejar esa responsabilidad en manos de cada quien, otras prácticas podrían disfrutarse más o de distintas formas.
- La masturbación en pareja puede ayudar a reducir la brecha orgásmica. 👁 26
- ¡Hay muchos juguetes sexuales que pueden usarse en la masturbación!
- Como afirma Bernie Zilbergeld en su libro *The New Male Sexuality*, la experiencia de masturbarse con tu pareja puede hacer que muchas personas se sientan vulnerables, pero también es una oportunidad de tener prácticas sexuales que alimenten la intimidad... ¡además de que a tu pareja podría excitarle verte!

Proponer la idea no siempre es sencillo, pues el entusiasmo de cada quien por la masturbación en pareja siempre variará. Como en cualquier práctica sexual, lo más importante es iniciar la conversación, proponer la idea pensando en *lo rico que podría ser* y platicar acerca de las circunstancias en que cada persona se sentiría cómoda haciéndolo. ¿Qué necesitan tú y tu pareja para hacerlo en confianza y tranquilidad de modo que sea una experiencia placentera y no angustiante? ¿A qué ritmo deben avanzar? Para alguien podría ser demasiado confrontativo masturbarse frente a frente por alguna inseguridad respecto a su cuerpo, experiencia negativa pasada o vergüenza inoculada. ¿Es posible involucrar la masturbación en pareja como una práctica que ayude a vivir esa vulnerabilidad de una forma amorosa, segura, cuidada y placentera?

¿Qué se puede hacer al masturbarnos en pareja?

- Masturbarte mientras tu pareja te cuenta alguna fantasía sexual por teléfono o en persona.
- Utilizar un juguete sexual mientras tu pareja te estimula el cuerpo, te besa o te sostiene.
- Masturbar a tu pareja mientras ella está *sexteando* con alguien más.
- Colocarse frente a frente y masturbarse mientras se miran.
- Estimular tu pene mientras tu pareja toca tu perineo o ano.
- Masturbarte mientras tu pareja te penetra con su cuerpo o con un juguete sexual.
- Grabar un video masturbándote, editarlo con filtros o cortes y enviárselo a tu pareja, ¡o mirarlo juntos!

El chiste es hacerse la pregunta: ¿qué puede ser la masturbación si deja de ser una práctica que se vive exclusivamente en solitario? Y si la respuesta a esa pregunta te genera curiosidad, entonces, ahora sí, a descubrirlo con la propia mano, pero en compañía.

31 ¿Cómo les perdemos el miedo a los juguetes sexuales y empezamos a disfrutarlos?

Este texto trata sobre juguetes sexuales, así que quiero iniciarlo hablando sobre la creación humana que más placer nos ha dado como especie: el taco.

Existe un consenso: una tortilla con *casi* cualquier cosa dentro es un taco.* El taco, por lo general, necesita poco para ser delicioso: a veces unos granos de sal lo suficientemente notorios bastan. Sin embargo, si pudieran echarle salsa, verduras o de plano un guisado nuevo para agregarle un nuevo sabor, probablemente lo harían, ¿no? Eso no lastimaría la esencia del taco ni mermaría su experiencia. Al contrario: el picor, textura o sabor agregado le daría un giro al sabor. Con aquellos elementos, el taco se transformaría en otra cosa, otro platillo, otra experiencia, en algunas ocasiones más placentera, en otras simplemente distinta, y en otras, algunas raras, una experiencia no ideal (como la de mi estómago que tiene la gastritis propia de un ser humano del doble de mi edad, cumplir 30 años es difícil). Como sabemos, haber probado una gran diversidad de tacos no se traduce en que dejemos de valorar aquellos que atesoramos en los lugares más preciosos de nuestro corazón, porque son cosas distintas. Y así podemos variar de rellenos y de salsas hasta saborear

---

* El consenso se rompe si intentamos definir la diferencia entre un taco y una quesadilla, pero dejemos esa discusión para los sabios y los filósofos.

tantas variaciones de tacos posibles como la imaginación nos lo permita.

Ahora sí, hablemos de juguetes sexuales. Hay una pregunta que muchas mujeres me han hecho a lo largo de los años: "¿Cómo le hago para que mi novio no se sienta intimidado por mis juguetes sexuales (usualmente dildos, vibradores o succionadores de clítoris)?"

Analicemos el miedo. A los hombres se nos ha dicho toda la vida que todo nuestro potencial para el placer sexual está en el pene, y que éste debería tener un tamaño imposible y una potencia imposible. Se nos enseñó, además, que deberíamos ser capaces de llevar a nuestras parejas al orgasmo solamente con la penetración: el placer condicionado a tener un pene dentro del cuerpo y nada más.

¿Cómo aprendimos esto? A través de la pornografía centrada en el placer del hombre y en la penetración; la mala educación sexual que no nos enseñó las realidades sobre la anatomía y el placer; las anécdotas falsas que otros hombres contaban para vendernos la idea de que ellos eran los *machos alfa*; la desbordada publicidad para tratamientos contra la disfunción eréctil (mal llamada "impotencia") y la eyaculación precoz.

Todo esto es falso. Sabemos que es el clítoris, y no la vagina, el principal órgano de placer sexual del cuerpo de cualquier persona con vulva. Sabemos que la vagina tiene muy pocas terminaciones nerviosas de placer y que éstas sólo se encuentran en el primer tercio de la cavidad (apenas unos 5 a 7 centímetros). Sabemos que la mayoría de las mujeres llegan al orgasmo con prácticas como la masturbación y el sexo oral, en vez de penetración. Sabemos, incluso, que cuando hay orgasmo por penetración, éste se debe en gran medida a la estimulación indirecta del clítoris. Es decir: nuestros penes no son tan necesarios para garantizar el placer, aunque se nos haya enseñado otra cosa.

Entender esto puede ser incómodo y hasta desolador para muchos hombres. Básicamente, toda la vida se nos ha dicho: "Debes ser capaz de darle el MÁXIMO placer sexual a tus parejas exclusivamente con tu pene o no tendrás valor como hombre". Es un mensaje brutal. Y entonces resulta que tu pareja llega a la cama con un aparato del grosor de tu antebrazo y la tecnología de un cohete militar capaz de llevarla al orgasmo en minutos y, bueno, es entendible que se pueda sentir como un recordatorio permanente de las limitaciones de nuestra masculinidad (que se suele manifestar en forma del miedo al reemplazo o a que algo cambie para siempre).

Éste es el momento en que digo: "Bueno, este miedo no es exclusivo de los hombres". Porque, bueno, *este miedo no es exclusivo de los hombres*. He conocido también a muchas mujeres que temen conseguir un juguete sexual por diversas razones que van más allá de la reacción de su pareja (una aprensión, por cierto, bastante común). A algunas se les dificulta tener orgasmos sin estimulación *extra* y sienten que los juguetes representan una falla interna. Otras comparten el temor a que algo cambie para siempre. Otras pueden sentir miedo de que a sus parejas se les antoje usar algún juguete también y las terminen reemplazando (o peor todavía: mujeres en relaciones heterosexuales que temen que un juguete que les ofrezca estimulación prostática a sus parejas los *vuelva gay*). Hay tantos miedos como tacos, digo, juguetes, digo, personas en el mundo.

Es decir: no creo que el miedo a los juguetes sexuales sea una cuestión irracional, pero sí es síntoma de una visión limitada respecto a las tecnologías del placer. Porque es cierto: los juguetes tienen la capacidad de estimular de formas distintas a las que puede un cuerpo humano, algo que puede llegar a traducirse en sensaciones placenteras nuevas y atractivas, así como vías más rápidas (y a veces, las únicas o las preferentes) para el orgasmo.

Pero ¿qué no es el placer mutuo una de las razones por las que tenemos sexo? ¿Qué no procurar el orgasmo de la persona a la que deseamos es una forma de demostrarle ese deseo? ¿Qué no cuidar el placer de la persona a la que amamos es una forma de demostrarle amor? Pues sí. Pero querer que ese placer provenga exclusivamente de ti, de tu cuerpo, cuando podría obtenerlo también a través de otros objetos u otras experiencias, es querer que tu pareja tenga placer sólo si tú se lo das. Es querer condicionar el placer de tu pareja a tu cuerpo.

Regresando a los hombres (como siempre, *ugh, men*), el que nuestros penes no sean imprescindibles para el placer de nuestras parejas no tendría que ser una mala cosa. Al contrario: ¡qué alivio! Eso significa que podemos erotizar nuestros cuerpos enteros y recorrerlos con caricias o besos como si fueran territorios inexplorados. La penetración no tendría que ser la práctica de mayor relevancia y podríamos saltar de caricias a besos a coito o lo que queramos en una danza armónica e improvisada. El orgasmo no sería una coincidencia o una meta, sino el lúdico resultado de un juego, una sincronía, una conversación. La disfunción eréctil o la eyaculación precoz no tendrían por qué significar el fracaso de nuestra masculinidad, sino simples inconvenientes por resolver con pausa, respiraciones, caricias, ternura, paciencia. De eso se trata la *desgenitalización* de la sexualidad: hacerla más flexible, más versátil, más libre.

👁 28

Con esto en mente, podríamos perderle el miedo a los juguetes sexuales de nuestras parejas. Porque hay una realidad: los juguetes sexuales se sienten bien y tienen la capacidad de hacer sentir cosas que nuestros cuerpos jamás podrían: para eso están hechos. El día que nuestros penes puedan vibrar o succionar un clítoris nos pondremos a competir. Hasta ese entonces, sólo queda aceptarlo.

Si a tu pareja le gusta usar juguetes sexuales no te está reemplazando. ¿Qué no pueden hacer los juguetes sexuales? Un vibrador no puede abrazar. Un succionador de clítoris no ofrece escucha empática. Un dildo no cuenta chistes. Tampoco tus genitales pueden hacerlo, pero tú sí. Es decir, tu pareja no tiene sexo contigo sólo por tu cuerpo, sino por las caricias, la intimidad, la confianza, el cariño, la emoción... El sexo es más que los genitales porque *las personas* somos más que nuestros genitales.

O sea: un juguete, incluso si proporciona muchísimo placer, nunca podrá servir como reemplazo de una persona. Si así fuera, créanme, las relaciones heterosexuales se habrían extinguido hace muchísimo tiempo. Es más: el sueño conservador del sexo sólo para fines reproductivos se hubiera hecho realidad.

No temas a los juguetes sexuales: abrázalos (literalmente abraza un dildo, hazlo sólo por decir que lo hiciste, entrégate al absurdo de la existencia). De entrada, porque si tu pareja y tú así lo decidieran, podrían usar el juguete durante el sexo para crear nuevas prácticas, nuevas experiencias, nuevos orgasmos, nuevas formas de sentir placer.

Pero si no, sea porque no te agrade la idea, o porque tu pareja no lo desee (lo cual es completamente respetable, en la medida de que es *su* juguete y *su* cuerpo), tampoco debería ser motivo de conflicto. Tu pareja es una persona con sexualidad propia y es válido que quiera masturbarse con lo se le antoje, contigo o sin ti. Esa decisión le concierne a ella y sólo a ella. De eso se trata reconocer a la otra persona justo como *otra persona*: de entender que no todo lo que haga será para satisfacer tus deseos o tranquilizar tus ansiedades. Es *su* cuerpo y *su* decisión.

Volvamos al taco, pero sin hablar de tacos sino de sexo: si el sexo está bien hecho, puede ser delicioso por sí mismo. Sin embargo, si pudieran incluir un juguete para agregarle una nueva sensación, lo harían, ¿no? Eso no lastimaría la esencia de la relación sexual, ni mermaría lo rico del acto. Al contrario: la textura, la forma o las vibraciones del juguete agregarían placer. Con el juguete, el sexo se transformaría en otra cosa, otra experiencia, en muchas ocasiones, más placentera. Como probablemente intuyen, haber probado el sexo con juguetes sexuales no se traduce en que dejemos de valorar el sexo sin ellos, porque son cosas distintas. Y así podemos variar de prácticas y de juguetes hasta experimentar tantas variaciones como la imaginación nos lo permita.

32 ¿Cómo podemos prepararnos para el sexo anal?

A ver, vámonos a lo básico: ¿qué es el sexo anal?
Pues podemos decir que trata de todas las interacciones sexuales que involucren al ano: penetración, tocamiento, lamidas, etcétera.

En... el... ¿ano?
¡Así es! El área anal y el área rectal de tu cuerpo tienen terminaciones nerviosas que, al ser estimuladas, pueden producir mucho placer. Además, si tienes pene, a través del ano puedes estimular de manera más fácil y directa tu próstata, ¡lo que puede provocarte un orgasmo muy intenso!

Encima de todo (por ejemplo, *encima de alguien*) puedes usar la frase *Sexo anal contra el capital*. Es un ganar-ganar, vaya.

¿O sea que a todas las personas nos va a gustar?
No. ¿Todos los cuerpos tienen la posibilidad fisiológica de sentir placer por el ano? Sí. ¿Todas las personas lo van a disfrutar? No. ¡Y eso está bien! Que lo disfrutes depende de muchísimas cosas: tu forma de entenderlo, los prejuicios culturales, con quién lo practiques, el momento de tu vida en que lo hagas, el día específico en que lo intentes, las ideas previas que tengas al respecto...

👁 2

Bueno, va, me quiero animar a hacerlo por primera vez, ¿qué re-comiendas para eso?

Obviamente no hay una guía o una fórmula para esto, pero si tienes oportunidad, lo primero que sugeriría es que te familiarices con tu propio ano.

Pero para esto… antes necesitas lubricante. Mucho lubricante.

¿Por qué?

Piénsalo de esta manera: el ano no está hecho para recibir, sino para… eh, ¿dar? No sé. El punto es que aunque el placer esté en sus posibilidades fisiológicas, no es una cavidad que tenga entre sus funciones permitir que otros objetos u órganos lo penetren (como, por ejemplo, la vagina). Por lo tanto, el ano no lubrica por sí mismo. Así que para que la práctica anal sea placentera y no te lastime es esencial el lubricante.

👁 48 **Oye, ¿y de cuál lubricante compro? Porque hay de varios materiales, ¿no?**

¡Sí! Existen, al menos, tres tipos: de aceite, de silicona y de agua. Todos tienen sus ventajas y desventajas:

> *De silicona*: no se recomiendan para prácticas vaginales, pero para prácticas anales puede que sean la mejor opción. Tienen la ventaja de ser hipoalergénicos y muy viscosos (lo que significa que son más resbaladizos), ¡y además son compatibles con los condones de látex! Sin embargo, son difíciles de limpiar (necesitas usar jabón neutro) y no son compatibles con juguetes sexuales de silicona (y la mayoría son de este material).

> *De aceite*: su principal ventaja es que duran mucho, pero son un lastre para limpiar, pueden dejar manchas en la ropa y,

lo más importante, no son compatibles con los condones de látex.

De agua: son los más comunes y los más usados en el sexo vaginal. Tienen varias ventajas: los encuentras fácilmente, hay de buenos precios y son compatibles con los condones, peeeeero tienen la gran desventaja de que hay que reponerlos constantemente, porque se secan rápido. Si vas a tener sesiones muy largas e intensivas, esto puede ser un poco incómodo. Aparte de eso, son una gran opción.

Existen otros lubricantes que pueden tener efectos como adormecimiento o juego de temperaturas, por ejemplo. Aunque pueden ser de agrado de algunas personas, sugiero que para tus primeras veces busques algo neutral, sin efectos añadidos, para que puedas concentrarte en las sensaciones naturales de tu cuerpo, en lo que te acostumbras a ellas.

Súper. Ya compré lubricantes. VAMOS CON TODO.
¡Muy bien! Pues lo primero que debes hacer es...

ESPERA, ESPERA. Ah, qué pena me da preguntar esto, pero... ¿qué hay con la higiene? ¿Podría tener un... *accidente*?
¡Que no te dé pena! Es una excelente pregunta.

- En general, lleva una dieta ligera y alta en fibra.
- El día que lo vayas a practicar, procura organizarte en tus comidas para vaciar tus esfínteres al menos una hora antes de la interacción sexual. No te preocupes: los movimientos naturales de tu sistema digestivo se encargarán de limpiar tu recto.

- Además de esto, lávate muy bien el ano cuando te bañes (lo ideal es que te bañes después de vaciar tus esfínteres). Usa jabón neutro para evitar irritación.

- Si practicas penetración es muy probable que sientas como que quieres evacuar en ese momento. Esta sensación no siempre va a aparecer ni mantenerse durante toda la relación, pero si la sientes, recuerda algo: lo más probable es que no suceda, sobre todo si has comido ligero y fuiste al baño un rato antes.

- Sin embargo, sí es posible que haya un poco de popó. Si es el caso, tampoco te estreses: es normal y, digamos, un riesgo natural de este tipo de práctica. Sobre todo si estás con otra persona, vale la pena aclarar: "Hey, me limpié e hice todo adecuadamente, pero pues... es posible que esto suceda". Y tomarlo de manera ligera.

- Si no sientes comodidad con el estado de tu sistema gástrico ese día o si sientes demasiada inseguridad y crees que podrías ensuciar, relájate e inténtalo en otra ocasión.

Y si tienes un *accidente*, bueno... pues tenlo. Si vas a tener sexo anal de cualquier tipo tienes que estar consciente de que, parafraseando a Gertrude Stein, *un ano es un ano es un ano es un ano es un ano* y tiene una función y está bien. En otras palabras: es sólo caca, se limpia y no pasa nada.

Me parece muy bien, pero ¿qué hay de los enemas? ¿Son necesarios?

Los enemas son una opción a la que puedes recurrir, pero de ninguna manera son necesarios. En internet hay muchas guías para aprender a realizarte uno y por eso no lo explicaré en detalle acá, pero sí mencionaré algo: realizarlos con demasiada frecuencia (diario o más de uno al día) puede ser peligroso, porque podrías dañar tus tejidos y provocar un desbalance de electrolitos. Por lo tanto tómalo como eso: una opción a la que no debes recurrir demasiado.

Ok. Ya me limpié. Ya comí fibra. Ya fui al baño. MI CUERPO ESTÁ LISTO. ¿Cómo inicio la autoexploración?
Acuéstate, respira y relájate: primero puedes masajear tus nalgas y, acercándote poco a poco, estimular tu perineo (el área entre tu ano y tus genitales) para, finalmente, tocar tu ano suavemente con tu dedo. No te apresures a introducirlo: primero sólo explora la parte externa y presta atención a tus sensaciones, tanto físicas como emocionales (puede que sientas nervios, por ejemplo). Conforme vayas sintiendo más comodidad, prueba jugar con el movimiento o la presión, hasta que vayas sintiendo confianza de iniciar la penetración. Si esto no pasa la primera vez, ¡no te preocupes!

Si la práctica te genera nervios, respira profundo e intenta concentrarte, de nuevo, en tus sensaciones. Si las primeras veces se siente algo raro, ¡es normal! No te asustes: intenta identificar lo que sientes. Muchas veces sólo concentrarte será suficiente para irte relajando poco a poco, pero, como sea, esos nervios te pueden enseñar sobre tus inseguridades o miedos, si los escuchas.

OMG, no, espera, sí tengo ganas, sí quiero iniciar la penetración... ¿qué hago?
¡Es momento de agarrar lubricante! Utiliza suficiente como para que sientas que tu dedo (o, pa'l caso, el pene, dildo o *butt plug*) está bien lubricado e inicia la penetración lentamente. No te apures: pon atención en lo que sientes y poco a poco ve metiendo y sacando el dedo, despacio. Conforme vaya entrando (y recuerda meterlo y sacarlo un poco, porque eso ayudará a dilatar el ano) deberías sentir más comodidad. Cuando vayas a retirar el dedo, pene o juguete, hazlo lentamente. En serio: hazlo despacio.

¿Y si me duele?

La penetración anal no tendría por qué doler mucho. Es relativamente normal que pueda sentirse un poco extraña al inicio y que
duela un poco, pero de ninguna manera debería ser intolerable.
Si está doliendo tanto como para que sientas que quieres parar:
para, respira y revisa cómo te sientes.

Otra cosa: si estás practicando penetración anal con un pene,
es normal que duela un poco al inicio, porque el glande (es decir,
la cabeza del pene) es la parte más ancha. Cuando la cabeza esté
completamente dentro, debería sentirse mejor.

Una más: es posible que sangres un poco. También es normal:
la cavidad se puede rasgar muy fácilmente y generar pequeñas
heridas que no siempre van a doler y no siempre van a sangrar,
pero en ocasiones sí. Si sangras profundamente o si el sangrado
no se detiene pronto, ve al médico. Pero si, por ejemplo, introdu-
ces tu dedo (o pene o juguete) y lo retiras y tiene poquitas man-
chas de sangre, no te asustes ni te preocupes. De hecho, ésta es
la razón por la cual el sexo anal es una de las prácticas en donde
más probabilidad hay de transmisión de alguna infección, si se
realiza sin condón.

**¿Entonces puedo transmitir o me pueden transmitir alguna in-
fección por practicar sexo anal?**

¡Sí! VIH, VPH, clamidia, gonorrea, sífilis y hepatitis B y C son algunas de las infecciones más comunes que se pueden transmitir
por vía anal. Pero existen modos de prevención: utiliza condón y
lubricante adecuado. En caso de que por cualquier motivo no lo
hayas usado, acude de inmediato a un centro de salud para saber
si tienen disponible la *profilaxis post exposición* (PEP), que es un
tratamiento que puedes tomar para prevenir la transmisión del
VIH si has tenido una práctica de riesgo. Y bueno, ten revisiones
médicas de rutina para descartar infecciones.

👁 50

Además de esto, recuerda también que si estás con más de una pareja, debes cambiar de condón cada que cambies de persona, y si estás teniendo sexo vaginal, debes cambiar de condón si iniciarás penetración anal y viceversa. En general es buena recomendación usar condón durante el sexo anal, no sólo por la posibilidad de transmisión de infecciones, sino también por higiene.

Como dice un viejo proverbio árabe: cambia de condón cada que cambies de hoyo.

Ok, entiendo. Oye... y... ¿me puedo embarazar o puedo embarazar a alguien si practico sexo anal?
No.

¿Entonces por el ano no hay enano?
Por el chiquito no hay chiquito.

Oye... y... ¿si soy hombre y me penetran el ano, puedo volverme gay?
De. Ninguna. Manera.

De hecho, no existe nada que te pueda "volver gay". El machismo nos ha educado para creer que, como los hombres que tienen sexo con hombres practican el sexo anal con mayor frecuencia que los hombres que tienen sexo con mujeres, entonces es una práctica "gay" y que, por lo tanto, si la disfrutas ha de ser porque en el fondo eres homosexual o, peor, te podrías convertir en uno. Pero ésa es una noción falsa y, además, muy homofóbica. La orientación sexual es una cosa, nuestras prácticas sexuales son otras.

Tú métete el dedo por el ano y disfruta. Si te sirve de consuelo, hasta puedes decir: "Me voy a tocar la próstata, COMO LOS HOMBRES". O lo que sea que te funcione. Pero, por favor, suelta esa idea. Es falsa, machista y homofóbica.

25 **Ya agarrando más pragmatismo, ¿qué posiciones recomiendas?**
Para iniciar con autoestimulación (o si alguien te va a masturbar), lo que yo recomiendo es que te acuestes boca arriba, abras las piernas y así lo hagas.

Para la penetración con otra persona, puede que sea conveniente que te sientes sobre el pene/dildo que introducirás, de modo que seas tú quien tenga el control de la profundidad y la velocidad del movimiento.

Aunque, como en todo lo sexual, no hay fórmulas, sólo algunos caminos sugeridos. Al final, lo mejor siempre será que uses tu creatividad y sólo realices aquellas prácticas con las que sientas comodidad.

Bueno, a ver, vamos a intentarlo... así... poco a poco... despa-oh. Oh. OH. YA, YA YA YA, YA ESTÁ ADENTRO, ATENCIÓN A TODOS, YA ESTÁ ADENTRO... ¿ahora cómo le hago para estimular mi próstata, si soy una persona con pene?
Esta imagen lo explica todo:

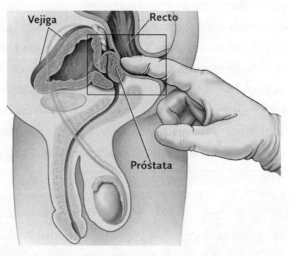

Tacto prostático, elaborada a partir de una il. sin crédito en un documento de salud pública de los Institutos Nacionales de Salud de Estados Unidos (niddk.nih.gov).

Es decir: introduce tu dedo en dirección a tu pene y busca una zona que se sienta un poco distinta (digamos, más suave): ahí es la próstata. Al estimular esa zona, es posible que sientas ganas de orinar, pero no te preocupes, no va a pasar nada (o bueno: si te incomoda mucho, orina justo antes de estimularte, para que tengas la seguridad de que tu vejiga está vacía). Juega: intenta presionar, dar un masaje en círculos o de arriba abajo, es decir, explora lo que se sienta bien para ti. Inicia lento y con cuidado pero tampoco tengas miedo: la próstata aguanta más presión de lo que parece en un primer momento. Después de un rato, es posible que tengas un orgasmo (y puede que eyacules o no) que, por cierto, se siente muuuy distinto al de pene.

Recuerda que mientras estimulas tu ano con una mano también puedes estimular tu pene con la otra y así procuras doble diversión.

¿Y para hacerle sexo oral, qué onda?

Si tu novio no te mama el culo, pa' eso que no mame, exclamó recientemente el poeta Benito Antonio Martínez Ocasio en *YHLQMDLG*, su nueva antología de poemas. Estimular oralmente el ano es placentero tanto por las terminaciones nerviosas como por el componente psicológico: la transgresión de una práctica social tan prohibida que haría llorar a tu tío conservador (o igual y se le antojaría, quién sabe).

👁 10

Para comenzar a hacerlo, puedes pasar la lengua por encimita con un contacto muy ligero y de forma rápida. O puedes hacerlo más lento y con mayor presión. Puedes rodear el ano y luego acercarte más a él. Puedes masturbar a la otra persona mientras te la anilingüeas. Puedes dar pequeños besos. Puedes empujar tu cara. Puedes hacer LO QUE SEA. Excepto lo que no, claro.

¿Qué posturas son las mejores para el *anilingus*?

La más sencilla quizá sea poner a tu pareja de perrito. Te colocas detrás y tienes todo su culo frente a ti, expuesto majestuosamente. Además, la posición también puede ser muy sensual, vaya.

Una posición un tanto más sencilla y cómoda es tener a tu pareja boca arriba. Abres las piernas y comienzas. Sugiero poner una almohada bajo su cadera para que su ano quede a una altura que no implique torcerte el cuello en nombre del placer.

Y si le quieres poner algo de riesgo, sentarse en la cara siempre es una opción. Con cuidado, para que no te falte oxígeno (aunque, en mi opinión, morir por asfixia lamiendo un ano es una muerte muy digna, pero pues cada quién).

Al final, todo es cuestión de creatividad.

¿Y si no me gusta mamar culo entonces de verdad pa' eso que no mame?

¡De ninguna manera! Digo, está genial que Bad Bunny invite en sus canciones a realizar prácticas sexuales no tan comunes (como lo han hecho varias personas antes que él), pero creo que, más allá del chiste, tampoco se trata de juzgar a las personas por las prácticas sexuales que realicen o no. Porque sí: es cierto que hay muchas personas (y acá sí me animo a usar *personas* y no sólo hablar de hombres) que tienen vetadas ciertas prácticas sexuales por temas de conservadurismo o que enjuiciarían moralmente a quienes sí las practiquen. Pero también es cierto que existen muchas otras que no se animarán a hacer ciertas cosas por ansiedades más complejas o miedos más profundos. Quizás uno no elige el *anilingus*, quizás el *anilingus* lo elige a uno. O quizá simplemente valga la pena hacer una pausa antes de juzgar a las personas por su aparente "apertura" sexual. En resumidas cuentas: si tu novio o novia o novie no te mama el culo y tú estás bien con eso, pues pa' eso que mame lo que ustedes gusten.

¿Si soy una persona con vulva, también puedo sentir rico por la penetración anal?

¡Sí! Aunque el sexo anal por sí mismo no estimula tu próstata (que sí existe y que también es conocida como *glándulas de Skene* o *glándulas parauretrales*), recuerda que el ano tiene muchísimas terminaciones nerviosas que, al ser estimuladas, pueden producir muchísimo placer. Y bueno, además de lo puramente biológico, también existe todo lo que asociamos al sexo anal, digamos, "la meta-analidad del sexo anal"…

👁 7

A ver, a ver, ¿a qué te refieres con la "meta-analidad del sexo anal"? ¿Otra vez estás inventando palabras, verdad? QUÉ NO VES QUE SÓLO QUIERO QUE ME DES 5 PASOS PARA HACER ESTO, POR QUÉ ERES ASÍ, TE ODIO.

O seaaaa, a lo que me refiero es a que el sexo anal puede ser placentero no sólo por la estimulación fisiológica, sino también por nuestras ideas. Por ejemplo: la sensación de "llenado" al introducirse un pene o un dildo en el ano. O la sensación (y posible juego de rol) de sumisión (o dominación, sobre todo si eres quien penetra). O el gusto por realizar una práctica *prohibida*. O la excitación que produce la confianza necesaria para probar algo tabú. O el placer que genera la novedad.

👁 2|10

El sexo anal es una de las prácticas sexuales más controversiales de todas, y eso causa que lo mismo tengamos un montón de ideas que nos hacen temerle o excitarnos por ella.

Y si hay tanto involucrado, imagino que el consentimiento ha de tener especial importancia en esto, ¿cierto?

¡Así es! El consentimiento sexual debe procurarse en todas las prácticas sexuales, pero hay que poner particular atención en aquellas que puedan vulnerarnos más, como puede llegar a ser el sexo anal. Por ejemplo: algunos hombres están obsesionados con

👁 40

el tema y en parte tiene que ver con que es una práctica que se asocia a la dominación y, por lo tanto, obtienen mucho placer de recrear la sensación de poder que se manifiesta en su fantasía. De entrada, no hay nada de malo con eso: si tu pareja disfruta tanto como tú la práctica, ¡adelante! Sin embargo, en muchas ocasiones sucede que estos hombres (de cualquier orientación sexual, por cierto) terminan presionando para realizarla y, en el mejor de los casos, sólo generan situaciones incómodas, mientras que en el peor, podrían abusar de alguien. Y ésa sí es una cosa terrible.

Por lo tanto, creo que antes de realizar cualquier práctica anal, especialmente si es la primera vez, debe haber mucha comunicación y planeación del tema. ¿Por qué queremos hacer esto? ¿Qué nos excita? ¿Qué nos da miedo, nos genera ansiedad o nos vulnera? ¿Cómo nos vamos a proteger? ¿Cómo vamos a cuidar la higiene? ¿Qué nos gustaría hablar después de la práctica?

Como siempre: piensa en por qué deseas hacer lo que deseas, procura el consentimiento propio y el de tu pareja, y haz disfrutar tu cuerpo de todas esas formas en que temen las buenas costumbres, morales y conciencias.

33 ¿Qué debo considerar antes del sexo casual?

Vivimos en una gran época de la historia para ejercer la alegre promiscuidad. Tenemos apps de ligue, moteles temáticos, tiendas de juguetes sexuales, clubs swingers, cuartos oscuros y un montón de cosas más dedicadas exclusivamente a nuestro sagrado derecho a la putería.

Una de las prácticas sexuales contemporáneas más comunes es la del sexo casual. Y aunque, en su mejor momento, el sexo casual puede ser una experiencia de mucho gozo y placer, intimidad, sanación y más, en el peor pueden pasar cosas horribles: abuso sexual, transmisión de infecciones, culpas, embarazos no deseados o darte cuenta a la mañana siguiente de que cogiste con alguien que cree que los problemas del país se tratan de "personas buenas contra personas malas".

Aunque no podemos deshacernos de todos los riesgos de tener sexo casual, vale la pena plantear algunas preguntas que nos pueden ayudar a tener mayor control sobre nuestras decisiones, reducir los riesgos al mínimo y aumentar las probabilidades de tener una experiencia placentera y segura.

¿POR QUÉ QUIERO TENER SEXO CASUAL?
Obviamente, no tendrías que justificar tu decisión ante nadie. Porque lo deseas y porque tu pareja (o parejas, el cielo es el límite)

lo desea también son razones suficientemente válidas para casi cualquier tipo de práctica sexual. Sin embargo, creo que igual vale la pena preguntarse los motivos detrás de la decisión por dos razones.

La primera es que vivimos en una sociedad muy conservadora y cuyos valores están muy influidos por el catolicismo, el machismo y el entretejido de otras ideologías que castigan los placeres del cuerpo. Al mismo tiempo, existen otras fuerzas culturales que te invitan a coger todo el tiempo (el sexo como un producto de consumo más), y si no lo haces eres una *frígida* o un perdedor. Pero cuando sí lo haces resulta que está mal y eres una *zorra* o un... ¡¿cómo que no hay equivalente masculino del término?! Sospechoso...

Por lo tanto, muchas veces el sexo casual puede generar sentimientos de culpa, sea porque queríamos pero nos dijeron que no debíamos, o porque no queríamos y nos dijeron que debíamos. Saber por qué estamos tomando la decisión puede ayudarnos a dialogar con las voces internas que nos dicen que lo que estamos haciendo está mal, para poder definir si tienen la razón o no, si queremos hacerles caso o no.

La culpa supone revisar el pasado con los ojos más crueles posibles. Esto no significa que sea *mala*: la culpa puede ser una emoción muy útil cuando nos ayuda a darnos cuenta de las cosas que hacemos mal para corregirlas después. Sin embargo, también puede ser un mecanismo moral de control de nuestros cuerpos, acciones e identidades, sobre todo cuando hablamos de la sexualidad, y todavía más si eres mujer o no eres un hombre heterosexual.

👁 10

La segunda es tener claro, o al menos tener una idea, de qué te está motivando a tener sexo casual. Esto puede darte más control sobre la situación y ayudarte a enfrentar sorpresas desagradables, como darte cuenta en pleno acto de que estás intentando demostrar algo, o que lo hiciste para tapar una emoción dolo-rosa, o que en realidad no querías sexo casual sino compañía o amor, o que lo haces como venganza hacia tu ex, o demás mo-tivaciones oscuras. Si una experiencia dolorosa o negativa es la que te está orillando a la decisión (porque eso pasa), puede que quieras darle un par de vueltas más al asunto antes de lanzarte: es una forma de cuidarte y cuidar a la otra persona.

Y si no tienes ahora mismo tan claras tus motivaciones, tam-poco pasa mucho. Éstas cambian con el tiempo y suelen irse acla-rando sobre la marcha. Si es el caso, explora cómo te sientes y, si concluyes que tu decisión te despierta deseo y seguridad: a veces, con eso basta.

¿CON QUIÉN QUIERO TENER SEXO CASUAL?

Una vez que ya decidiste que quieres tener sexo casual, hay que resolver el problema de que para tener sexo necesitas de, al me-nos, otra persona, porque si no, sólo estarías teniendo... mastur-bación casual.

Puede que quieras compañía y cercanía emocional en tus en-cuentros casuales, y eso está bien. Puede que quieras la emoción del anonimato y del encuentro único, y eso también está bien. Lo que no está bien es que permitamos el ascenso de la ultraderecha en América Latina. Pero a diferencia de eso, en el sexo casual sí hay un margen de cosas aceptables.

¿O qué tal que no buscas ninguna de estas experiencias sino que, más bien, tu propósito es subvertir las convenciones típicas de lo que significan las etiquetas *pareja*, *fuckbuddy*, *amistad* y de-más categorías relacionales para crear un vínculo que exista bajo acuerdos propios y límites propios al margen de lo que la socie-dad espera del mismo? Podría ser, vaya. Y está bien. Pero hay que preguntárselo.

Igual que con la primera pregunta, esto casi siempre se resuelve sobre la marcha. A veces podríamos tener ganas de sexo casual con una amistad y a veces con un ligue de una app. Las relaciones existen fuera de las categorías que pretenden almacenarlas, y no siempre podremos ubicarlas en A o B. Pero tener cierta claridad respecto del tipo de relación que deseamos *hoy* nos podría ahorrar muchísimos problemas. Por ejemplo: puede ayudar a saber si queremos conseguir nuestras parejas por una aplicación, o algún círculo social o una fiesta, o Twitter, o un bar, o un cuarto oscuro o club swinger. En la naturaleza de la relación también está la experiencia deseada: no es lo mismo tener sexo con una persona a la que conoces de hace años que con una cuyo nombre desconoces: ambas ofrecen vivencias del sexo completamente distintas, y tener alguna idea de cuál nos atrae más, aunque sea sólo en nuestra fantasía, nos puede ayudar a buscar con mayor precisión la experiencia deseada y evitar o reducir la frustración si los planes no salen como lo planeamos.

¿CÓMO ME VOY A PROTEGER?

El sexo casual supone riesgos, se sabe. Y en este país tan cargado de violencia, los riesgos se disparan, sobre todo si eres mujer cis o trans, hombre gay, persona racializada o, vaya, no eres un hombre no racializado y heterosexual. Algunos consejos para prevenirlos:

- Si no conoces o no confías en la persona con la que tendrás la cita, queden de verse en un lugar público.
- Envía tu ubicación en todo momento y avisa a personas de confianza con quién estarás, dónde estarás, dónde dormirás, cada que cambies de lugar.
- Lleva tus propios métodos de barrera (condones, dedales, diques dentales). No los negocies, y si la otra persona

quiere convencerte de no usarlos, recuerda que siempre puedes decir "no" y alejarte de ahí.

- Si lo conoces de internet, *stalkéalo*. Que no te dé pena llegar a sus fotos de Instagram de 2016: comprobar que la persona con la que estás hablando tiene un perfil real puede salvarte de muchas situaciones incómodas y peligrosas.

- En serio, si puedes, *stalkea*. Soy consciente de que el ritual de leer publicaciones pasadas de una persona es muy problemático en muchos sentidos y, desde luego, es maravilloso descubrir a una persona de cero, pero si también es posible que lo que descubras sea a una persona abusiva o violenta, ¿suena tan mal tomar ciertas precauciones para saber si existe algo evidente en sus perfiles de internet que avisen que podría ser así?

- Modera la cantidad de alcohol u otras drogas que consumas. Esto va de ambos lados, en realidad: si la otra persona está tan alterada por cualquier sustancia que no puede tomar decisiones conscientes y aun así tienes sexo con ella, eso es una violación. Si se le pasaron las copas a tu cita de la noche y la ves muy borracha, mejor asegúrate de que llegue bien a su casa y regrésate a la tuya. Te lo va a agradecer y te ahorrarás la pena, el señalamiento y hasta el juicio legal por causarle daño a otra persona. Todo mundo gana.

También vale la pena cuidar los riesgos emocionales. El sexo casual podrá ser sin compromisos, pero nunca es sólo sexo. Cada vez que cogemos, ponemos en juego nuestro cuerpo, con todo lo que conlleva: intimidad, inseguridades, deseos, fantasías, seguridad. La cultura capitalista de consumo y desecho inmediato ha invadido hasta nuestras camas y, como consecuencia, es fácil que el sexo casual termine siendo un mero consumo de cuerpos, sin ningún tipo de cuidado o ética. Las personas con las que tienes sexo casual también son personas, con miedos, inseguridades y deseos propios. Y no pasa nada si las tratas como tales.

Hablar sobre lo que uno espera del encuentro y preguntar lo que la otra persona desea es esencial. No sólo sirve para elaborar acuerdos, sino que también es una forma de saber si se encuentran en el mismo canal emocional y, de esta forma, procurar el placer, evitar corazones rotos, confusión o que simplemente seas un mal recuerdo.

Si alguna persona llega a sufrir algún tipo de violencia como parte de un encuentro sexual casual (o de cualquier tipo), nunca está de más recordar: no fue su culpa.

POR ÚLTIMO... ¡DISFRUTA!

Hay un mito que dice que el sexo casual nos va a dejar con una sensación de vacío. Eso es falso. El sexo sin sentido provoca una sensación de vacío, pero ése se puede llegar a tener hasta en matrimonios monógamos y longevos. La realidad es que el sexo casual puede tener mucho sentido y ser algo muy divertido, poderoso, placentero, satisfactorio y hasta sanador. Y para que esto suceda, es nuestra responsabilidad generar las situaciones adecuadas para que tanto nosotros como nuestras parejas podamos disfrutar de una vida sexual maravillosa, consensuada y placentera.

34 ¿Cómo tener sexo a distancia?

Ya no hay forma de negar la obviedad: internet se ha convertido en el puente que une las relaciones que existen a distancia, máxime cuando la pandemia nos obligó a encerrarnos. Y si nuestras relaciones pasaron a mediarse por lo digital, nuestra sexualidad, en parte, también.

Hacer el *sindistancia* con distancia puede resultar muy angustiante para algunas personas. Eso que llamamos "vida sexual" suele nutrirse del intercambio físico de caricias, fluidos y gemidos. Sin embargo, no poder acceder al contacto presencial (por cuarentenas pandémicas, mudanzas por razones laborales, falta de tiempo para desplazarnos) no significa que esa vida sexual compartida se deba frenar; al contrario, todo lo que significa es que hay un nuevo reto: mantener la llama prendida a través de otros recursos, otras formas de estimular la mente erótica.

A estas alturas de la vida, es posible que muches de quienes me leen ya tengan bien manejado esto. Pero en caso de que no (y en una de ésas, hasta para quien sí), aquí dejo algunas prácticas que pueden llevarse a distancia para calentarse los cuerpos en lo que los cuerpos pueden volver a calentarse juntos.

NUDES

Bueno, es obvio.

PERO MÉTELE SABOR

La nude no es una foto; LA NUDE ES UNA EXPERIENCIA. Y la imagen, como tal, sólo es una parte de esa experiencia. Importa el contexto de la imagen: ¿y si le envías fotos por la noche para que las vea al despertar? ¿Si lo haces en medio del horario laboral? ¿Si haces una carpeta digital en la que vas subiendo contenido sin avisarle para que la otra persona no sepa cuándo habrá algo nuevo y se sorprenda cuando lo halle? ¿Si agendan un horario para sextear a fin de generar expectativa todo el día? ¿Si te las tomas con distintos escenarios detrás?

Ya lo dijo Aristóteles: "Cualquiera puede tomarse nudes... eso es fácil. Pero tomarse la nude adecuada para la persona correcta, con la intensidad correcta, en el momento correcto, por el motivo correcto, y de la forma correcta... eso no es fácil".

NUDEDOM

En el lenguaje del BDSM, el sufijo *-dom* se agrega a un sustantivo para referirse a una práctica de dominación. ¿Por qué no integrar los juegos de poder al sexting? Por ejemplo: ¿qué tal si le mandas una foto como *teasing* y le envías imágenes cada vez más explícitas conforme haga cosas que tú le ordenes? ¿O qué tal darle órdenes sobre cómo quieres que sean las fotos o videos? ¿O hacer una videollamada en la que tú te desnudas o masturbas, pero le prohíbes a la persona tocarse, de modo que sólo podrá verte?

DICHO LO CUAL: ¡VIDEOLLAMADAS!

Ésta es otra obviedad. Pero igual hay formas en que se puede agregar algo a la experiencia. ¿Qué tal algo de voyeurismo y dejar la cámara prendida cuando te bañas, te cambias, te masturbas, como si fuera una cámara escondida, casual? De nuevo, acá también puede entrar la interrupción de una junta, un café, un momento con la familia, un *striptease* en vivo que te fuerza a tomar una decisión: o te escondes para mirarlo (o lo ves en segundo plano) o lo pierdes para siempre. El deseo se alimenta de posibilidades.

HABLEN DE LO QUE SE HARÁN CUANDO SE VEAN

Otra obviedad que hay que señalar. Pero funciona: el tiempo a distancia también puede ser tiempo de planeación; la planeación es expectativa, la expectativa es deseo, el deseo llena el vacío, el vacío es emptiness, *emptiness is loneliness, and loneliness is cleanliness, and cleanliness is godliness, and god is empty, JUST LIKE ME*. No, esperen, creo que me desvié. Pero bueno, hablen de eso.

O HABLEN DE SEXO, EN GENERAL

Hace mucho tiempo, recuerdo que estaba en casa de una amiga. Como cualquier cosa, comenzamos a jugar a "Yo nunca nunca", no recuerdo por qué. De las cosas usuales e inocentes (nadie juega a esto para confesar que alguna vez se puso una gran borrachera, pero vaya, por algo se tiene que iniciar) pasamos a las confesiones sexuales, los relatos prohibidos, las confesiones de la carne. Nada más de hablar de eso, nos calentamos tanto que acabamos teniendo un faje breve pero intenso (y que llegó a repetirse varias ocasiones después).

A lo que voy es: no todo tiene que ser *dirty talk* explícito. A veces puede ser muy excitante simplemente hablar de sexo, de recuerdos de caricias pasadas, de escenas que te calentaron en una novela o película, de cosas que te gustan, de experiencias de otras personas, etcétera. Algunos juegos pueden servir para esto. Suéltense y verán que no hay muchos límites de a dónde pueden llegar.

👁 2|3

NETFLIX PARTY... PERO DE MASTURBACIÓN

Si nos juntamos a ver películas, ¿por qué no juntarnos a ver cine erótico? Podrían grabar un video sexual personal, dejarlo reposar algunos meses y acordar verlo al mismo tiempo ("Uno siempre vuelve a las viejas nudes donde amó la vida", diría Chavela Vargas). O podrían descargar o *streamear* alguna película interesante. O podría grabar cada quien un video y juntarse a verlo al mismo tiempo: disfrutar del video al mismo tiempo que de la reacción de la otra persona.

¡JUEGUEN!

Lo erótico suele tener cierto velo de formalidad, pero también existe en lo lúdico. Es como darle una nalgada sorpresa y juguetona a tu pareja: puede que no sea algo necesariamente excitante y que no termine en una práctica que lleve al orgasmo, pero es un recordatorio de que el deseo está presente.

Eso también se puede llevar a la virtualidad. Opciones existen, y combinar la experiencia de jugar en línea con algún reto de tipo sexual puede ser algo que, sí, quizá no acabe en una sesión de sexting intenso, pero que puede ser ese recordatorio casual de que hay un cuerpo que siente y se excita y ansía el reencuentro.

👁 31 USEN JUGUETES SEXUALES A DISTANCIA

Por si no lo sabías: existen. Son juguetes que pueden ser activados a distancia y que se prestan, sobre todo, para divertidas dinámicas de poder. Eso sí: como todo hoy, los dildos también recopilan tus datos. Así que verifica las opciones de privacidad y políticas de la compañía a la que le compres.

ORGÍA SWINGER VIRTUAL

👁 37

Si les gusta el sexo grupal, ¿por qué no participar en una orgía virtual? Varios foros y comunidades swinger han organizado eventos de este tipo durante la pandemia para suplir la falta de contacto necesaria en estos tiempos. ¿¿¿O incluso podrían organizarla con amistades??? ¡El cielo es el límite!

DISFRÚTENSE A DISTANCIA... CON ALGUIEN MÁS.

Quizá tú ý tu pareja no puedan estar juntas en este momento, pero eso no significa que no puedan estar con quien sí... Si está dentro de sus acuerdos, es algo deseado y existe alguna opción segura, siempre pueden aplicar las prácticas usuales de las parejas cuckold/hotwife, stag/vixen: grabarse, tomarse fotos, sextear en texto o hacer videollamada mientras están con alguien más.

¡REDUZCAN LOS RIESGOS!

Todo con consentimiento, siempre. Ésa es la regla de cajón. Pero 👁 35|40
también: al hablar de internet, hay que considerar otras cuestiones que podrían poner en riesgo tu privacidad. Existen muchos recursos que puedes consultar para hacer esto, pero por lo pronto, yo recomiendo checar este video:

youtu.be/8Jp8Z81Kgac

Y también puedes visitar las redes de R3Dmx, SocialTic y Ciberseguras.

35 ¿Cómo inicio el sexteo?

Un amigo me contó que hace muchos años, antes de que se inventaran las cámaras digitales, tomarte nudes era complicado. Por el rollo fotográfico, sólo podías tomar un número limitado de fotos y no podías verlas hasta que las revelaras. Revelar significaba ir a un laboratorio, entregar un rollo lleno de fotos de tu cuerpo a otra persona y esperar. Según él, debías tener cuidado respecto a dos cosas: la primera, que quien recibiera tu rollo fuera una persona moralina y las destruyera o simplemente no quisiera revelarlas. La segunda, que debías tener en mente el número exacto de fotos que llevabas, porque a veces entregabas un rollo con veinte y nomás te entregaban dieciocho, y en el laboratorio te decían "se perdieron" o "se velaron". Sospechoso todo.

Pero por fortuna, esto ya no es así. Hoy en día sextear es tan sencillo como mandar cualquier mensaje. Lo difícil, como con cualquier otra práctica sexual, es hacerlo bien. Por fortuna, cada vez hay más textos y videos que hablan sobre cómo sextear de manera segura, en cuanto a la protección de la privacidad. Sin embargo, creo que no se ha escrito mucho sobre la importancia del consentimiento en el sexting y cómo procurarlo.

LEE EL CONTEXTO

Lo lograste: ya estás hablando con tu crush. Llevan un rato mandándose mensajes y la cosa cada vez se pone más personal. Y tú no puedes más y quieres hacerlo *todavía más personal*. Lo primero que recomiendo es que detectes si es buen momento para sextear, es decir: buscar señales de que hay interés mutuo (¿ya verificaste que realmente estén conversando y que no sólo esté respondiendo a tus mensajes?), saber si está disponible (si se tarda treinta minutos en responderte entre mensaje y mensaje, quizá no sea la mejor idea) y si el humor es el indicado (no quieres iniciar el sexting si tu crush está en un funeral... *unless??*).

INICIA POCO A POCO

Una vez que hayas determinado que es momento de iniciar, busca una entrada para proponer el sexteo. Es el momento más importante: para el sexting, como para cualquier otra práctica sexual, alguien debe proponerlo y esperar que la otra persona dé su consentimiento antes de iniciar. Nadie quiere recibir fotos de genitales de un momento a otro, ni que le digan que quieren penetrarle el ano con un dildo gigante después de que te dicen *Buenos días*. O quizá sí. Hay de todo en la viña de La Señora. Pero como no sabes si a la otra persona le va a gustar o no, pues no lo hagas. Lo mejor siempre será que procures comenzar lentamente, dando señales claras de lo que te interesa, pero haciéndolo de una forma que no se perciba como una imposición o como una agresión.

¿CÓMO PROPONERLO?

No hay fórmulas, obvio (aunque, al parecer, los stickers de WhatsApp ayudan), pero en Twitter pregunté por algunos ejemplos de lo que les ha funcionado a las personas:

Una ocasión, el vato que me gustaba me preguntó qué hacía, yo estaba acostada (y horny) y le mandé una selfie. Al parecer, le prendió cómo se marca mi clavícula. Luego él me mandó una suya sólo tapado con una sábana y así, poco a poco, fueron convirtiéndose en nudes. Creo que lo más divertido de las fotos era probar su creatividad. Tipo "¿qué me harías si me tuvieras así?" Ondas así.

Hola César, puedes compartir.
No fue precisamente con un crush (fue cogiamiga) pero ahí va: nos conocimos en tinder, intercambiamos whats, comenzamos a platicar; tengo una dinámica para esos casos donde nos vamos preguntando cosas random, una y una, obvio siempre se tiende ir al lado sexoso (si te conoces en tinder pues sabes a lo que vas) desde el primer día salieron cosas y empezamos a fantasear, dar opiniones, gustos y cachondeo, elaboramos cada quien situaciones de encuentro con lo que nos gustaba junto con audios y fotos del momento y ya después las llevamos a cabo.

O sea sí soy profunda pero en otras cosas. 11:48 p. m. ✓✓

Tú
O sea sí soy profunda pero en otras cosas.
Wait... 11:48 p. m. ✓✓

 11:48 p. m. ✓✓

Tú

Jajajajajaja hmmm
11:49 p. m.

No era mi crush, pero ahora es mi novio. Supongo que puedo decir que fue un rotundo éxito 🫠

Un día me dijo que me veía guapísima con un vestido blanco (que es de mis favoritos). Le dije que no era la única ropa bonita que tenía y ¡boom! Se empezó a dar muy naturalmente.

4:04 p. m. • 13 mar, 2020 • Twitter for Android

CUIDA LA RECIPROCIDAD

Si después de un primer acercamiento no notas que la otra persona te responde con el mismo interés: detente. Puede que no haya captado el mensaje, cierto, pero también puede que sí y que no sepa cómo responder, o que esté deliberadamente eligiendo no responder recíprocamente para no iniciar ninguna conversación sexual. Cualquiera que sea la razón, si no notas interés inmediato, mejor pausa. Y si notas algo extraño en la conversación o sientes tensión, siempre es buena idea preguntar si la otra persona se siente incómoda. De esta manera la cuidas, abres el espacio para ofrecer una disculpa si es necesario, y al mismo tiempo inicias una oportunidad para aprender de tus errores y mejorar tus habilidades de comunicación.

¡PREGUNTA!

Los ánimos ya están arriba. La temperatura sube. El nervio aumenta. Lo sientes cerca: estás a punto de ver su El Cuerpito (o su La Cuerpita). Antes de mandar la primera nude o de enviar el primer mensaje abiertamente sexual, SIEMPRE busca la confirmación de que la otra persona desea recibirlo. Incluso se vale preguntar directamente "Me tomé una foto, ¿puedo enviártela?". 👁 40 Cuando estamos calientes es fácil confundir nuestros deseos con los de la otra persona, sobre todo si ella muestra interés de regreso. Sin embargo, puede que nos esté coqueteando pero no quiera sextear, o que quiera escribir pero no recibir fotos, o que te quiera enviar fotos pero no que le mandes (o viceversa). Cualquiera de las opciones es válida, desde luego, y para saber el juego en el que entrarán lo mejor siempre es verificar.

¿MANDAR FOTOS DE TU PENE SIN CONSENTIMIENTO?

No lo hagas. No.

DISFRUTA

👁 34   Hay muchas cosas que se pueden hacer durante el sexting. Se pueden mandar mensajes de lo que quieren hacerse cuando por fin se vean en persona. Pueden compartir fantasías sexuales. Mejor: pueden contarse las fantasías sexuales en una nota de voz. Mejor todavía: pueden contarse las fantasías sexuales en un video mientras se masturban. Pueden enviar gemidos. Pueden tomarse fotos o videos jugando con las luces, usando reflejos, experimentando con ángulos. Pueden hacer gifs. Pueden hacer juegos: "Si respondes correctamente a esta pregunta, te envío una foto", "Verdad o reto", o jugar algo a distancia y quien pierda se quita una prenda. Disfruta y recuerda siempre: la creatividad es el alimento del deseo.

36 ¿Qué debemos considerar antes de hacer un trío?

Tener sexo con una persona es placentero, pero ¿saben qué puede ser todavía más placentero? Tener sexo con *dos* personas.

Los tríos son una de las fantasías sexuales más comunes. Curiosamente, a pesar de eso, la práctica no es tan común. El contenido de nuestras fantasías suele ser el tabú: aquello que no tenemos disponible en lo inmediato; queremos aquello que no deberíamos querer. Y tiene sentido cuando piensas que, claro, tener sexo con una persona ya es en sí mismo algo complicado, pero ¿saben qué puede ser todavía más complicado?

👁 10

Ajá, exacto.

¿Qué considerar antes de tener un trío, de modo que se pueda disfrutar todo lo delicioso y prevenir todo lo complicado?

¿POR QUÉ QUIERO TENER UN TRÍO?

Además de que porque súper sí, puede que estés buscando cumplir una fantasía, que simplemente te dé curiosidad, o que en tu cuerpo exista demasiado amor y placer para dar y una persona no te baste.

Puesto que un trío es una experiencia de mucha intensidad, conviene tener tus motivaciones claras. Esto te permitirá saber qué quieres o no hacer, qué te interesaría probar, cuáles van a ser tus límites, qué cosas te podrían hacer sentir celos y si quieres

vivirlas o no (no todos los celos son malos, ni todas las experiencias que los despierten deben ser evitadas: a veces pueden ser
grandes maestros) o bajo qué circunstancias le vas a entrar. Es
decir: hacer acuerdos, tanto con las personas con las que realiza-
rás el trío, como con tu propia persona.

Al preguntarte por qué quieres tenerlo podrías descubrir,
por ejemplo, que te prende mucho la idea de mirar a otras dos
personas coger, de modo que, al hacerlo, encuentres una posición donde puedas observar bien y disfrutar más. Por otro lado,
también podrías descubrir que en realidad no te motiva hacerlo
más que por complacer a otra persona o demostrarte algo, lo cual
podría hacer que la experiencia termine siendo problemática o
dolorosa, si la llegaras a concretar. Cuanta más consciencia tengamos de lo que nos excita, más podremos disfrutarlo.

¿CÓMO LO HABLO CON MI PAREJA (SI LA TENGO)?

Con mucha honestidad y cuidado. Aunque puede llegar a ocurrir que un día el trío suceda y la pareja lo tome muy bien, o que
un día se cuenten la fantasía y no haya ningún problema (¡y ojalá
sea el caso!) puede que no sea así. Aceptar que se desea un trío es
aceptar que se desea a otra(s) persona(s), y eso puede llegar a ser
una experiencia muy confrontativa, tanto para quien elabora la
propuesta como para quien la recibe, incluso si ambas partes lo
desean.

Si no lo han platicado previamente, procuren hacerlo en una
forma y espacio donde puedan hablarlo con tranquilidad. Puede
que tu pareja se emocione y diga: "¡Sí, claro, siempre he querido
hacerlo!", o que se sorprenda y sienta celos o le entren temores,
o que tenga alguna reacción mixta. Pocas cosas nos hacen tan
vulnerables como hablar de sexualidad, por eso siempre hay que
mostrar toda la empatía y sensibilidad posibles.

Si ya lo hablaron y acordaron que quieren que suceda, ¡disfruten la planeación! Gabriela Wiener, en su impresionante ensayo "Tres", habla sobre cómo existen tríos en los que te vuelves tu propia directora de porno *gonzo*. Las posibilidades son ilimitadas. Pueden incorporarlo como una fantasía y hablar sobre las cosas que desearían que pasaran, plantear escenarios, imaginar a la tercera persona y usar toda la fantasía como sexting en vivo. Hablen con toda la honestidad posible, hagan sentir en confianza y seguridad a su pareja, aprópiense de la fantasía y disfrútenla.

👁 49

BUENO, VA, PERO AHORA, ¡¿CÓMO HAGO QUE SUCEDA?!

Tengo una teoría personal respecto a los tríos: si tomas en cuenta que es la fantasía sexual más común de todas, eso significa que es mucho más fácil que sucedan de lo que pensamos y, la mayoría de las veces, sólo se necesita que alguien lo proponga. El problema es que solemos tener miedo de ser esa persona (o esa pareja), y ese miedo nos roba experiencias sexuales grupales que podrían ser muy placenteras.

No existe una fórmula para obtener un trío. Algunas de las situaciones que sé de primera mano que acabaron en eso: estar en pareja y abrir un perfil en una app para dos. Invitar como pareja a una persona que les resulte atractiva a tomar un trago y comentárselo durante la noche. O planteárselo antes, en un mensaje o en persona. Estar en una fiesta y coquetear con una pareja y hacer la propuesta. Estar en una fiesta y ligarte a alguien y comentarle a esa persona la idea y ver si también le interesa. Responder a un mensaje de una pareja en una app. Decirle a tu *fuckbuddy* que te gustaría hacerlo y pensar en una tercera persona (a veces otre *fuckbuddy* y a veces el *fuckbuddy* de tu *fuckbuddy*: el *metafuckbuddy*). *El chiste es buscar una oportunidad y tomarla, y cuando no exista, crearla.* Un mar en calma nunca ha hecho experto en besos de tres a un marinero.

Las situaciones que pueden llevar a un trío son muchas; en ocasiones nacerán de manera espontánea y el chiste es tener apertura a ellas. Como dice mi frase favorita de *El principito*: "He aquí mi secreto, que no puede ser más simple: sólo con el corazón se pueden ver las oportunidades para tener un trío; lo esencial de ellas es invisible a los ojos".

LA *TERCERA PERSONA*

Cuando una pareja tiene un trío, existe una tercera persona en la relación sexual a la que llamaré, por falta de creatividad, *la tercera persona*. Esto puede resultar sorprendente, pero la tercera persona no es un juguete sexual: es un ser humano. Y como tal, también puede sentir miedo, ansiedad, incomodidad, inseguridad o celos. Y también puede ser violentada por la pareja con la que se acuesta.

Si estás en pareja, recuerda ser amable con la tercera persona y cuidar en todo momento que se sienta cómoda e incluida. Consideren esto: esa persona se está involucrando con una pareja ya formada, que tiene códigos, que posiblemente habló antes de esta experiencia, que ha elaborado acuerdos y que se tendrá mutuamente para acompañarse a través de cualquier emoción intensa que pueda surgir durante el trío. La tercera persona, no.

Y si tú eres la tercera persona: establece bien tus límites, actúa con empatía con la pareja con la que te relaciones y procura elaborar acuerdos previos para que conozcas el terreno en el que estarás moviéndote. Y vaya, esto conviene aunque no seas la tercera persona.

Existe un subtipo de *tercera persona* a la que se le suele conocer como "unicornio". Según Borges: "Leonardo da Vinci atribuye la captura del Unicornio a su sensualidad; ésta le hace olvidar su fiereza y recostarse en el regazo de la doncella, y así lo apresan los cazadores". Acaso honrando la tradición de atribuirle cualidades míticas a aquello que se desea pero no se obtiene fácilmente, se le conoce como "unicornio" a la persona bisexual o pansexual que se relaciona sexualmente con ambas partes de una pareja existente (usualmente una mujer). Y acaso honrando también la tradición de la seducción entendida como cacería y engaño, el término ha sido fuertemente criticado dentro de la comunidad no monógama por las negligencias que se suelen cometer hacia la tercera persona: no es raro que parejas (tanto monógamas como no monógamas) busquen relacionarse con una tercera persona bisexual para realizar algún tipo de fantasía que, una vez satisfecha, propicie el abandono de ésta.

¿Y LAS ITS?

Además de las cuestiones generales y que aplican en toda relación sexual, para los tríos (y demás experiencias grupales) hay una regla simple: *Si cambias de cavidad, cambia de condón.*

CUIDADOS POSTERIORES

Un trío puede ser una de las experiencias más placenteras de la vida, pero también de las más confrontativas y angustiantes. Aunque el trío acabe cuando la relación sexual concluye, la experiencia emocional del trío no termina sino hasta que te quedas en paz con ella. Si tienes oportunidad, habla con todas las personas involucradas sobre lo que sintieron, lo que les gustó, lo que les generó ansiedad. Si no, entonces procura buscar a alguien con quien hablar: una persona que no te juzgue, que te escuche y a quien le puedas confiar no sólo la narración de la experiencia misma, sino lo que sentiste.

Quizá no sea necesario, pero por si acaso, no lo desestimes: tus emociones importan, tus emociones durante las experiencias sexuales que vivas importan, y hablar sobre lo que sientes importa. Lo más importante para el placer es que antes, durante y después, te sientas bien.

37   ¿Qué tipos de relaciones no monógamas existen?

¿Cómo clasificar lo que, por definición, tiende a la infinitud de posibilidades?

La primera edición del famoso libro *Ética promiscua* tenía un subtítulo: "Una guía para infinitas posibilidades sexuales". Según las autoras, Dossie Easton y Janet W. Hardy, al romper con la imposición de la fidelidad sexual, las relaciones no monógamas se enfrentan a una infinitud de preguntas para las que nuestra concepción tradicional de las relaciones no tiene respuestas.

Si la monogamia afirma: "Estaré contigo y sólo contigo por el resto de mi vida", la no monogamia dice: "Quiero que ser tu pareja no me impida compartirme con otras personas". En consecuencia, la no monogamia se pregunta: ¿cuál es la mejor manera de hacer esto?, ¿con quién más quiero estar?, ¿quiero relacionarme sólo sexualmente o también románticamente?, ¿estableceré jerarquías entre mis parejas?, ¿serán encuentros ocasionales o lo asumiré como un estilo de vida? Evidentemente, las respuestas a estos cuestionamientos pueden ser muy variadas, ¡y éstas apenas son las preguntas básicas!

Las relaciones no monógamas adquieren muchas formas y, aunque todas son distintas entre sí, es posible colocarle a la gran mayoría de ellas ciertas etiquetas que agrupen sus puntos en común. No es tarea fácil. Franklin Veaux, autor del libro sobre poliamor *More than Two*, ha intentado durante varios años diseñar

un mapa que comprenda los distintos tipos de relaciones no monógamas. El resultado, aunque amplio, puede ser muy difícil
de leer. Definitivamente, elaborar una categorización y mapeo de
las distintas formas de relaciones no monógamas es una tarea
compleja.

Nuestra mente, esclava de las definiciones, nos pide una categorización. En parte porque la definición es uno de los primeros
y más importantes recursos para conocer el mundo, pero también porque es un arma contra la incertidumbre: las etiquetas
nos dan tranquilidad. Tener la capacidad de nombrar las cosas nos
hace sentir en control. El chiste es poder señalar algo y decir: se
trata de esto. Además, las definiciones son útiles. Las etiquetas
que usamos para las relaciones pueden servir como brújula para
afrontar la ambigüedad (incluso cuando la propia etiqueta refiere a alguna forma de ambigüedad).

Por esto, quiero elaborar dos glosarios: uno que defina los
distintos tipos de relaciones no monógamas más comunes, y
otro que desglose los términos más usados dentro de ellas. Estos
glosarios no pueden ser más que breves, incompletos y flexibles,
dado que las relaciones van cambiando cada día y, con cada cambio, nace nueva terminología. Cada uno de estos términos son
faros que guían a las personas no monógamas a poder transitar su apuesta relacional, pero todos tienen múltiples interpreta-
ciones que se adaptarán al contexto, conocimientos, identidad y
apuesta política de cada vínculo afectivo. Los términos que aquí
presentaré no son mapas, sino brújulas.

Relación abierta. Usualmente se usa para nombrar una relación
en que no existe monogamia sexual, pero sí afectiva.

> *En una relación abierta puedes coger con otras personas,*
> *pero sólo tienes una relación de pareja.*

Poliamor. Poli significa "muchos", y *amor*, vamos, ¿acaso significa algo? 😌 Pero me estoy desviando. El término *poliamor* refiere a un modelo relacional que acepta la posibilidad de relacionarse sexoafectivamente de manera simultánea con más de una persona. A diferencia de las relaciones abiertas, en una relación poliamorosa la no monogamia no suele limitarse a lo sexual, sino también a la pareja.

En una relación poliamorosa puedes coger con otras personas (si así lo deseas) y, además, puedes vincularte afectivamente con ellas. ¡Incluso puedes tener más de una pareja!

Poliamor jerárquico. Se suele conocer así a la relación poliamorosa donde existe una pareja "primaria" que tiene más privilegios y responsabilidades que otras, llamadas "secundarias". Por ejemplo: puede que tengas dos (o más) parejas, pero que sólo con una de ellas compartas vivienda, gastos, sexo sin condón, crianza de hijos, familia, etcétera. Esto no significa que las parejas secundarias queden relegadas necesariamente a un plano inferior (aunque podría pasar), sino que ocupan otro lugar en la vida (por ejemplo, si una de las parejas vive a distancia o no comparte responsabilidades de crianza).

Trieja. Una relación de tres.

Polícula. Según Franklin Veaux: "Una red romántica o conjunto de relaciones dentro de una red romántica, en la que sus miembros están íntimamente conectados. Se usa también para describir un dibujo o visualización de una red romántica, porque esos dibujos a menudo recuerdan a los de las moléculas que se utilizan en química". En algunas ocasiones, las polículas también practican la *polifidelidad,* que refiere a una relación de más de dos personas que, a su vez, funciona como un grupo cerrado donde no tienen interacción sexual con otras personas aparte de ellas.

Swinging (intercambio de parejas). Un estilo de vida, según sus practicantes. En serio, muchas personas lo conocen justo como *the lifestyle.* Las parejas swingers suelen ser relaciones monógamas que permiten encuentros sexuales con otras personas, *solamente* en espacios y momentos mutuamente acordados (fiestas, clubes, encuentros programados, entre otros). En su ensayo "*Swingers*, otra forma de vivir el erotismo en pareja", la periodista Paola Aguilar observó que el acuerdo *swinger* "establece bastantes límites, mas no fronteras rígidas como las hay en la monogamia absoluta. Y aunque pudiera parecer paradójico, en muchas ocasiones la motivación detrás es, precisamente, preservar la relación". En el ensayo cita a Mariana Mhar y a Diego Velázquez, autores del libro *Breve manual para swingers*, quienes aseguran que: "El swinging es, de hecho, un movimiento conservador [...] que propicia la estabilidad de la familia y que está formado por parejas cuya prioridad es la conservación matrimonial. Los swingers pactamos, en cierta forma, la no exclusividad sexual en pro del crecimiento de la relación de pareja". La paradoja de defender la unión matrimonial desafiando una de sus reglas sociales más importantes no es la única que ubica al *swinging* como una práctica que con frecuencia reside en la línea que separa a lo "liberal" de lo "conservador": las parejas suelen ser hombre-mujer cis (nunca trans), se suele aceptar la bisexualidad femenina (no así la masculina), acostarse con alguien más fuera de las fiestas *swingers* suele ser algo muy mal visto (en parte porque la fiesta es lo que le otorga a la pareja la estructura necesaria para que acostarse con alguien más sea una experiencia placentera y no dolorosa, pero asimismo porque un encuentro fuera de esos límites se percibe como una infidelidad al no estar sujeto a la observación de la otra persona), se promueven amistades dentro del estilo de vida (pero nunca relaciones románticas). Estas paradojas no son de ningún modo exclusivas del estilo de vida *swinger* y, en realidad, muchas de ellas se presentan en la gran mayoría de los esquemas de relaciones no monógamas. Las paradojas, pienso, no necesariamente son indicaciones de contradicciones morales o emocionales, sino condiciones necesarias para la posibilidad de aquello que se sale en algún aspecto de la norma, así como expresiones del contexto en que surgieron esas prácticas. O como dijo Carl Jung:

> *Sólo la paradoja se acerca a comprehender*
> *la totalidad de la vida.*

Cuckolding. Se trata de una relación en la que una de las personas se excita de ver a su pareja tener sexo con otra persona e integran la práctica como un *kink* o fetiche. Usualmente la forman hombres heterosexuales o bisexuales, a quienes se conoce como *cucks* o *cuckolds* ("cornudos") y sus esposas, a quienes se conoce como *hotwifes* (sin traducción). Las *hotwifes* suelen acostarse con *bulls* ("corneadores"), quienes suelen ser hombres atractivos, fuertes y muy "masculinos". (Por cierto: dejo los términos en inglés, porque aun los hispanoparlantes que participan en estas relaciones usan también este léxico.) En este tipo de relaciones no es raro que se elabore un acuerdo de no monogamia sexual exclusivo para ella, lo que significa que ella puede coger con otros hombres, pero él no puede coger con nadie más (y a veces, como parte del juego, ni con su pareja). "¡Así qué chiste! ¿Qué gano yo?", podrías preguntarte. Bueno, quienes practican *cuckolding* suelen encontrar mucho placer sexual al "compartir" a sus novias o esposas: el tercer hombre suele integrarse en los encuentros sexuales como parte del juego de la pareja, el novio o esposo disfruta de ver, leer, escuchar (¡o hasta asistir!) el encuentro sexual de su pareja con otro, y de este modo se vuelve un encuentro de tres, incluso si el *cuckold* no está participando "directamente". Como se puede observar, en estas relaciones existe un fuerte componente de juego de dominación-sumisión, particularmente de la mujer al hombre, que puede ser explorado de distintas maneras por las parejas que la conforman. Cuando la dinámica es invertida y es la mujer la que se excita de ver a su pareja tener sexo con otras mujeres desde una posición de sumisión, se le conoce como *cuckquean* (aunque no es tan común). Y aunque este tipo de dinámica de ningún modo es exclusiva de parejas hombre-mujer, es en esta configuración específica que ha recibido un nombre particular y participa de toda una subcultura.

Stag & Vixen. Es similar a las relaciones *cuckold* pero sin el componente de la dominación-sumisión o humillación al *cuckold*. En estas relaciones, además, es más común que el *stag* (hombre) también pueda tener sexo con otras mujeres, no sólo su pareja (la *vixen*).

Anarquía relacional. En la anarquía relacional, el amor se considera un recurso infinito, ningún vínculo afectivo está por encima de otro y las relaciones amorosas (sexuales o no) no están necesariamente sujetas a jerarquías ni a distinciones formales. Incluso se plantea la posibilidad de abolir el concepto de "pareja", en cuanto que la misma etiqueta le otorga privilegios a una relación por sobre otras (por ejemplo, el de darle mayor prioridad a tu pareja que a tus amistades en cuanto a decisiones como la gestión de recursos, la crianza de les hijes, entre otros), lo que limita las capacidades y posibilidades de amar.

El amor es abundante y cada relación, única.
El heterosexismo está muy presente afuera,
pero no dejes que el miedo te lleve.
Personaliza tus compromisos.
ANDIE NORDGREN

38 ¿Cómo le digo a mi pareja que coge mal?

Quizás has estado ahí. Amas a alguien y disfrutas tu vida con esa persona: se ríen, la pasan bien, se cuidan, se quieren. Es una bonita relación. Pero hay un tema, un secreto que no te atreves a revelar porque podría ser demasiado doloroso: no te gusta cómo coge. A veces puedes señalarlo: "lo hace con mucha rudeza", "lo hace muy delicado", "nunca encuentra el ángulo correcto", "muy poco faje", "demasiado faje", "muy mal sexo oral". A veces simplemente sientes que "no hay química". Quisieras que eso no importara, pero no puedes evitar sentir cómo poco a poco el deseo va disminuyendo en ti. Ya no le tienes tantas ganas, ya no sientes el deseo que te gustaría sentir por esta persona a la que amas. Y entonces empiezan las excusas: "siento mucho cansancio", "me duele la cabeza", "no estoy de humor", "creo que no me gusta tanto el sexo". Pero la pregunta que se esconde detrás de todos estos pretextos es otra: "¿Cómo te digo que lo que en verdad sucede es que no me gusta el sexo... *contigo*?"

Decirle a una pareja que no nos gusta cómo funciona en la cama es muy difícil y suele provocar mucha ansiedad para ambas partes. Hay una razón: el sexo es una de las actividades que más vulnerables nos dejan y en las que más sentimos que tenemos que demostrar nuestro valor. A las mujeres les enseñan que éste depende de lo atractivas y deseables que puedan ser para los hombres. A los hombres, que reside en el placer que podamos provocar con nuestros penes. El que nos confronte nuestra pareja para decirnos que no nos gusta lo que hacemos en la cama rara vez se traduce en un: "Oh, puedo mejorar en esto pero mi integridad como ser humano está intacta", y más bien se entiende como un: "Qué tal que lo que me quiere decir es que ya no me desea, no le doy placer, la vida no vale nada y yo tampoco". Y ése es un sentimiento brutal. Nadie se salva.

Claro, en un mundo ideal, podríamos decir la verdad de lo que sentimos: "Oye, no me gusta cómo estamos cogiendo, propongo hacer esto y esto, y desearía que hicieras mejor esto y esto", "Ok, entiendo y no me siento vulnerable para nada, de hecho, éste no es un diálogo claramente inventado sino algo que cien por ciento diría una persona en una situación similar, inserte chiste para relajar la tensión aquí, jaja". Algo así.

Sin embargo, en la realidad esto casi no sucede. Las personas pueden reaccionar mal a la noticia de que no cogen bien o de que no están cogiendo como a sus parejas les gustaría. A veces sólo habrá una sensación de culpa y vulnerabilidad, otras habrá llanto y reclamos. He sabido incluso de casos en los que alguien le dice a su pareja lo que le gustaría que intentaran en el sexo y la otra reacciona de forma violenta. De nuevo: es entendible que te sientas vulnerable ante la noticia, porque a todas las personas nos enseñaron que nuestro valor depende en buena medida de nuestro desempeño sexual; sin embargo, lastimar a alguien sólo porque tú sentiste tu ego vulnerado nunca puede justificarse de ninguna manera.

Pero también sucede que, a veces, somos torpes comunicándonos y podemos llegar a frasear nuestras peticiones de formas en que a la otra persona no le queda más remedio que sentirse vulnerada o lastimada. La primera vez que alguien me dijo que no le gustaba algo que yo hacía en el sexo fue con buena intención pero con completa insensibilidad, y en un momento en el que yo no estaba muy bien conmigo (básicamente, se burló de algo que yo hacía y que yo pensaba que estaba bien). Y aunque tenía razón y logré ver más allá de mi ego herido para mejorar mi desempeño, fue un duro golpe a mi autoestima y tardé mucho tiempo en volver a ganar confianza en mí mismo. Hay que tener mucha sensibilidad para maniobrar este tema.

Tomando en cuenta esto, creo que hay formas en que podemos llegar al mismo punto sin tener que explicitar lo mucho que nos desagrada el sexo con nuestra pareja:

Elabora preguntas que sean propuestas. En vez de decir: "No me gusta cómo me haces sexo oral, mejor hazlo así", puedes decir: "Cuando me haces sexo oral, ¿sabes qué también me gustaría mucho? Que hicieras *esto* y *esto*". Es decir: elaborar una pregunta puede suavizar la intención de lo que quieres decir, así como señalar lo que ya sabes que te gusta que te haga.

Comunica tu emoción. En vez de decir: "FÁJAME MÁS, MALDITA SEA", puedes decir: "En el sexo, me encanta sentir que me deseas. ¿Sabes cuándo siento mucho eso? Cuando fajamos por mucho tiempo. ¿Y si lo hacemos más?" En vez de hablar de una práctica en específico, comunica el sentimiento o la sensación que obtienes de la práctica. Esto no sólo te ayudará a plantearte la necesaria pregunta: "¿Por qué me gusta lo que me gusta?", sino que además le comunicarás a tu pareja lo que te gusta sentir y cómo cuidar eso. Incluso puede tener una ventaja: si tu pareja sabe escuchar y es creativa, las nuevas ideas y prácticas que proponga pueden girar alrededor de esa sensación, cuidándote y procurando tu placer desde un inicio.

Refuerzo positivo. Los seres humanos somos como perritos: no tenemos idea de qué está ocurriendo la mayoría del tiempo, pero nos gusta creer que todo saldrá bien. Dicho esto, también es cierto que nos podemos educar con lo que el conductismo llamó "reforzamiento positivo": le das una galleta a tu perro cada vez que se sienta cuando le dices "sentado", le dices a tu pareja "wow, me encanta que me hagas eso, me encantas tú" cada vez que hace algo sexual que te guste. De esa manera, refuerzas una conducta que quieres que se repita. ¿Este punto es en realidad un caballo de Troya para que pruebes el *pet play*? La verdad no, pero podría serlo si crees en ti.

Habla y escucha. En la temporada 2 de la serie *Sex Education* hay una escena hermosa: una chica ahoga a su novio con una almohada cada vez que tiene un orgasmo. Lo hermoso, claramente, no está ahí, sino en la resolución del conflicto: resulta que la chica tiene miedo de dejarle de gustar a su novio porque ella considera que hace caras muy raras durante el orgasmo. Por eso lo tapa con la almohada. Cuando ella verbaliza ese miedo y es escuchada por su novio, encuentran una solución: tener sexo con una cinta adhesiva que deforma ligeramente los rostros de ambos para conocerse en su vulnerabilidad y perder el miedo. Y cogen rico, supongo. Y yo lloro cuando me acuerdo, como hecho comprobado y verificable.

Muchas veces, nuestra forma de coger está profundamente ligada a nuestras concepciones de lo que es el sexo, el romance, el placer, la intimidad. Por lo tanto, nuestra forma de coger también está profundamente ligada a nuestros más densos miedos referentes al sexo, al romance, al placer, a la intimidad. Tomar en cuenta que las conversaciones sobre sexo nos vulneran no sólo a nosotros sino también a nuestras parejas (y que, a veces, la mejor solución es acercarse poquito al miedo desde una perspectiva juguetona y amorosa) es un buen punto para procurar que todo salga bien.

Jugar. Esto quizá sea lo más difícil y más abstracto, pero es un punto para tener en cuenta: el sexo es un juego. Lo digo en serio: hay jugadores, hay reglas, hay objetivos, hay un escenario donde se desarrolla. Y como en todo juego, también debe haber exploración. Parte de lo que nos vulnera en el sexo es entenderlo como una actividad solemne, rígida, formal. La solemnidad no acepta errores. En cambio, si hacemos del sexo una práctica lúdica, si nos atrevemos a reír, a preguntar, a pausar, a revisar las reglas y acuerdos, a proponer nuevas variaciones y, sobre todo, a divertirnos (¿te has preguntado si para ti el sexo es divertido? Si no, quizá valdría la pena replantearte tu concepción del mismo), estas conversaciones podrían ser mucho menos difíciles porque deja de haber tanta paja mental en juego y el sexo comienza a tratarse de sólo una cosa: el placer compartido.

PARTE 4

Cuidados sexuales

El sexo se trata no sólo de la experiencia sino de los cuidados alrededor de ella: el consentimiento, las medidas de prevención de transmisión de infecciones, las alteraciones físicas y psicológicas que podrían alterar nuestro rendimiento, las expectativas que tenemos, etcétera. Puesto que el sexo es un espacio donde nos vulneramos de formas muy particulares, hay que acercarnos con mucha ternura y paciencia.

Esta parte habla sobre cuidados para el placer.

39 ¿Se puede dar educación sexual sin hablar de placer?

I

Me gusta iniciar mis conferencias sobre salud sexual con una pregunta: "¿Por qué la gente tiene sexo?"

II

Van unos datos: en el mundo hay 1.7 millones de casos de infección de VIH cada año (ONUSIDA, 2019); en ese mismo periodo habrá 357 millones de nuevos casos de clamidia, gonorrea, sífilis y tricomoniasis (OMS, 2015); una de cada cuatro niñas y uno de cada seis niños son víctimas de violación antes de llegar a la mayoría de edad; México ocupa el primer lugar en embarazo adolescente entre los países que conforman la OCDE; la Estrategia Nacional para la Prevención del Embarazo en Adolescentes dice: "23% de las y los adolescentes inician su vida sexual entre los 12 y los 19 años. De éstos, 15% de los hombres y 33% de las mujeres no utilizaron ningún método anticonceptivo en su primera relación sexual. Es así que de acuerdo con estos datos, aproximadamente ocurren al año 340 mil nacimientos en mujeres menores de 19 años".

Es claro: la educación sexual que recibimos no es la educación sexual que necesitamos.

III

Para iniciar su presentación en el congreso de la Asociación Mundial para la Salud Sexual (WAS) de 2019, Anne Philpott, consejera del Departamento de Desarrollo Internacional del Reino Unido, habló de un juguete sexual increíble y prácticamente desconocido para parejas heterosexuales. Podía utilizarse antes de la relación sexual o durante la penetración, estaba compuesto por dos anillos de látex conectados por un "túnel" del mismo material y su modo de uso era placentero: un anillo se colocaba dentro de la vagina y podía dar placer al pene durante una penetración profunda, mientras que el otro estimulaba la parte externa del clítoris. Además, tenía una ventaja única: era el único juguete sexual del mundo que prevenía infecciones de transmisión sexual y embarazos no deseados.

Todo el auditorio estaba impresionado. Yo, al menos, nunca había escuchado nada igual. Philpott tomó una pequeña cajita y anunció que nos iba a mostrar el juguete. La sala entera permanecía en silencio. Con cuidado, abrió la caja y nos mostró el misterioso instrumento.

Era un condón femenino.

IV

—¿Por qué la gente tiene sexo?

—Para reproducirse.

—¿La mayoría de las veces en que una persona tenga sexo será para reproducirse?

—No.

—Entonces ¿por qué la gente tiene sexo?

—Por necesidad.

👁 13

—¿Si una persona no tiene sexo se muere?

—No.

—Entonces ¿por qué la gente tiene sexo?

—Por amor.

—¿La mayoría de las veces en que una persona tenga sexo será por amor?

—No.

—Entonces ¿por qué la gente tiene sexo?

Silencio.

V

"Niñas, no tengan sexo porque se van a embarazar y morir", dice el coach de la película *Mean Girls*. Ésa es la educación sexual que recibimos, sostenida en dos miedos: el miedo a la enfermedad (y su consecuencia más grave: la muerte) y el miedo al embarazo no deseado. Ambos son entendibles; sin embargo, presentarlos de esa manera oculta el hecho de que funcionan como máscaras más aceptables para ocultar el miedo a la libertad y el placer.

El miedo a la enfermedad "sexual" es un miedo a la promiscuidad. ¿Qué es la promiscuidad? Según Dan Savage, reconocido educador sexual estadunidense, promiscua es "cualquier persona que la pase mejor que tú". Es decir, el miedo a la enfermedad, muchas veces, es un miedo moral. No es que no afecten a los 👁 47 cuerpos: lo hacen. Pero resulta que las infecciones y las enfermedades son hechos biológicos que, en la mayoría de las ocasiones, pueden ser prevenidos o tratados, pero como seres sociales que 👁 51 somos, las cargamos de significado. El significado que la cultura les ha otorgado ha sido el de la letra escarlata, lo cual lleva al pánico. El pánico provoca una pedagogía del horror que, a su vez, crea parálisis: no me voy a hacer pruebas porque tengo miedo de confirmar que tomé una mala decisión; no le voy a decir a nadie que vivo con una infección porque qué tal que me juzgan, exponen o dejan; no voy a tomar el tratamiento porque qué tal que me

hace daño y la gente se entera. Lo que paraliza no es la enfermedad o el temor ante ella, sino la culpa moral. Y en ese momento
es cuando la enfermedad, de hecho, puede llevar a la muerte.

El miedo al embarazo no deseado en realidad es una máscara del miedo a la libertad sexual de las mujeres (al menos hacia
mujeres cis que tienen sexo con hombres cis, porque la consecuencia del sexo entre mujeres cis ya sabemos que suele ser un
montón de orgasmos y quizá muchas mudanzas). El embarazo
no deseado, en realidad, podría no ser un gran problema si existiera en todo el mundo aborto seguro, legal y gratuito; pero ya
sabemos que a la gente antiderechos le encanta crear problemas
y no ofrecer soluciones. Por eso el gran pilar de la educación sexual moralizante y sostenida en miedo es la abstinencia, que sólo
se permite romper en caso de que ya estés casada, en un matrimonio heterosexual y con intención de procrear, es decir, si no
tienes ninguna intención de abortar.

Hace años trabajé en una escuela supuestamente progresista
en la que alguna vez ocuparon el tiempo de mi clase para impartir al alumnado una conferencia sobre sexualidad por parte de la
Secretaría de Salud de la Ciudad de México. Dividieron al salón
por género (no fuera a ser, por ejemplo, que los hombres escu-
charan de la malvada menstruación y se informaran al respecto,
EL HORROR) y la charla estaba centrada en la prevención de infecciones de transmisión sexual.

En algún momento, el médico ponente dijo: "Si tienen sexo
les va a dar sida y se van a morir en pocos años, aunque tomen
medicamento". La cita es exacta y real. Indignado, lo interrumpí
y le dije que eso no era cierto, que la transmisión del virus podía prevenirse y que la expectativa de vida para una persona con
VIH que toma antirretrovirales y cuida su salud de forma adecuada podía ser de hasta más de 70 años. Un profesor, coordinador
de una de las áreas académicas, se me acercó y me dijo: "Tienes

razón, pero déjalo hablar, a los muchachos no les viene mal una asustadita".

Entiendo la lógica, pero ¿cuáles son los resultados?

De entrada, según la Unesco, "se ha demostrado que los programas que promueven únicamente la abstinencia no tienen ningún efecto en el retraso de la iniciación sexual ni en la reducción de la frecuencia de las relaciones sexuales o el número de parejas sexuales". Darles "una asustadita" también ha demostrado tener los efectos contrarios a los esperados, porque no ha servido en lo absoluto para promover prácticas seguras. La educación sexual fundada en el miedo y la promoción de la abstinencia es inútil. Rechazar este hecho es suscribir una ideología falsa, dañina y sostenida en moralismos más que en datos.

Además, educar con miedo hace que les adolescentes (que luego serán personas adultas) se expongan a sufrir violencia. Por poner un ejemplo: un metaanálisis de 28 estudios de mujeres que tuvieron relaciones no consensuadas descubrió que 60 por ciento de ellas no reconocieron que habían sido violadas. Esto es, en parte, debido al estigma que supone sufrir una violación y al miedo que supone revelar que ha tenido interacción sexual: ¿cómo es que una adolescente que sufrió abuso sexual le va a contar a sus padres/profesores/autoridades que fue violada, si ellos se encargaron de que le tuviera miedo a hablar del tema?

La educación sexual basada en el miedo y en la abstinencia es un oxímoron. No puede haber educación sexual que se centre en la falta de sexo o en el miedo al sexo. Entonces, ¿qué es lo que falta? ¿Cuál es el elefante blanco que no estamos mirando?

VI

Antes de Anne Philpott, nunca había escuchado a nadie hablar del condón femenino de la manera en que ella lo hizo. (En realidad, deberíamos llamar a este objeto "condón interno" como término más descriptivo, además de que su uso no es exclusivo para mujeres.) Hasta ese momento yo lo conocía como un aburrido y complicado método de barrera un tanto más conveniente que el condón masculino (que en realidad deberíamos llamar "condón externo") por ser más efectivo para prevenir el VPH o por poder colocarse horas antes del coito, pero hasta ahí. Sin embargo, después de su presentación, la forma en que lo miraba cambió. Me interesó. Comencé a pensar en las posibilidades de usarlo con mi pareja, me interesó saber si yo sentiría algo distinto o si ella lo encontraría placentero. Philpott le había dado al clavo de cómo presentar efectivamente un método anticonceptivo al transformarlo de uno aparentemente aburrido y fastidioso en, literalmente, un juguete sexual.

No había hablado de miedo.

No había hablado de embarazo no deseado.

No había hablado de enfermedad.

No había hablado de muerte.

Había hablado de placer.

VII

Que hablar de placer sea la mejor manera para impartir educación sexual no es nada nuevo, pero no sucede muy a menudo. Philpott, por ejemplo, fundó en 2004 "The Pleasure Project", una organización basada en educar desde el placer. Un estudio de 2001 ya argumentaba que hablar de placer era la mejor manera de hacer educación sexual porque atrae más atención, se recuerda más fácilmente y genera menos discusiones que otras maneras de hacerlo. Está demostrado que hablar de placer promueve mejores actitudes hacia la salud sexual, la comunicación de pareja, uso de condón y prácticas sexuales seguras.

Hablar de placer significa centrarse en una cosa: el sexo debe sentirse bien. El placer es la principal razón por la que tenemos sexo. Y si partimos de eso, podemos abarcarlo todo: prevención de abuso sexual (porque el sexo sólo es rico si es consensuado, de lo contrario es abuso); prevención de ITS y de embarazo no deseado (porque nada hace tan rico el sexo como no tener miedo); responsabilidad (porque el sexo es una práctica que requiere cuidados para sentirse bien): prácticas seguras (porque hay decenas de formas de tener actividad sexual sin exponerte a consecuencias no deseadas); o simplemente ¡el placer por el placer!

Hablar de placer también significa prevenir el abuso sexual. Si sabemos identificar que el sexo debería sentirse bien, podemos reconocer cuando se sienta *mal*. Si erotizamos el consentimiento, podemos normalizar el pedir permiso para interactuar con el cuerpo de otra persona y evitar violentarla. Esto es tan simple que hasta parecería obvio, pero en realidad no lo es: muchas personas que sufrieron abuso sexual son incapaces de reconocerlo porque no tienen idea de cómo debería sentirse el placer sexual, un orgasmo, la seguridad de compartir tu cuerpo con otra persona, la comunicación asertiva, la intimidad emocional. Sonaría increíble, sobre todo considerando que, en varias ocasiones, el cuerpo resiente el malestar —un estudio sueco reportó que de 298 mujeres que fueron violadas 70% experimentó inmovilidad tónica significativa y 48% inmovilidad tónica extrema— pero ¿cómo vamos a reconocerlo si no sabemos que el sexo no debería sentirse como una experiencia traumática sino que debería ser placentero?

Hablar de placer es hablar de salud.

Hablar de placer es hablar de consentimiento.

Hablar de placer es hablar de cuidado.

Hablar de placer es hablar de vida.

VIII

—¿Por qué la gente tiene sexo? —pregunto otra vez y se me otorgan varias respuestas, entre la duda, la confesión y la risa, hasta que alguna persona lo dice:

—Porque se siente bien.

Asiento.

Sonrío.

Y entonces sí, con ese acuerdo común, inicio la conferencia.

40 ¿Puede ser sexy el consentimiento?

Hace años, durante un viaje, tuve una cita con A, una mujer que me encantaba. Nos seguíamos en Twitter y hablábamos de vez en cuando, pero nunca nos habíamos visto en persona. Eso no fue impedimento para que yo quisiera agarrarla a besos desde incluso antes de conocerla, pues la consideraba brillante, divertidísima y guapísima. Comprensiblemente, estaba muy nervioso antes de verla. ¿Pasaría algo? ¿Le gustaría? ¿Nos estábamos viendo como amigos, como ligue de una noche, como un tour tipo "estás de viaje en la ciudad donde vivo y te voy a llevar a pasear", como todo al mismo tiempo? No lo sabía y la ansiedad me estaba matando.

Cuando nos vimos, el clic fue instantáneo. Desde que nos saludamos no paramos de platicar en toda la noche. Ni de reírnos, coquetearnos, tocarnos la mano, la pierna, o el brazo suavemente, sintiéndonos apenas con la punta de nuestros dedos, aprovechando toda la sensibilidad de los vellitos en la piel para decirnos: "Aquí estoy, mírame". Pero con todo y eso, nada más pasaba. Y eso me traía vuelto loco. Toda la noche estuve pensando: ¿cómo le hago para besarla? ¿Debería de sólo darle el beso? ¿Y si mejor sólo me acerco un poco y veo si ella se acerca un poco más? ¿O qué tal si…?

"César, te quiero besar", me dijo de repente, interrumpiendo mi tren de pensamiento. Yo no lo podía creer. Con una sola frase, me dejó la mente en blanco. Y nos besamos. Vaya que nos besamos.

Nos besamos como adolescentes escondidos en un cine, sólo que
estábamos en un bar con mesitas en la calle de la ciudad que nos
hospedaba. Nos besamos en el bar, en la banqueta, en la vía pública mientras esperábamos el auto que la regresaría a su casa.

Pocas interacciones humanas son tan misteriosas como el ligue.
En parte tiene que ver con que, en cada paso del juego de la seducción, hay una apuesta en la que vertemos nuestras más profundas angustias existenciales: "¿Me va a querer o no? ¿Se va a
quedar o se va a ir? ¿Soy una persona digna de amar o no?" Esto
vuelve al mero acto de no saber si vas a besar a tu crush o no un
momento clave: estás arriesgando la parte de ti que se presume
como deseable a la opinión de alguien más. Y eso es brutal.

👁 39   Encima de eso, tenemos nuestra deficiente educación sexual.
Si de por sí ligar ya es complicado, la forma patriarcal en que entendemos las relaciones humanas vuelve la interacción romántica y sexual una bola de contradicciones que no hacen más que
confundirnos más: si eres hombre tienes que ser audaz, no tanto
como para que sea violento, pero tampoco tan poco como para
que seas un pusilánime. Si eres mujer tienes que ser prudente, no
tanto como para que seas una mojigata, pero tampoco tan poco
como para que seas una "zorra". Como en todo, los procesos de
ligue reflejan los roles de género patriarcales que equiparan a los
hombres con la dominación y a las mujeres con la sumisión.

Como resultado, la natural angustia existencial por el rechazo sumada a este juego patriarcal de cazador-cazada nos deja
completamente incapaces de operar ante cuestiones que podrían
ser tan simples como invitar a salir a alguien, tomarle de la mano
o darle un beso. *I dread the thought of our very first kiss / A target
that I'm probably gonna miss*, dice esa canción de Blink 182, titula-
da, justamente, "First Date".

Como no sabemos y los referentes inmediatos no ayudan mucho, recurrimos a la educación alternativa. Por ejemplo, los infames "artistas de ligue" que venden cursos, libros y videos para enseñar a hombres a ligar. Algunos de ellos acumulan decenas de miles de seguidores en redes sociales, la mayoría hombres cis heterosexuales (aunque, sorprendentemente, no todos). Los consejos de estos supuestos casanovas suelen estar repletos de lugares comunes: "ignórala primero", "insúltala y luego hazle un cumplido", "inventa una historia en la que quedes como un macho alfa". El objetivo de estos recursos es uno: evitar a toda costa el rechazo. Para eso, todas las estrategias de seducción están basadas en utilizar diversas técnicas comunicativas para manipular a la mujer para que acceda a tener sexo. Si hay manipulación, hay control. Y si hay control (una cosa muy patriarcal), reduces el riesgo del rechazo (la angustia existencial). La fórmula aparentemente perfecta.

En efecto, es perfecta sólo en apariencia. Lo cierto es que esas fórmulas no funcionan. Quizás alguna persona incauta pueda "caer", pero ¿cuál es el beneficio? ¿Por qué querrías poner nerviosa a una persona con quien, en teoría, quieres iniciar una relación amorosa o tener un momento de intimidad física y placer? Finalmente, uno liga porque aspira a conseguir una conexión con otra persona, ya sea sexual, romántica, humana, espiritual o el nombre que se le quiera dar. Cuando ligas con alguien con base en crearte una máscara que aparente autoconfianza y cinismo, ¿qué clase de placer puedes obtener ahí? La validación existencial que estás buscando se va a quedar insatisfecha de todas formas. Ligar con una persona a base de manipulaciones es ponerle una vara muy baja a la seducción.

Los consejos de ligue que suelen recibir las mujeres no necesariamente son mejores. De entrada, se invisibiliza su deseo: las mujeres nunca tienen que actuar explícitamente cuando alguien les guste, sino esperar a que la otra persona actúe. Ellas sólo esperan pasivamente a que alguien las note, como en ese arcaico ritual de algunos pueblos en los Altos de Jalisco en el que las mujeres se ponían a caminar alrededor de una fuente los domingos para que los hombres las observaran, eligieran y, eventualmente, cortejaran. Cuando sólo hay espera, guardas tu sexualidad como un tesoro (una cosa muy patriarcal) y reduces el riesgo de rechazo (la angustia existencial).

Por lo tanto, a muchas mujeres se les suele enseñar tres cosas respecto al ligue: la primera, "llamar la atención", esto es, hacer comentarios, tomar poses, vestirse de ciertas formas para que las noten. La segunda, esperar los avances del hombre y no actuar sobre sus deseos a menos que éstos sean lo más limpios, virginales y puros posibles, ¡y además, en matrimonio! Y la tercera, que el ligue es peligroso, porque un hombre siempre podría pasarse de la raya, siempre podría frustrarse si se esforzó por ligar y no resultó, siempre podría manipularte para tener sexo con él. Y si eso llegara a suceder, no sólo se culpa a la mujer, sino que se afirma que, quizá, secretamente lo deseaba, porque "el hombre llega hasta donde la mujer quiere". Y esa educación es terrible y cuna de muchísimas violencias.

Con todos sus matices y diferencias, creo que el punto que tienen en común estas dos formas de educar para el ligue es el siguiente: en ninguna aprendemos a erotizar el consentimiento. De hecho, aprendemos lo contrario. El consentimiento pasa a ser invisible, algo que se da por hecho, que no se negocia, que no se especifica y que no se siente.

¿Qué terminamos erotizando, entonces? El perverso ritual de cazador-cazada: la dominación y la sumisión. "Los besos no se piden, se roban", nos dicen. Un hombre que pide un beso es un cobarde, se piensa en el imaginario colectivo: es alguien incapaz de sostener la tensión del deseo y actuar con audacia, como un *verdadero hombre*. Una mujer que pide un beso es una atrevida, una persona que se sale del lugar que le toca por ser presa de sus impulsos más oscuros y pervertidos.

Pero esto es completamente falso. Yo lo aprendí con A. Cuando me preguntó si me podía dar un beso, yo me alivié profundamente: ya no tenía que esforzarme en ser deseado, porque ya sabía que me deseaba. No lo podía creer. ¡Mi crush me deseaba también! ¡Todo este tiempo que había pasado agobiándome por este momento había sido a lo tonto! Y al contrario de lo que pensaba, la pregunta sólo acrecentó ese deseo: los poquísimos segundos que pasaron antes de que nuestros labios se juntaran pude sentir las ganas que nos traíamos como la fuerza de un imán, como esos instantes en una montaña rusa en que experimentas la caída libre y sabes que todo va a estar bien, que vas a sobrevivir, que puedes aventarte al vacío porque vas a estar sano y salvo antes de tocar fondo.

Y ese beso fue uno de los más memorables de mi vida.

Por todos lados, su pregunta fue contraria a todo lo que nos suelen enseñar de cómo debe ser el ligue. Que si los hombres deben dar el primer paso. Que si las mujeres deben esperar pacientemente al avance del hombre. Que si los besos no se piden, sino se roban. Que si preguntar mata el momento. Quesiquesiquesi.

Al momento de besarnos, nada de eso importó, porque el deseo estaba ahí: vivo, habitándonos, enunciado, consciente de lo que era y del permiso que tenía para bailar entre nuestros cuerpos. Y así, la angustia existencial desapareció, y las dinámicas patriarcales pudieron, al menos por un momento, hacerse a un ladito, y nos permitieron darnos unos besos que se sintieron deseados, placenteros y libres.

Y esa noche, sin necesidad de clases, ni textos, ni tweets, ni cursos, sino sólo con una plática divertida y sincera, una pregunta y uno de los besos más memorables de mi vida, aprendí ese secreto que ningún "artista de ligue" te va a revelar jamás, porque todos ellos lo desconocen: el consentimiento es lo más sexy que existe.

41 ¿Cómo puedo saber si mi pareja está disfrutando el sexo?

La forma más fácil es: pregúntale. Sin embargo, cuando tienes genitales en la boca (o dentro de cualquier otra cavidad de tu cuerpo, vaya), de repente puede ser un poco difícil o impráctico articular el lenguaje verbal. Claro, hay situaciones sexuales en las cuales el habla es absolutamente necesaria, como al acordar y activar las *palabras seguras* para cumplir algunos juegos de rol. Sin embargo, también es cierto que no a muchas personas les va a gustar que les pregunten cien veces: "Estás dIsfRuTanDO ESTO?!?!!??!" con un tono lleno de nervios justo antes de tener un orgasmo.

A veces, cuando la palabra no alcanza, se recurre al lenguaje del cuerpo. El cuerpo habla. Y como habla, también miente. Y como miente, no es plenamente confiable. Algunas personas son más hábiles y perspicaces al interpretar señales no verbales, mientras que otras de plano ni se darán cuenta. Además, no todas las personas van a expresar su gusto o disgusto con su cuerpo de la misma manera: así como hay quienes platican más o menos, hay quienes mostrarán con su cuerpo mucho entusiasmo o negativa, del mismo modo en que hay quienes apenas moverán su cuerpo. Lo de siempre en la comunicación humana, pues: todes nos comunicamos, pero todes lo hacemos *un poquito* distinto, lo suficiente para generar errores de interpretación nimios o catastróficos.

Sin embargo, eso no significa que el lenguaje no verbal no pueda ser una herramienta útil para distinguir cuando alguien está disfrutando del sexo o cuando de plano no, al punto de que su observación puede hacer la diferencia entre una situación desagradable (incluso violenta) y una placentera. A veces, uno se da cuenta de lo que le gusta a su pareja al escuchar sus gemidos, mirar sus sonrisas y sentir las contracciones de sus músculos, y ese descubrimiento produce los orgasmos más explosivos. A veces, ignorar (sea por descuido o por deliberada omisión) que tu pareja está tiesa o llorando puede traducirse en una situación de violencia sexual. El cuerpo importa.

Ninguna señal no verbal del cuerpo es definitoria y todas deben leerse dentro del contexto y en conjunto con el lenguaje verbal. Dicho esto, ¿cuáles son las señales no verbales de que una persona está disfrutando?

- Iniciar la actividad sexual
- Mostrar un cuerpo activo y relajado
- Acercar el cuerpo al de la otra persona
- Tocar de manera activa
- Decir "sí" con la cabeza
- Reírse, sonreír
- Gemir o hacer ruidos que indiquen placer
- Lenguaje corporal abierto y ligero
- Mantener contacto visual

En suma, se trata de buscar las señales que enviaría el cuerpo de una persona que está gozando lo que hace. Un cuerpo dispuesto, alegre, motivado, cercano; uno que demuestra que tienes ganas de tocar y ser tocado, que se mueve con ligereza, que evidencia poca o nula tensión. Un cuerpo que disfruta.

¿Cuáles son, por el contrario, posibles banderas rojas?

- Evitar contacto visual
- No iniciar ningún tocamiento
- Empujar con el cuerpo
- Tener el cuerpo tieso
- Mirada triste
- Llanto
- Ausencia de contacto visual
- Falta de ruidos o gemidos
- Mantenerse sin movimiento
- Voz temblorosa
- Falta de entusiasmo al decir "sí"
- Mirada fija en un solo punto, como si se intentara escapar de la situación

De nuevo, se trata de buscar las indicaciones no verbales de que una persona no está disfrutando lo que hace. Estas señales no significan necesariamente falta de consentimiento, pero sí significan que vale la pena pausar y preguntar si todo está bien, si se está disfrutando, si hay comodidad, si se puede hacer mejor o si hay que detenerse.

(Hay una mención especial que quiero hacer: estoy sorprendido y abrumado por la cantidad de amigas [sobre todo] que me han contado historias donde se pusieron a llorar en el sexo y la pareja con la que estaban [hombres, en su mayoría] no lo notó, no le importó, no preguntó nada o no se frenó. Aunque el llanto y el sexo merecen un texto aparte, no quiero dejar de pasar la oportunidad de decir: si tu pareja llora durante el sexo, detente en ese momento y pregúntale si está bien.)

42 ¿Por qué se me baja la erección cuando me pongo un condón?

Quizá te ha pasado. Primero estás fajando y todo bien. Una mano por aquí, otra por allá, una prenda volando, otra arrojada al piso, y así sucesivamente hasta que llega la hora de la *verdad*: la penetración. Todas las decisiones en tu vida te llevaron a este punto y lo sabes bien. Comienza a sonar "Lose Yourself" de Eminem en tu cabeza: *you only get one shot, do not miss your chance to blow*, pero la verdad es que andas más *mom's spaghetti* que otra cosa. Sin embargo, sigues. Sacas un condón, abres su envoltura y para cuando procedes a ponértelo descubres el horror: tu erección decidió volverse nihilista y negarse a sí misma.

Entonces llega la vergüenza, la confusión, la mirada hacia el abismo que te mira de regreso incómodamente, como queriendo no prestar atención a que estás desnudo y con el pene flácido. Cuando los hombres perdemos nuestra erección casi siempre lo vivimos como una experiencia humillante. La razón de esto es la de siempre: el machismo y la rancia creencia de que nuestros penes son el máximo símbolo de nuestra virilidad y que, por lo tanto, tendríamos que ser capaces de tener erecciones fuertes como adamantio. Cuando esto no sucede solemos sentir una frustración desmedida.

Concentrarnos en nuestra frustración no sirve de nada, porque no estamos yendo a la raíz de todo: las emociones. Si nuestro cuerpo es capaz de mantener una erección durante todo el tiempo previo a la penetración y la pierde justo antes del coito, no es porque la erección sea el problema, sino porque *la penetración* lo es.

¿Por qué no perdemos la erección durante el faje pero sí antes de la penetración? El faje es frenesí sin compromiso. Quizá sea una de las experiencias sexuales menos estresantes que hay: es fácil estar presente *en el presente* cuando tu pene no está involucrado. En el faje no hay expectativas, sólo la experiencia de gozar con otro cuerpo y que otro cuerpo goce del propio. *You better lose yourself in the moment* del faje.

Pero cuando involucramos al pene, sobre todo antes de la penetración, la cosa cambia. El momento del condón es el momento de la pausa, del silencio. Y no hay mejor auditorio para nuestros miedos que ése. Existe un término científico para lo que sentimos cuando nos ponemos nerviosos antes de tener sexo: *ansiedad por desempeño.* Por eso muchas veces el momento de ponernos el condón es cuando entran todas las expectativas y angustias machistas: "¿Pensará que es demasiado pequeño o demasiado grande o demasiado raro? ¿Le gustará tener sexo conmigo? ¿Y se burla? ¿Y si no le gusta? Pero es que *en serio* deseo coger con esta persona. Hoy. Nada. Debe. Salir. Mal. ¿O quizá no quiero coger y sólo me estoy engañando a mí mismo? ¿Puedo confiar en mis sentimientos? ¿Qué diría Hegel? No, espera, ¿en serio le voy a pedir consejo sexual a Hegel? En una de esas extraño a mi ex. ¿Extraño a mi ex? No, no extraño a mi ex. Pero podría enamorarme hoy. Oh, no, ¿ésta es una de esas cogidas casuales en las que me enamoro? ¿Soy una de esas personas? ¿O qué tal que el enamorado no soy yo? ¿Y si le rompo el corazón? ¿Y si me rompe el corazón? ESTO ES DEMASIADO".

Tiene sentido que tu erección decida entrar en una fase adolescente y decir: "Basta, me voy a mi cuarto a leer a Nietzsche", ¿no?

En otras palabras, la falta de erección cuando nos vamos a poner el condón puede ser un síntoma de algo más. Así como cuando sentimos dolor en el estómago no deberíamos correr a eliminarlo sino preguntarnos por su origen para definir un tratamiento, antes de frustrarnos con nuestro pene deberíamos preguntarnos qué está provocando esa reacción. A veces la falta de erección significa que nuestro cuerpo nos grita que algo está mal con la situación para prevenirnos de hacer algo que nos podría traer consecuencias negativas o culpa después (por ejemplo, cuando nos estamos sintiendo presionados a tener sexo pero no sabemos o no queremos reconocerlo). A veces es una expresión de nuestros miedos internos: a enamorarnos, a la humillación, a que nos rompan el corazón, a revivir una situación traumática, a hacer daño. Las posibilidades pueden ser varias.

El chiste es preguntarse: ¿qué está imposibilitando mi erección en este momento? Esto nos da la oportunidad de aprender de aquello que nuestro cuerpo sabe (o cuando menos, intuye) pero nosotros no. Es una ventana para el autoconocimiento. Así podemos llegar a descubrir y atender inseguridades, prevenir situaciones problemáticas, evitar situaciones retraumatizantes (por ejemplo: intentar forzar nuestra erección demasiadas veces después de un evento demasiado doloroso y lograr como único resultado todavía más frustración y coraje), entre otras cosas.

(Y no, que pierdas la erección al momento de ponerte un condón no es excusa para insistirle a tu pareja para que no lo usen. Tu ansiedad no es justificación para poner en riesgo a nadie. Ninguna cogida del mundo vale arriesgar tu salud o la de otra persona.)

Además, siempre puedes aprovechar ese momento de pausa y reflexión para descansar y ofrecerle un vasito de awita a tu pareja o sexo oral, como un Caballero de los de Antes™. O también podrías seguirle besando, o descansar y ver algo en la tele, o fajar un rato más, o hablar de lo que sientes, o masturbarse mutuamente, o leerle un pasaje de la *Fenomenología del espíritu* (Caballero de los de Antes™) o lo que sea. El chiste es idear cosas para relajarnos y quitarle su ominoso peso al entendimiento machista de la penetración. Así aprendes algo de ti mismo y de paso te ahorras un incómodo: *PERO ES QUE TE JURO QUE ES LA PRIMERA VEZ QUE ME PASA.*

Así que si sientes que tus manos están *sweaty*, tus rodillas *weak* y tus brazos *heavy*, y ya perdiste la erección *already*: respira. Tranquilízate. Escucha a tu pene. Y a tu corazón también. Y a las venas que conectan a tu corazón con tu pene. Ahí, en la escucha de tu propio organismo, está el secreto para entender por qué no funciona como queremos y por qué a veces eso no es tan malo. Escucha bien, porque tu cuerpo te está diciendo algo que necesitas conocer, y ahí sí: *this opportunity comes once in a lifetime, yo.*

43 ¿Por qué no me puedo venir?

Tuve sexo por primera vez a los 16 años. En aquel entonces, muchas de las personas a mi alrededor también comenzaban sus primeras exploraciones del cuerpo propio y los ajenos, en ese festín de nuevas sensaciones y experiencias que, para algunas personas, es la adolescencia. Cuando tu grupo de amistades comienza a coger, el sexo aparece no sólo como un nuevo tema de conversación sino como una nueva forma de evaluar el mundo. ¿Quién es *virgen* y quién no? ¿Quién tiene un fetiche raro? ¿Quién llora después de venirse? ¿Quién tiene sexo en los autos, en las fiestas, en las escuelas, en los parques, en los viajes, en los moteles, en las camas de sus padres?

De todas las preguntas que surgieron en la época, una de ellas me atormentaba: ¿quién se venía rápido? Las amigas de mi novia que también comenzaban a tener sexo se burlaban frecuentemente de los hombres con los que se encontraban y que tenían problemas para mantener una erección o controlar su eyaculación. Ahora pienso: bueno, si te andas burlando de él y metiéndole esa presión tiene mucho sentido que no se le haya parado o que se haya venido rápido. Ya lo sé: no hay motivo de burla en esas dos experiencias, porque la erección y la eyaculación son procesos fisiológicos complejos que nada tienen que ver con la supuesta "masculinidad" de una persona. Todos estábamos aprendiendo, todos teníamos ansiedad, todos estábamos intentando demostrar algo, aferrándonos a las precarias nociones de lo que es la sexualidad con las que habíamos crecido. Pero en ese momento pensé: *por ningún motivo quiero ser como ellos.* A los 16 años yo ya de por sí era un adolescente un tanto raro, tímido, flacucho, medio nerd. Además de todo esto, no estaba dispuesto a también ser parte de la botana del grupo de amigas de mi novia. No le iba a hacer eso a ella y no me iba a hacer eso a mí.

Así que hice lo posible por nunca venirme rápido. No sólo eso: hice lo posible por *nunca venirme*. "Eyaculación retardada", se le conoce. Fue como si apagara un *switch* dentro de mí, como si mágicamente hubiera bloqueado mis conductos deferentes para evitar a toda costa que el semen saliera de mi cuerpo. Súmenle un miedo brutal a un embarazo no deseado y, bum, mágicamente está la receta para la anorgasmia. Quizás haya habido algunas excepciones a esto que no recuerde, pero si no me falla la memoria, empecé a tener sexo a los 16 años y mi primer orgasmo lo tuve hasta los 21 (cogiendo, claro, masturbándome ha sido otra cosa). Pero frente a otra persona, durante cinco años no me permití *terminar*. Un lustro sin orgasmos sin duda es suficiente para dejar una marca, un estilo, una *forma* de coger y de entender el sexo y mi identidad.

👁 46

No venirme era una forma de reafirmar mi masculinidad. *Mira, aguanto más que tu exnovio mamado. Puedo coger más horas que tu crush el mirrey. Te voy a dar más orgasmos que el vato con el que tengo miedo que me engañes. ¡Y además no me voy a venir rápido, es más, ni siquiera lo haré para que tú no tengas que preocuparte por eso, no quiero incomodarte y que me dejes!* Desde muy temprano tuve conciencia de que el orgasmo de mis parejas era algo que importaba y que no muchas tenían, y eso es algo que agradezco. Sin embargo, en algún punto esa conciencia sirvió como justificación para otro proceso: la minimización de mi deseo. Mi orgasmo pasó ya no a un segundo plano, sino a una dimensión inexistente: mi placer, en general, no importaba. No sólo eso, sino que la posibilidad de pedirlo era una amenaza al vínculo: mejor incómodo que solo. Mi satisfacción venía de tener sexo, *ser elegido* y demostrarme capaz de meterla por horas sin queja y provocar tantos orgasmos como pudiera de esta manera (algo que ya sabemos que no iba a suceder).

Un día, no recuerdo exactamente cuándo, pero un día y en alguna conversación, escuché un nuevo tipo de burla: *¿Qué pedo con los hombres que tienen sexo por horas y no terminan? Una ya quiere irse a dormir, ya le duele el cuerpo, ya se aburrió y tiene que acabar fingiendo que ya se vino tres veces para que el vato deje de coger. Qué hueva.*

¿Q-qué hueva yo? Al parecer. Pero ¿qué no llevaba AÑOS esforzándome justo por lo contrario? ¿Qué no precisamente en *ese detalle* residía mi poder sexual? ¿Los orgasmos que mis parejas me narraron que tenían fueron falsos? ¿Cuántas veces fueron fingidos? ¿Acaso fui un mal amante? ¿Por qué no me dijeron nada? O quizá sí lo disfrutaron... pero ¿quizá no? ¿Qué hacía ahora, cómo corregía el rumbo? ¿Qué clase de hombre estaba siendo?

Pienso que si muchos hombres no sabemos ser buenos amantes no es por alevosía, sino por falta de perspectiva: la imposición de probar la masculinidad a través de distintos actos, entre ellos los sexuales, es tan fuerte que uno no puede sino agarrarse de las nociones clásicas de lo que debería ser "un hombre de verdad". Cuando, además, no la estás armando en muchas de las otras cosas atribuidas a la masculinidad (habilidad en los deportes, fuerza física, toma de riesgos, ligues), encontrar un espacio donde sí puedas hacerlo se vuelve una cosa que se siente *de vida o muerte*: si fallas en esto, fallas en todo.

La cosa es: aun así vas a fallar, porque el estándar es imposible y eso no necesariamente es culpa tuya. Y sí, suscribir a ese relato —como yo lo hice por tantos años— puede ser funcional para aliviar un poco la angustia —sólo un poco y sólo por un tiempo— y, quizá, convencer a algunas personas de que lo estás haciendo bien. Pero no hay mucho más que eso. En mi caso, veo en retrospectiva la marca que quedó de mis primeros cinco años de "vida sexual activa" y pienso en lo mucho que me hubiera gustado saber otra cosa, entender que no estaba fallando en nada y que el sexo no era un territorio para probar eso que no estaba logrando probar en otro lugar. Estoy seguro de una cosa: de haberlo sabido, lo habría disfrutado mucho más.

Quiero creer que con el tiempo he aprendido algunas cosas, entre ellas, a darle lugar y valor a mi deseo al mismo tiempo que se lo doy al de la otra persona. La marca quedó ahí y son lecciones que me tengo que recordar cada tanto:

Menos hacer, más sentir.

Menos suponer, más preguntar.

Menos demostrar, más disfrutar.

44 ¿Cómo afectan los antidepresivos al deseo?

Como ya es tradición, vengo con una confesión: antes de tomar antidepresivos tuve miedo por lo que le harían a mi deseo y respuesta sexual.

Ésa no es la confesión-*confesión*, pero necesito partir de ahí para llegar a ella. Vayamos al inicio-*inicio*: en septiembre de 2020, después de un par de meses transitando una crisis depresiva y ansiosa derivada de la pandemia, decidí iniciar un tratamiento farmacológico. Mi psiquiatra me sugirió tomar escitalopram, un medicamento que pertenece al grupo de los inhibidores selectivos de la recaptación de serotonina (ISRS). La duración estimada del tratamiento sería de ocho meses a un año. Diez miligramos diarios, una dosis baja.

Acepté de buena gana. Tomar antidepresivos, como cualquier tratamiento médico prolongado, supone efectos secundarios *posibles* (es decir, que podrían o no aparecer), lo cual conlleva un ajuste para el cuerpo y sus hábitos: gasto mensual extra, limitar el consumo de sustancias psicoactivas (como el alcohol o los alucinógenos), reacciones físicas menores en las primeras semanas (en mi caso: cinco días de insomnio, sudoración en las manos y sensación de "vacío" en el estómago bastante manejables), entre otros. Sé que estos ajustes suelen ser mínimos, transitorios y no permanentes, por lo que no me preocupaban demasiado. Sin embargo, había una dimensión de mi vida de la que me aterraba la idea de que sufriera cualquier alteración: mi sexualidad.

¿Cuál es el efecto de los antidepresivos sobre la respuesta sexual? Es difícil de precisar. A veces se manifiesta como baja de deseo, a veces como dificultad en la excitación (lubricación o erección), a veces como retraso en el orgasmo. Algunas personas presentarán estas reacciones algunas semanas en lo que el cuerpo se adapta al medicamento, mientras que otras lo harán durante todo el tratamiento. Algunas no tendrán alteraciones en lo absoluto e incluso algunas otras reportarán que, de hecho, su deseo subió o que su respuesta sexual fue mejor.

👁 43

¿Cómo se explica esta variabilidad de reacciones? Bueno, imagínense a un vato a punto de coger. Ahora imaginen que el vato en cuestión no es nada más ni nada menos que el simultáneamente reconocido e infravalorado actor Steve Buscemi. ¿Por qué él? Porque es una injusticia que no haya recibido más papeles dignos de un Oscar, así que le daremos uno aquí. Steve Buscemi empieza a coger y... eyacula en unos segundos. Así le pasa de un tiempo para acá. Su pareja, con una mezcla de preocupación y frustración (provocada principalmente por la industria cinematográfica pero proyectada sobre él), le pide que vaya a tratamiento y así lo hace. Se le sugiere tomar paroxetina, un ISRS que ha demostrado una alta efectividad al momento de tratar la eyaculación precoz. En un par de semanas, Steve Buscemi nota que comienza a durar un poco más. Su pareja se emociona: después de un tiempo en que el sexo se había reducido en frecuencia por *el problema*, por fin pueden volver a agarrar ritmo. Y entonces, apenas unos días después, oh fortuna: el pene ya no se levanta. Y no sólo eso, de repente él ya no tiene antojo. Y el público sigue sin reconocerlo como el genio que es. Regresaron al punto del inicio.

Otro ejemplo. Ahora imagínense a una morra. La morra en cuestión es nada más y nada menos que la internacionalmente

reconocida actriz, directora, escritora y productora Phoebe Waller-Bridge. Phoebe lleva meses deprimida por el peso de ser el
humano más brillante que habita este planeta y, entendiblemen-
te, tiene el deseo bajo. No sólo el sexual, vaya, *cualquier deseo*,
cualquier posibilidad de disfrutar su cuerpo o la vida palidece
ante la inminente nube depresiva que la acecha todo el tiempo:
se respira mal en la cima del éxito. Phoebe comienza a tomar
antidepresivos. Poco a poco se siente mejor. De repente, otra vez,
tiene ganas de salir. De repente, otra vez, tiene ganas de hablar.
De repente, "Fleabag, temporada 3": se inauguran mil años de
paz. Y, sobre todo, de repente, otra vez, siente ganas de coger.
Y sí, quizá no lubrica tanto como antes de la depresión (no pasa
nada porque siempre lleva lubricante consigo, así de brillante es)
y probablemente tarda más en venirse. Pero eso es secundario.
Lo importante es que ya lo desea y lo disfruta.

Estos ejemplos descabellados sirven para ilustrar un punto:
aunque los antidepresivos actúan en mecanismos neurológicos
👁 1 involucrados con la respuesta sexual, el deseo, la excitación y el
orgasmo tienen un componente psicológico muy fuerte que *posiblemente* también deba considerarse.

Steve Buscemi consiguió que el medicamento aumentara el
tiempo que podía pasar cogiendo sin venirse, pero ¿de qué le sirve
si la razón de su eyaculación precoz venía de la presión que sentía
por parte de su pareja para tener sexo y, de algún modo, terminar
rápido le ayudaba a disminuir esa presión? Phoebe Waller-Bridge
redujo su lubricación y facilidad para tener orgasmos, pero ¿qué
tanto importa eso frente al hecho de que por fin, después de tanto tiempo, volvió a sentir ganas de vivir y disfrutar, y eso se tra-
dujo en recuperar algo de su deseo sexual?

Vayamos ahora a una tercera historia: un sexólogo que tiene
miedo a tomar antidepresivos porque en algún lado de su mente
está enterrada la idea de que, si no está caliente y no responde en

todo momento a los mandatos de la hipersexualidad masculina y las expectativas de su propia profesión, su pareja lo va a abandonar. Así que retrasa algunas semanas hablar del tema con su psiquiatra para ver si logra encontrar otra solución.

El sexólogo se avergüenza de haber considerado seriamente la posibilidad de no tomar antidepresivos por el miedo a sus efectos secundarios. Le avergüenza, sobre todo, porque se supone que él no debería tener esos miedos, se supone que él es mejor que esto. Le avergüenza que sí retrasó la decisión y que eso pudo haber tenido consecuencias. Le avergüenza confesar que sintió vergüenza.

Cuando pensamos en tratamientos médicos de cualquier tipo, solemos considerar los efectos secundarios como eso, *secundarios,* una cosa relativamente sin importancia que hay que afrontar con la frente en alto (y sin quejitas, eh) en lo que el proceso nos cura de eso que sí tiene importancia real: la enfermedad, disfunción, trastorno. Y pocos efectos son tan secundarios cómo los que irrumpen en la sexualidad. "¿Por qué te andas preocupando de algo *tan pinche superfluo* como el sexo cuando tienes depresión? ¡¿O acaso además de deprimido eres TONTO?!", me decía una voz en mi cabeza de vez en cuando.

A pesar de todas las veces que me he demostrado a mí mismo lo contrario, sigo creyendo que tonto, tonto, lo que se dice *tonto,* no soy. Mi miedo tenía sentido: finalmente, estaba intentando proteger una dimensión importante de mí. Y no sólo eso: en mi caso particular había un miedo al abandono asociado a la posibilidad de perder el deseo. ¿Qué le va a importar a mi *yo* temeroso, que de por sí ya andaba angustiado por la depresión, que este tratamiento le fuera a ayudar si el posible costo era tan alto?

¿Qué hay también del alarmismo con el que solemos ver todavía a los antidepresivos? Vaya, con todo y la información que tengo (¡y hasta la profesión a la que me dedico!) no soy ajeno a los estigmas sociales que existen alrededor de la depresión y su tratamiento (y en una de ésas, ¡hasta por la propia profesión a la que me dedico!). Desde luego, no iba a tomar mi decisión con base en eso, pero el miedo al estigma está ahí.

¿Y qué hay también-*también* del mínimo lugar que le hemos dado al placer sexual en la concepción de nuestra salud? No es raro que la alteración de la función sexual suela considerarse un tema menor: no tener orgasmos rara vez suele ser el motivo que llevará a tu médico o médica a explorar otras alternativas de tratamiento, pero es algo que sí puede llegar a impactar negativamente otras áreas de nuestra vida (por todos los motivos que les vengan a la mente), lo cual se traduce peligrosamente en gente que abandona su tratamiento antidepresivo debido a estas alteraciones.

En su impresionante libro *Love Drugs*, el filósofo Brian David Earp escribe: "Éste es un punto ciego en la medicina occidental: la tendencia a ignorar los efectos interpersonales de las intervenciones farmacológicas. Los tratamientos anticonceptivos hormonales son un ejemplo clave de esto; los antidepresivos y los medicamentos contra la ansiedad, también. Debería ser un escándalo que no sepamos más de los efectos (buenos y malos) de estas drogas en nuestras relaciones románticas debido al enfoque exclusivo de los estudios clínicos en los individuos y sus síntomas privados". No considerar el impacto de la sexualidad en la calidad de vida de la gente puede llegar a tener consecuencias muy graves que van más allá de lo relacional; por ejemplo, medicar por "trastorno del deseo sexual hipoactivo" a una persona asexual, algo que no sólo afecta gravemente su calidad de vida sino que, además, es equiparable a una terapia de conversión.

👁 14

¿Qué se hace frente a este *impasse?* Parafraseando a mi psiquiatra: "Sí, es *posible* que los antidepresivos alteren tu respuesta sexual, *pero todavía no lo sabemos. ¿Qué sí sabemos hoy?* Sabemos que la depresión está afectando tu vida y, por lo tanto, tu sexualidad. Sabemos que los antidepresivos podrían ayudarte a sentirte mejor. Sabemos que los efectos de los ISRS en la respuesta sexual suelen ser mínimos, transitorios y no permanentes. Sabemos que también pueden llegar a ser molestos y, si llegase a ser el caso, podemos hablarlo para buscar alternativas u otras opciones. Sin embargo, *no sabemos de qué forma se van a presentar o si lo harán en lo absoluto.* Y hasta que no lo hagas, no lo vas a saber, pero todo ese tiempo, sí seguirás teniendo una certeza: *que estás deprimido y que eso está afectando tu vida*".

En ese momento salí del consultorio y compré el escitalopram mientras lágrimas de orgullo descendían por mis mejillas y banderas de todas las naciones ondeaban detrás de mí con música de intro de *anime* en el fondo. En algún lugar del mundo, simultáneamente, Steve Buscemi recibía su primer Oscar de la mano de Phoebe Waller-Bridge. Todo era hermoso y nada dolía.

Al momento de escribir la primera versión de este texto, llevaba ocho meses tomando diez miligramos diarios de escitalopram. Al editarlo para este libro, llevo más de un año sin tomarlo. En retrospectiva, puedo ver varias cosas. ¿Mi deseo bajó? Sí. Los primeros dos meses perdí interés en tener sexo o masturbarme (no es que no lo hiciera, solamente no tenía tantas ganas) y luego recuperé algo del antojo, aunque siguió bajo. A menos que estuviera MUY excitado, me era un poco fácil perder la erección, aunque curiosamente no me provocaba angustia. No me abandonaron y, por lo contrario, mi relación se fortaleció. Mis orgasmos se mantuvieron iguales en términos de intensidad, aunque sí noté que me costaba un poco más de trabajo acceder a ellos. Al día de hoy, todos esos efectos ya no están presentes. Regresé a mi "normalidad".

Y también: salí de la crisis depresiva. El sexo que comencé a tener a partir del tratamiento y el que tengo ahora es muchísimo mejor del que tenía cuando ni siquiera podía concentrarme en nada por la tristeza con la que cargaba. La decisión fue correcta.

La catástrofe no sucedió y definitivamente no habría sido buena idea no tomar antidepresivos por el miedo, pero vaya, eso no quita que la angustia haya sido legítima. Por eso escribí este texto. Es legítimo que te preocupe cualquier tratamiento médico que altere cualquier aspecto de tu respuesta sexual. Es legítimo sentir angustia respecto a las consecuencias que eso podría tener. Es legítimo pedir toda la información que necesites para tomar una decisión consciente. Y es legítimo pedirle al profesional de la salud que te atienda que le otorgue al placer la importancia que de por sí ya tenga en tu vida. Si bien no siempre se podrán hacer alteraciones en el tratamiento que reduzcan o eliminen los efectos secundarios en la sexualidad, el mero hecho de *reconocer* que importa puede hacer toda la diferencia, como se ha demostrado ya.

En mi caso, al menos, así lo hizo.

Y en el tuyo, quizás, así podría ser.

45 ¿Qué puedo hacer si un medicamento afecta mi libido?

Los fármacos nos ofrecen una posibilidad rara vez mencionada: observar el funcionamiento de nuestro cuerpo y mente en distintas circunstancias. ¿Qué puede ser el placer cuando tu cuerpo no responde de la forma usual? ¿Quién eres cuando sientes menos deseo que de costumbre? ¿Qué puedes aprovechar de esta experiencia?

Piénsalo como un videojuego. Digamos que tienes ataque rápido, ataque fuerte y ataque a distancia. De repente cambian las reglas: ya no puedes usar el ataque rápido. ¿Significa que ya no hay nada que hacer? ¡No! Significa que ahora debes concentrarte en combinar los otros dos tipos de ataque que sí tienes para ganar, por ejemplo, atacando a distancia y rematando con un golpe fuerte. Se trata de adaptarse al contexto y seguir jugando.

Y en una de ésas sólo descubres que no hay nada que descubrir y que sólo quieres jugar hasta que las circunstancias cambien. ¡Y se vale! Es posible que al observar las alteraciones a tu deseo te des cuenta de que no se trata tanto de *agregar* como de *quitar* o *modificar* ciertas cosas en el contexto para poder disfrutar mejor tu sexualidad. En cualquier caso, sólo puedes llegar a un aprendizaje si te observas con atención.

Si presentas dificultad para llegar al orgasmo, probablemente signifique que vas a necesitar de más estimulación para terminar. Algunas cosas que podrían funcionar:

- Planear sesiones más largas donde te des el tiempo necesario para terminar.
- Explorar prácticas sexuales que no necesariamente te van a llevar al orgasmo pero pueden dar mucho placer.
- Aplica la vieja confiable: mastúrbate de formas que usualmente te lleven al orgasmo sin demasiado esfuerzo.
- De plano, dejar de buscarlo. ¿Para qué desgastarte tanto tiempo en algo que puede que no llegue por una cuestión orgánica? Mejor ponerle atención a lo que sientes ahora y no a lo que *quisieras* sentir y que en una de ésas no puedes o será demasiado esfuerzo. Hay más para el placer que el orgasmo.

👁 28

Si presentas disminución en el deseo sexual es probable que ya no te prendas tan fácilmente, aunque eso rara vez significa que ya no te vayas a poder prender. Quizá sólo sea cuestión de cambiar la fórmula.

Hay dos tipos de deseo sexual: espontáneo y responsivo. El deseo sexual espontáneo es ese *antojo* que se siente de la nada o casi de la nada, digamos, es ese que hace que de repente digas un miércoles a las cuatro de la tarde: "Wow, estoy horny". Es el deseo que existe *antes* de la estimulación. El deseo sexual responsivo, en cambio, es ese antojo que se siente *después* de la estimulación. Como cuando andas viendo la tele y te da comezón en la entrepierna y te rascas y se siente rico y una cosa lleva a la otra, o como cuando andas en la cama con tu pareja y de repente se dan un beso y ese beso no acaba y se va a haciendo más intenso y esa cosa lleva a que se hagan cosas en sus cosas.

Las alteraciones del deseo sexual suelen ser más notables en el deseo espontáneo, pero ¿qué tal que es posible hacer algo con el responsivo? Puede que sea difícil prenderse espontáneamente, pero el deseo podría surgir luego de cierta estimulación. Quizá sea momento para más besos, más faje, más sexting, más caricias, más tiempo. Piénsalo como el calentamiento antes de hacer ejercicio: la forma de *activar* tu cuerpo para ponerse en disposición de hacer algo que puede que no tengas mucho *antojo* pero que *quieres* hacer. Subrayado en el *quieres*: si vas a aplicar ésta, que sea porque lo hiciste con total consentimiento.

👁 11

Si de plano no hay manera, tampoco es una terrible noticia. ¿A qué le puedes dedicar el tiempo y energía que le dedicabas a estar horny? ¿Qué otras maneras tienes de conectar con tu(s) pareja(s) o contigo? ¿Qué es tu sexualidad cuando el deseo está temporalmente dormido?

Si presentas dificultad en la excitación (erección o lubricación) significa que es buen momento para explorar prácticas sexuales no penetrativas. Sexting, tomarse fotos o videos, hablar de tus fantasías sexuales, estimular otras partes del cuerpo, estudiar a Hannah Arendt o, no sé, lo que a ti, o a ustedes, les guste. Que no haya erección o lubricación no significa que los nervios que sienten el placer sexual están dormidos, por lo que igual pueden seguirse estimulando, incluso si tu cuerpo no reacciona de la manera en que esperarías. Y bueno, siempre puedes usar lubricante o juguetes sexuales.

👁 35|10
29

👁 31

Háblalo con tu doctora. Si de plano la alteración en tu respuesta sexual es muy desagradable, se vale preguntar a tu doctora si existe alguna posibilidad de cambiar de medicamento o disminuir su dosis.

¿Y si resulta que tu doc no pone atención a tu malestar y cree que es algo poco importante? Siempre puedes revisar una segunda opción.

Háblalo con tu pareja. Una gran parte de las veces, el principal problema con las alteraciones en el deseo es que nos negamos a aceptarlas y comunicarlas, lo que nos lleva a forzar unas ganas que nomás no están ahí. Como consecuencia de eso, es posible que terminemos recurriendo a estrategias que, a la larga, sólo generan desgaste: fingir orgasmos, aparentar que nos duele la cabeza para no tener sexo, hacerlo sin ganas, etcétera.

¿Es posible hablar con tu pareja de las alteraciones en el deseo por los medicamentos? ¿Cómo te sientes con esa posibilidad? Si te preocupa o te da miedo hablarlo, ¿qué dice eso de la relación en la que estás actualmente? ¿Qué te gustaría pedirle a tu pareja?

Que existan alteraciones en el deseo no significa el fin de la sexualidad en pareja. Voy a poner un ejemplo personal, porque creo que así es más fácil ilustrarlo. Mi pareja y yo comenzamos a tomar antidepresivos y, como era de esperar, al inicio hubo una alteración en nuestro nivel de deseo: de repente ya no teníamos tantas ganas de coger. Sin embargo, el sexo es una parte muy importante de nuestras vidas, así que decidimos darnos un espacio donde sólo nos besaríamos y tocaríamos, no con intención sexual pero sí con intención *erótica*, es decir, sentir rico. El resultado fue una de las experiencias de mayor conexión que hemos tenido: nos encontramos en el miedo común que nos daba el reconocer un cuerpo vulnerable y alterado y en la posibilidad de conciliar que, aunque nuestro *antojo* estaba temporalmente afectado, la conexión que sentimos a través de lo sexual seguía tan viva como siempre.

Disfruta de lo que puede ser la vida y la relación sin eso y aprende. El tiempo que estuve tomando antidepresivos se alteró mi deseo sexual, sí, pero también se alteró otra cosa más urgente para el momento: mi crisis depresiva. El tratamiento me quitó algo de mis ganas de coger, pero también me quitó las ganas de pasar todo el día en cama sintiéndome mal por no tener la energía para levantarme, lo cual facilitó que, con el paso del tiempo, volviera a sentir la energía necesaria para antojarme nuevamente. Lo considero un intercambio alquímico equivalente.

O no hagas nada. También se vale no hacer nada, pues. Igual y ya hay mucho en tu vida como para además querer estarle dedicando energía a tu sexualidad alterada temporalmente por un fármaco. O quizá todavía no es momento y ya te darán ganas de explorarlo en unos meses. Eso está bien. Todas estas opciones las escribo para quien quiera tomarlas, pero decir: "Bueh, la verdad es que no me importa tanto y voy a dejar que esto pase" tampoco es tan mala opción en ocasiones. El chiste es que vivas tu sexualidad con la mayor comodidad y satisfacción posibles.

46 ¿Tengo una disfunción sexual?

Una de las dudas más comunes en torno a la sexualidad se refiere a las disfunciones sexuales. ¿Qué son? ¿Qué significa tener una? ¿Tienen "cura"? ¿Cuál es su tratamiento? Así que decidí elaborar un pequeño glosario para explicarlas.

Primero, cuatro aclaraciones:

1) Uso el término *disfunciones sexuales* porque es el utilizado desde el paradigma médico para una clasificación estandarizada de estas condiciones. Sin embargo, hay múltiples debates fuera y dentro de la comunidad sexológica respecto a qué implica una disfunción, desde dónde se caracteriza así, etcétera. No tocaré esos debates, pero me parece importante nombrar que existen, para quien le interese buscarlos.

2) Subdivido el glosario según la genitalidad: las disfunciones sexuales que pueden ocurrir en cualquier persona, las propias de personas con vulva y las propias de personas con pene. Esto obedece al mismo motivo que el punto uno, así como para facilitar su comprensión.

3) Uso una mezcla de terminología científica y lenguaje más coloquial para hacer menos oscuros y más accesibles los términos utilizados. La presentación está basada en el DSM-V de la American Psychological Association, el CIE-10 de la

OMS, los manuales terapéuticos de Helen Singer Kaplan y el modelo de respuesta sexual humana de Masters & Johnson.
4) Ésta no es una guía de diagnóstico. Si requieres uno, acude con un especialista.

DISFUNCIONES SEXUALES GENERALES

Trastorno del deseo sexual hipoactivo (trastorno de interés/excitación sexual). Se caracteriza por una disminución en el deseo o interés en lo sexual. Es decir: antes te ponías caliente y estaba bien, ahora ya no tanto, y no está bien (para ti). A veces aparece como consecuencia de un trastorno depresivo, ansiedad generalizada.... Otras, es el resultado de alguna situación estresante de la vida: pérdida de trabajo, problemas de pareja, muerte de alguna persona cercana, *burnout*. Otras más puede ser provocado por ciertos tratamientos, como los antidepresivos (disfunción sexual inducida por sustancias/medicamentos). Es importante mencionar que para que se considere un trastorno debe tener varias características, por ejemplo, ser *egodistónico*. ¿Qué significa esto? Que represente un problema para la persona que lo vive y afecte su calidad de vida. También es *específico*: existen razones identificables por las cuales sucede, así como periodos de vida prolongados y consistentes donde el deseo ha estado más presente. El activismo asexual ha señalado que, en muchas ocasiones, se diagnostica con deseo sexual hipoactivo a personas asexuales, ⊚ 14 para quienes no representa un problema, lo cual se puede traducir en tratamientos que equivalen a terapias de conversión.

Trastorno del deseo sexual hiperactivo. Se caracteriza por un aumento intenso e incontrolable en el deseo o interés en lo sexual, al punto de que la satisfacción nunca llegue y se realicen comportamientos impulsivos y peligrosos. Es lo que a veces se llama "adicción al sexo". Como en el caso anterior, para considerarse problemático es necesario que la persona lo perciba de esa manera y que sea compulsivo. También se tienen que estudiar comorbilidades y otras causas que pudieran explicar la conducta (hay un gran debate en la academia sobre qué constituye en general una compulsión, por ejemplo). Es decir: no tienes un trastorno nomás porque seas muy caliente y tu pareja no te satisfaga o porque se te antoje tener sexo con más de una persona.

Anorgasmia. Es la incapacidad de tener un orgasmo. ¿Nunca has tenido uno? Eso se conoce como *anorgasmia primaria.* ¿Los has tenido pero a partir de un tiempo para acá, ya no? *Anorgasmia secundaria.* ¿Es algo que te sucede en *general* (tanto en masturbación como en relaciones sexuales) o es, más bien, *situacional* (*sólo en relaciones sexuales*)? Existen varias clasificaciones, y éstas pueden ayudar a distinguir cuándo podría ser una cuestión orgánica (algún problema nervioso, por ejemplo), psicológica (como la ansiedad) o relacional (tu pareja nomás no le sabe o no han logrado comunicarse).

Preorgasmia. Se refiere a la experiencia de quedarse *a punto* de tener un orgasmo. O sea: sientes que te vas a venir, pero justo antes de hacerlo, la excitación baja súbitamente o desaparece. A veces hay una sensación asociada de "miedo al descontrol". Su origen casi siempre es psicológico y muchas veces está asociada a la educación traumática que muchas mujeres reciben sobre la sexualidad.

Aversión al sexo. Se refiere a sentir desagrado físico y mental al sexo, una reacción de asco, miedo, culpa o malestar. De nuevo, es importante aquí la experiencia subjetiva, sentir: "Siento *esto* por el sexo, pero quisiera no sentirme así, y percibo que está afectando negativamente mi calidad de vida porque en mí existe un deseo genuino, y no motivado por la presión de nadie, de poder experimentarlo".

Fantasías sexuales intrusivas. Son las fantasías que aparecen de forma obsesiva y provocan malestar en quien las experimenta porque no puede deshacerse de ellas y, usualmente, están cargadas de culpa. Hay varios motivos por los que pueden aparecer y es importante el trabajo con una persona especializada para poder distinguirlos. En una gran cantidad de casos, el trabajo terapéutico muchas veces va dirigido a observar la fantasía desde una perspectiva neutral para observar por qué genera culpa, si satisface alguna necesidad, si es posible experimentarla como fantasía o como práctica de una forma sana, si está asociada a algún otro malestar (por ejemplo, trastorno obsesivo compulsivo o un trauma), etcétera. Éste, evidentemente, es un tema muy complejo que excede los alcances de este texto, pero no quería dejar de mencionarlo.

Excitación no concordante. Esto NO es una disfunción, pero en ocasiones es el mecanismo detrás de algunas de ellas, como la hipolubricación. El capítulo 11 de este libro lo explora con profundidad.

Dispareunia. Se refiere al dolor durante el sexo. Puede tener causas psicológicas, físicas o ambas.

DISFUNCIONES SEXUALES PROPIAS DE PERSONAS CON VULVA

Hipolubricación. Ausencia de lubricación o dificultad para lubricar durante la excitación sexual. Es decir: puede que en tu mente estés excitada, pero tu cuerpo no responde. Las causas pueden ser fisiológicas, psicológicas o ambas. Ahora, ¿qué tanto es tantito? Bueno, no es tan fácil de determinar, pero una forma es observar si no estás lubricando lo suficiente como para tener penetración o contacto sin dolor. También es importante mencionar que para que se considere un problema tiene que ser recurrente. ¿Por qué es importante esto? Porque hay personas que lubricarán más que otras de manera "natural", y eso está bien, del mismo modo en que habrá días en que podrías experimentar hipolubricación porque estabas cansada, no muy excitada, por algún medicamento que consumiste, por estrés, etcétera. En cierta forma, es el equivalente a la disfunción eréctil. ¡Y recuerda que existe el lubricante para apoyarte esos días!

Vaginismo. Se caracteriza por una contracción involuntaria de los músculos de la vagina que impide cualquier tipo de penetración (por penes, dedos, juguetes, tampones, copa menstrual, etcétera). Sus causas pueden ser psicológicas, fisiológicas o ambas. Es una de las disfunciones sexuales con mejor prognosis (¡*concepto técnico*!, o sea: con mejor proyección de que se resuelvan positivamente) y suele involucrar una dimensión psicológica y una física, con ciertos ejercicios.

Vulvodinia. Se refiere al dolor en la vulva que no es producido por un problema médico y que dura tres meses o más. Puede afectar una zona específica de la vulva o un área más generalizada, incluso toda. El dolor puede manifestarse como quemazón, ardor, hipersensibilidad, hinchazón, palpitaciones, etcétera. En algunos casos el dolor puede llegar a ser incapacitante. No sabemos todavía qué provoca la vulvodinia y existe aún mucha estigmatización e ignorancia al respecto, aunque cada vez se investigan más opciones de tratamiento.

👁 22

DISFUNCIONES SEXUALES PROPIAS DE PERSONAS CON PENE

Eyaculación precoz. Es cuando te vienes *demasiado* rápido. ¿Qué tanto es tantito? Bueno, es difícil de definir. El DSM-V lo piensa

👁 17

como "aproximadamente en el minuto siguiente a la penetración vaginal y antes de lo que desee el individuo" (si estás preguntándote sobre por qué se es tan específico en lo de "penetración vaginal", el DSM-V dice, sobre las prácticas no vaginales, que "no se han establecido criterios específicos de duración"). Dicho esto, creo que el factor más importante no es tanto el tiempo sino que suceda *antes de que lo desees* y que además sea *persistente*, es decir, que no sea algo ocasional (no hay nada malo con venirte rápido de vez en vez, a todos nos pasa), sino una situación recurrente e incontrolable.

Eyaculación retardada. Es lo contrario a la eyaculación precoz y se refiere a cuando nomás no te vienes por más que intentes. Es el "tardar mucho", como en "tardé tanto que ya más bien me frustré y me aburrí y pedimos unos tacos". Igual que en la eyaculación precoz, es importante que genere malestar, que sea persistente e incontrolable para clasificarla como tal.

👁 43

Disfunción eréctil. Cuando no se te para, básicamente. Hay varias razones por las que puede suceder esto: cansancio, estrés, consumo de algunas sustancias (medicamentos, drogas recreativas), *ansiedad por desempeño*, etcétera. Ooootra vez: si sucede de vez en cuando, no pasa nada; si es recurrente, genera mucho malestar y es incontrolable, ahí podría haber algo detrás. El equivalente en una persona con vulva sería la hipolubricación.

👁 42

Éstos son algunos de los conceptos más comunes utilizados en la clasificación de las disfunciones sexuales. Si te reconoces en alguno, es importante que acudas con un especialista para poder realizar un diagnóstico preciso y elegir un tratamiento que te pueda ayudar. Mereces una vida sexual alegre, satisfactoria, tranquila, consensuada y placentera.

47 ¿Cómo puedo dejar de sentir pánico ante las infecciones de transmisión sexual?

A finales de 2019 apareció un nuevo virus en la Tierra que circula por los aerosoles de nuestra respiración y es capaz de matar masivamente. Si tu cuerpo se expone a él es probable que se enferme o no, y la preocupación es que te mate. Tenemos algunos indicadores que sugieren distintos tipos de desenlace: edad, peso, presencia de enfermedades autoinmunes, entre otros factores conocidos como "comorbilidades", así como el hecho de que el individuo haya o no recibido una de las vacunas desarrolladas hasta ahora. El virus se esparció por el mundo entero en cuestión de pocos meses y para reducir su transmisión se han recomendado varias medidas, particularmente tres: distanciamiento social, uso de cubrebocas y vacunación.

Éste es un relato simple que puede servir perfectamente para narrar la pandemia de covid-19. Sin embargo, existen otros relatos similares. Para algunas personas, la pandemia es otra cosa: digamos, un castigo divino que llegó a la Tierra como consecuencia de la perversión humana. Para otras es un invento del gobierno (chino, ruso, estadunidense, reptiliano, vaya, hay para todas las preferencias) que tiene como objetivo controlar nuestras mentes e instalarnos microchips. Para otras más, es una expresión de la naturaleza, harta de la presencia de seres humanos, un mecanismo de defensa ante su destrucción (a inicios de la pandemia, cuando por segundos nuestros *feeds* de redes sociales fueron invadidos por videos de animalitos, ésta fue una muy hermosa y, sin embargo, falsa narrativa dominante, otra cuestión de metáforas: los animalitos no *invaden* los espacios urbanos de los que fueron desplazados en nuestro afán exterminador de convertir todo pedazo de tierra en concreto, en todo caso, los invasores siempre hemos sido nosotros).

El punto es que a la enfermedad y sus derivados siempre los estamos llenando de metáforas. En la práctica, el cubrebocas es un trozo de tela que previene que el covid y otras enfermedades se esparzan. En la metáfora, su uso puede ser tanto un símbolo de cuidado comunitario como uno de control y renuncia a la libertad. En la práctica, la vacuna es una sustancia que ha demostrado ser poco peligrosa y muy efectiva para salvar vidas. En la metáfora, puede ser una expresión de la ciencia occidental colonizante, o quizás una sustancia maldita, o quizás un milagro.

No es que la metáfora como recurso para entender las infecciones y enfermedades sea necesariamente "mala". En cierto sentido, es natural y hasta necesaria. La enfermedad representa el encuentro contra uno de los mayores desconocidos: el cuerpo propio, esa cosa que lo mismo es parte y totalidad de lo que somos. El cuerpo es un hogar no sólo para nuestra conciencia, sino para múltiples microorganismos que lo habitan en cantidades masivas (me veo tentado a escribir "astronómicas", adjetivo que me parece ridículo cuando pensamos que hay más culos que estrellas y más bacterias que culos). La enfermedad, entonces, implora un paradigma que genere metáforas que aspiren a cerrar la brecha entre *eso que sucede* y *eso que percibimos*: castigos divinos, desequilibrio de humores, duelos no resueltos, *vibrar bajo*, vaya, lo que sea que nos ayude a sentir que tenemos aunque sea el control de la narrativa de lo que nos sucede.

Cuando uno dice que "está limpio" de influenza, usualmente se refiere a que no existe presencia o manifestación del virus en

su organismo y ya. La "limpieza", en este caso, metaforiza algo
así como limpiar un departamento: había algo sucio, tomé ciertas decisiones, pasó el tiempo, ya no está ahí. Y ya. Nadie voltea a
ver su cuerpo con asco, culpa o tristeza luego de tener influenza.
Nadie anuncia que se enfermó de ella alguna vez en su primera
cita, ni se va a dormir con vergüenza mientras tiene síntomas,
ni demanda a la persona que le transmitió el virus. Nadie escribe larguísimos hilos en Twitter explicando cómo la vacuna de la
influenza es un intento de Soros o Gates por controlarnos. Por
cierto, en 2017 se calculó que la influenza mata alrededor de medio millón de personas por año.

Nota todas las enfermedades se metaforizan igual: cuando una
persona se realiza una prueba para saber si vive con una infección de transmisión sexual (ITS), obtiene un resultado negativo y
dice *estoy limpia*, no es la misma experiencia que la de la influenza. El alivio que se siente es otro, casi de orden *moral*, como si
dentro de esa frase existiera un "no voy a sufrir este castigo" o
como si hubieran levantado una condena de muerte.

Los microorganismos que causan las ITS no ensucian, sino que
provocan síntomas: llagas, verrugas, excreciones, tumores (y en
ocasiones, no llegan a eso y las infecciones son asintomáticas).
No todos los síntomas son iguales, y algunos son más iguales que
otros: la llaga en el labio que causa el virus del herpes simple tipo 1
no se ve como una suciedad, sino como una *heridita*, un inconve-
niente para abrir mucho la boca y nada más; la llaga en los genitales que causa el virus del herpes simple tipo 2 se percibe como
suciedad, estigma, castigo, condena de muerte.

Con el herpes sucede algo curioso: *no es tan grave como creemos*. Hasta 1970, el herpes no era considerado gran cosa: alrededor de un veinte por ciento de la población vive con el virus y
usualmente su mayor problema son llagas dolorosas que aparecen y desaparecen ocasionalmente. Sus expresiones más graves

usualmente llegan en dos situaciones: en su forma neonatal y cuando la persona tiene un sistema inmune comprometido. Para ambos casos existen tratamientos y también, en ambos casos, si se llega a dar el peor desenlace, no se puede culpar enteramente al herpes sino a todas las condiciones que estuvieron presentes para que una enfermedad que no suele ser grave haya avanzado a un estado crítico.

Pero luego la cosa cambió. Una campaña de miedo y desinformación impulsada, en parte, por la revista *Time*, giró completamente la narrativa respecto al virus y el herpes dejó de ser una enfermedad común para convertirse en una letra escarlata. De repente no importaba que una quinta parte de la población viviera con herpes y que su transmisión fuera increíblemente sencilla, lo que importaba es que si tenías herpes significaba que *habías tenido sexo fuera del matrimonio*. "Lo que pasa en Las Vegas se queda en las Vegas, excepto el herpes", dicen en la película *The Hangover*, haciendo eco a la percepción que se suele tener de la infección; todo vicio ofrece redención, excepto cuando tienes la mala fortuna de que deje una marca: en la llaga están el pecado y la condena.

Este tratamiento mediático ha sido común para casi todas las infecciones de transmisión sexual. La clamidia, la candidiasis o la gonorrea no suelen ser graves, son curables y su tratamiento es relativamente sencillo y de corta duración. Sin embargo, sigue provocando vergüenza decir en voz alta que se ha vivido con alguna de ellas. La pandemia del virus de inmunodeficiencia humana (VIH) avanzó sin control por la homofobia a la que se le ha asociado desde sus orígenes: la idea de que era una "enfermedad de homosexuales" se convirtió en política pública (o más bien, en pretexto para la ausencia de política pública) y provocó la muerte de millones. Una justificación común de madres y padres que no vacunan a sus hijas contra el virus del papiloma humano (VPH) es creer que, si lo hacen, van a incentivar que tengan sexo después y, por lo tanto, a infectarse (la realidad: 8 de cada 10 personas que hayan tenido sexo vivirán con vph en algún momento de sus vidas; se trata menos de "si se infectan" y más de "cuando se infecten"). La promoción de la abstinencia sexual sigue siendo parte de los programas de educación sexual de varias escuelas en todo el mundo, a pesar de que se ha demostrado que es absolutamente inefectiva.

El vih y el vph pueden provocar enfermedades que deriven en la muerte, pero estos desenlaces pueden ser frenados la gran mayoría de los casos con el adecuado tratamiento y seguimiento. Hagamos énfasis en esto: existe la tecnología para que estas infecciones no sean condenas mortales, y si lo siguen siendo en México es por el contexto de un país cuyos gobernantes han tomado decisiones que derivan en desabasto de medicamento y vacunas, falta de educación sexual, poco acceso a servicios de salud y estigma moral, entre otras cosas.

Las its no son castigos por tener sexo; son *parte* del sexo, del mismo modo en que salir a la calle y agarrar una gripe no es culpa de nadie, sino simplemente parte del hecho de estar vivo en un lugar donde circula un virus. Hay maneras de frenar el avance de estas infecciones: condones para unas, cubrebocas para otras; vacunas, antibióticos, antirretrovirales, medidas de reducción de riesgos para varias más. No hay en esencia una diferencia entre un virus que te infecta cuando platicas y otro que lo hace cuando coges: sólo son microorganismos que evolucionaron para adaptarse y sobrevivir según nuestro comportamiento. La moral y los colores con los que pinta la realidad son humanos y ya. Las peores consecuencias de una infección se deben menos a la enfermedad y más al contexto que la metaforiza y las decisiones que de ahí derivan.

48 ¿Cómo elijo y uso lubricantes y condones?

¿Cuáles son los mejores condones?
No existen los "mejores" condones. El mejor método anticonceptivo y de prevención de infecciones de transmisión sexual (ITS) es equilibrar los riesgos con la experiencia que se busca para encontrar la mejor forma de atenderlos (por ejemplo, si se va a usar un condón de texturas, quizá sea mejor hacerlo con una pareja que no presente alto riesgo de transmitir ITS y no eyacular durante la penetración para evitar sorpresas en caso de que se rompa). En general, un condón "normal" es la mejor opción para la gran mayoría de prácticas sexuales.

Fueron demasiadas palabras para decir "depende".
Pues deja de hacer preguntas tan abiertas y simplonas.

Agh. Ok, a ver, iniciemos de nuevo.
Me parece bien, uwu.

¿Es mejor ir a una tienda, a una farmacia, a una sex shop o a los servicios de salud para conseguir condones?
Cualquier opción es igual de recomendable, según lo que necesites. Una sex shop te va a ofrecer más opciones que una farmacia o tienda, pero posiblemente te quede más lejos o tengas que

anticipar la compra. Los servicios de salud no siempre son cercanos, pero te los darán gratuitamente.

¿Y no son menos efectivos los condones de servicios de salud?

¡No! Es un prejuicio que varias personas tenemos. En realidad, no hay gran variación entre marcas respecto a la protección que te pueden dar. Lo más importante, de hecho, es su correcta colocación, retiro y lubricación.

¿Recomiendas los condones de sabores?

Para sexo oral a penes, definitivamente. Realizar sexo oral a una persona con un condón regular es muy efectivo para prevenir ITS, pero podría ser una experiencia rara debido a que, bueno, los preservativos pueden saber *raro* y el nonoxinol-9 que contienen algunos con espermicida podría adormecer la lengua. Los de sabores están hechos precisamente para evitar esto (aunque los condones sin lubricante también pueden ayudar). Para la penetración no los recomendaría, debido a que las sustancias químicas que le otorgan el sabor podrían irritar el ano o la vagina y alterar su pH, lo que facilita el desarrollo de infecciones. Si es lo único que tienes a tu disposición DEFINITIVAMENTE úsalos. Pero si no, mejor utiliza otra opción.

¿Y los condones de texturas o con efectos térmicos?

Algunas personas pueden encontrarlos muy agradables y otras no. En cualquier caso, considera que varias veces no contienen lubricante, entonces es recomendable que los combines con uno para prevenir que la fricción los pueda romper.

¿Y si quiero hacer sexo oral a vulvas o anos hay alguna opción para prevenir ITS?
¡Claro! Puedes hacer una barrera bucal, como se muestra en la siguiente ilustración.

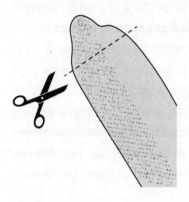

Corta la punta del condón

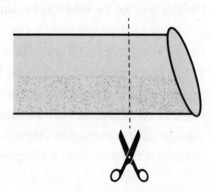

Corta el borde superior del condón

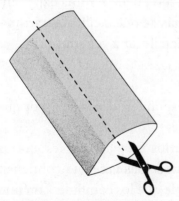

Corta uno de los lados del condón

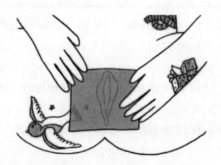

Coloca la barrera bucal de forma
tal que cubra la abertura
de la vagina o el ano

Barrera de látex, il. de Sofía Altieri, cortesía de César Galicia.

¿Qué opciones tengo si padezco alergia al látex?

Algunos condones no están hechos de látex sino de otros compuestos, como poliuretano o poliisopreno sintético, lo cual evitará la reacción alérgica. Es cuestión de que revises los componentes antes de comprarlos y listo.

Hablas mucho de lubricante, ¿por qué es recomendable?

Una de las principales causas por las cuales se puede llegar a romper un condón es la fricción durante la penetración. El lubricante ayuda a prevenir esto. Además, los lubricantes también pueden servir para mejorar las sensaciones, facilitar la penetración vaginal si no existe suficiente lubricación natural por cualquier motivo, auxiliar en sesiones largas de sexo para prevenir heridas por rozamiento, y son absolutamente indispensables para el sexo anal.

👁 32 **¿Por qué es indispensable el lubricante para el sexo anal?**

El ano, a diferencia de la vagina, no lubrica naturalmente, por lo que sin ayuda de un lubricante externo puede ser una experiencia muy dolorosa e incómoda (además de que facilita la transmisión de ITS por las heridas que pueden llegar a generarse).

¿Qué lubricantes me recomiendas?

Otra vez, si ya sabes que te voy a responder "depende", ¿por qué sigues haciendo estas preguntas?

[Sonidos de breakdown emocional.]

👁 32 Existen tres tipos de lubricante, según su composición química: a base de agua, de silicona o de aceite. En el capítulo 32 los discuto a profundidad.

¿Qué hago si en la penetración de repente se queda dentro el condón?

Mantén la calma. Aunque no es ultra común que suceda, llega a pasar y usualmente tiene que ver con una incorrecta colocación o con falta de lubricación. De cualquier manera, lo que tienes que hacer es muy sencillo: si el condón queda a la vista y lo puedes tomar y retirar con cuidado y calma, hazlo. Si no, entonces es importante que la persona que tiene el condón dentro vaya con una médica lo antes posible para retirarlo con cuidado (sobre todo si se queda dentro del ano, ya que podría ser más difícil de retirar, así como susceptible de succionarlo hacia el intestino). En cualquiera de los dos casos existe una posibilidad de que sea una situación bastante fuerte emocionalmente, tanto por el susto del momento, la vergüenza de que ocurra, como por la sensación de manipulación de otra persona sobre el cuerpo propio. Si es así, es válido sacarse de onda, como también lo es pedir un abrazo, plática o contención emocional.

¿Si una persona se quita el condón a medio acto sexual, es violencia?

Absolutamente. Una de las características esenciales del consentimiento es que es *específico:* se dice que sí a una cosa y sólo a esa cosa. Si se dijo que sí a una relación sexual *con condón* eso NO significa que se haya dado también el sí a una relación sexual *sin condón*. En algunos países, como Inglaterra, esta conducta lleva el nombre de *stealthing* y ya fue tipificada penalmente como delito sexual. Incluso si en el país en que leas esto no es el caso, no importa. Sólo es cuestión de tiempo para que la ley se adapte y lo reconozca como la práctica que es: una violación sexual.

¿Y qué hay de la prevención de ITS más allá del condón?

¡Encontrarás la respuesta más adelante! 👁 50

49 ¿Qué nos enseña el consumo responsable de drogas sobre el sexo seguro?

Se sabe: vivir fuera de los márgenes te hace repensar aquello que existe dentro de esos mismos márgenes. De la comunidad BDSM obtuvimos el concepto *aftercare*, que sirve lo mismo para enfatizar la necesidad de los cuidados después del sexo, como para señalar la falta de atención que la sexualidad tradicional tiene hacia ellos. De la comunidad poliamorosa obtuvimos el concepto *energía de la nueva relación*, que sirve lo mismo para enfatizar que el enamoramiento es energía que puede ser gestionada, como para señalar que la sexualidad tradicional lo piensa como un recurso que debería ser inagotable e inmanejable.

El diálogo se puede extender a otras prácticas incluso no sexuales. Pongamos una situación: muchas personas no miramos con atención el *contexto* en el que se da una relación sexual. Esto es algo curioso porque, en cierto modo, el contexto lo es todo: el bar al que le invitas, la playlist que armas, el cuarto de hotel que rentas, el vino que compras, la lencería que usas, el día de la semana que eliges para poder desvelarte sin preocupaciones durante una noche emocionante. Todas esas cosas no sólo suman a la experiencia, sino que la construyen. Y para algunas personas, el contexto en que se da el ligue o el sexo puede ser tanto o más importante que otros factores al determinar lo que hace deseable o placentera la experiencia. En el contexto está la magia.

Pero luego viene el hábito y con el hábito llegan las prisas y

con las prisas llega la costumbre y con la costumbre llega la flojera y con la flojera llega la inevitable inercia del resto del mundo. Si
al inicio de una relación el contexto del encuentro sexual se procura con precisión quirúrgica, después de un rato, con que haya
energía, no huelas demasiado a sudor y no tengas que levantarte
tan temprano al día siguiente, es suficiente. Con suerte, algunas
de las parejas que están sintiendo la insoportable levedad del ser
sobre sus genitales agendarán una cita en un motel o prende-
rán una lámpara para que haya media luz, o harán sonar música
lenta en la bocina de sus celulares (Portishead no es música para
escuchar, es música para coger), pero hasta ahí. Romantizamos
el sexo romántico y nos apasiona el sexo pasional, pero en el momento en que el romance y la pasión dejan de ser espontáneos
para convertirse en el resultado de una práctica de cotidiana de
placer y de cuidados, poco solemos hacer para procurarlos.

¿Cómo comenzar a abordar este *impasse*? Sugiero que no mi-
remos a la gente que está en el mismo problema que uno y vol-
teemos a ver a las personas que llevan décadas aprendiendo a
construir entornos seguros y agradables para el placer: las consu-
midoras de sustancias psicodélicas. Si existe un secreto de la vida
que han desbloqueado, es poner ambiente.

Reconociendo la facilidad con la que varias sustancias pueden inducir un *mal viaje*, así como su tremendo potencial in-
trospectivo, las personas que consumen han desarrollado dos
términos para minimizar la primera posibilidad y maximizar la
segunda: *set* y *setting*.

El *set* se refiere a la predisposición y la preparación de la experiencia. Esto incluye documentarse respecto a la sustancia y
dosis que usarán, conocer sus efectos y consecuencias, preparar
una intención para el viaje y hacerlo con propósito.

El *setting* se refiere al entorno y al contexto de la experiencia.
Esto incluye procurar un espacio físico adecuado, cuidar que se

realice en un estado de salud física y mental idóneo, verificar que la sustancia que se vaya a consumir no haya sido adulterada, solicitarle a una persona que acompañe durante el viaje, etcétera.

Al cuidar la intención, la preparación y el contexto, las personas que consumen psicodélicos han descubierto que el factor más importante para tener una buena experiencia es justo eso: el cuidado. La planeación del *trip* es una práctica de autocuidado porque procura maximizar el placer y disminuir los riesgos de una experiencia psicodélica. Curiosamente, les psiconautas han aprendido a disfrutar este proceso tanto como el viaje mismo: planean con tiempo el día y la hora para hacerlo en tranquilidad, analizan la sustancia que consumirán, compran los *snacks* que van a consumir, apartan tiempo para reflexionar sobre las expectativas de la experiencia, procuran buscar momentos donde existan las mejores circunstancias posibles para ella, preparan con cuidado la música que escucharán, los textos que leerán, los videos que verán o la cama o sillón donde se acostarán a disfrutar.

¿Podemos aplicar esto para relaciones sexuales? Pienso que sí. Al menos de vez en cuando, valdría la pena revisar nuestro *set* y *setting* sexual. ¿El contexto en que estamos teniendo relaciones sexuales es el adecuado o puede mejorar? ¿El estado emocional en el que lo estamos haciendo está afectando al placer? ¿Qué nuevos espacios pueden emocionarnos? ¿Qué nuevas prácticas queremos incorporar y qué prácticas conocidas nos encantan? ¿Cuál es la intencionalidad de nuestras relaciones? ¿Es el puro placer físico, es conexión, es amor, es juego, es un desahogo del mundo?

Desde luego, no estoy diciendo que esto deba hacerse siempre. La espontaneidad ocasional es maravillosa y necesaria para la pasión, y la planeación conlleva dedicarle al sexo tiempo que a veces no tenemos. Pero justo ahí reside el tema: procurar dedicarle tiempo a nuestra vida sexual, planear nuestras experiencias, dialogar las prácticas y emocionarnos por la anticipación es una forma de mantener el sexo como una práctica relevante de la pareja.

Muchas personas llegan a consulta o me escriben hablando sobre cómo el sexo con sus parejas, después de un rato, pierde su emoción. Procuran pasatiempos, procuran tiempo con la familia, procuran tardes con amigos o amigas, procuran ir al gimnasio, procuran sus videojuegos o películas o libros o lo que sea. No es raro que en esos casos la sexualidad esté abandonada, esperando que el deseo surja mágicamente, como si el sexo no fuera distinto al resto de las prácticas de nuestra vida que hay que nutrir y procurar. ¿Cómo van a sentir emoción por algo a lo que no le están permitiendo ocupar un espacio en su vida?

Sólo importa aquello a lo que le dedicamos tiempo, porque dedicar tiempo es una forma de cuidar.*

---

* Este texto se hace con fines educativos y no pretende alentar a ninguna persona a que consuma ninguna sustancia ilegal. *Kids: don't do drugs.* Pero si lo hacen (porque muchas lo van a hacer y, así como con la sexualidad, ya basta de educación sostenida en abstinencia que no produce ningún efecto positivo notable), reduzcan riesgos y no arriesguen sus vidas.

50 ¿Cómo nos cuidamos más allá de usar condón?

Cuando hablamos de cómo prevenir las ITS, la respuesta suele enfocarse en el uso del condón. Y aunque eso está muy bien, de repente sucede que algunas cuestiones quedan fuera del asunto.

👁 31
¿Hay riesgo en compartir juguetes sexuales? ¿Puedo adquirir una ITS si trago semen? ¿Qué complicaciones puede haber en el sexo
👁 48
lésbico?

Aprender a prevenir adecuadamente las ITS no es tan sencillo como solamente decir "usa condón", pero tampoco es tan complicado como entender el final de *Inception*. Bueno, el final de *Inception* tampoco es tan complicado, y sin embargo, para ello armamos hilos enteros en Twitter, mientras que para lo primero apenas googleamos de vez en cuando cualquier cosa. No quiero sonar a un viejito regañón. Más bien, me parece un poco curioso cómo en el caso de algunas actividades no escatimamos tiempo o esfuerzo para conocer todo sobre ellas y aprender a prevenir riesgos (los deportes, por ejemplo), pero para el sexo rara vez buscamos profundizar en sus mecanismos subyacentes. Quizá sea por su mistificación, quizá por la asociación de que como es "natural" debería darse de forma sencilla, quizá por los tabús que existen alrededor y la poca socialización que hay de las experiencias sexuales, y muy seguramente también por la falta de educación sexual de calidad. O quizá simplemente es más divertido leer subreddits de teorías de películas. Quién sabe.

El punto es que ahora te presento cinco conceptos clave que pueden ayudarte a entender mejor cómo prevenir una ITS, más allá del "usa condón".

1. Mecanismos de transmisión. Esto se refiere a cómo se transmite una infección. Muchas infecciones no se "reparten" igual por todo el cuerpo y, más bien, lo que hacen es concentrarse en un punto específico que les permita sobrevivir: algún sitio de la piel o un líquido en particular (algo así como tu angustia por separación que te lleva a elegir al mismo patrón de pareja, ésta no es una proyección, estoy bien). Cuando ese punto con *alta carga viral* (es decir, donde se concentra una alta cantidad de partículas virales) entra en contacto con una parte vulnerable del cuerpo (digamos, una herida abierta o una mucosa), existe la posibilidad de infección. Cuando hablamos de ITS, existen dos principales mecanismos de transmisión que hay que tomar en cuenta: intercambio de fluidos de alto riesgo y contacto de piel a piel en ciertas partes.

Algunas infecciones, como el VIH, se transmiten a través de intercambio de fluidos de alto riesgo, como sangre, semen, fluidos vaginales y leche materna. En este caso, ni la orina ni la saliva son fluidos de alto riesgo, por eso es posible besar a una persona con VIH sin demasiado temor a que exista transmisión, del mismo modo en que puedes pedirle que te orine encima para cualquier propósito como, eh, neutralizar el veneno de un piquete de medusa. O PORQUE TE PRENDE. Cualquiera de las dos es válida, supongo.   👁 9

Otras infecciones, como el herpes o el VPH, se transmiten por contacto entre piel y piel. Esto NO significa que toda la piel lo transmita, sino que existen zonas que podrán tener una carga viral alta (llagas, lesiones, condilomas, etcétera) y que posibilitarán la transmisión si entran en contacto con una zona que pueda infectarse fácilmente, como heridas abiertas o mucosas.

Una vez entendidos los mecanismos de transmisión, la siguiente pregunta es: ¿qué prácticas los involucran?

2. Prácticas de alto riesgo. Son las prácticas que involucran un mecanismo de transmisión. Las más comunes son: penetración vaginal o anal, sexo oral, intercambio de juguetes sexuales o intercambio de jeringas durante el uso de drogas inyectables.

No todas las prácticas tendrán el mismo riesgo. En general, existe un riesgo mucho mayor de infectarse de VIH durante el sexo anal receptivo que en el sexo oral receptivo. Para padecimientos como el herpes, el riesgo dependerá no sólo de la práctica, sino de si existe contacto específico con un área del cuerpo que tenga alta presencia del virus. No es raro que la vaginosis bacteriana aparezca después de frotación entre vulvas; sin embargo, el VIH tiene un riesgo extremadamente bajo de transmitirse de esta manera. Hacer sexo oral a un pene es más riesgoso para ciertas infecciones si tienes heridas en la boca y si tragas el semen, etcétera. Lo importante es saber que todas las prácticas sexuales suponen algún tipo de riesgo, y que hay prácticas que involucran más riesgo que otras.

Si entendemos que existen prácticas de alto riesgo y otras de bajo riesgo, esto nos puede llevar a preguntarnos... ¿y cómo prevenimos?

3. Prevención. Se trata de seguir métodos adecuados de prevención según las prácticas que se realizarán y el mecanismo de transmisión que involucran. Por ejemplo: si sabemos que la penetración es una práctica de riesgo porque hay intercambio de fluidos, contacto de piel a piel y entre mucosas, entonces ¿qué es lo lógico para prevenir? Usar un método de barrera. Por eso el condón es TAN efectivo.

Otros métodos: mantener una buena higiene bucal. No lavarse

los dientes antes o después de tener algún tipo de relación sexual porque se pueden generar pequeñas heridas que faciliten la transmisión (se recomienda mucho hacer gárgaras con enjuague bucal o incluso listerine, de un minuto, después de La Fechoría). Orinar después de tener sexo para desechar las bacterias que pueden haber quedado en el tracto urinario. Vacunarse cuando sea posible. Mantener un sistema inmune fuerte. Utilizar tratamiento profiláctico pre o posexposición cuando sea pertinente.

Por último, también se puede optar por prácticas que reduzcan al mínimo el riesgo o, incluso, lo eliminen. Por ejemplo, que cada persona se masturbe viendo a la otra: ¡con suficiente distancia puedes hasta prevenir el covid!

Entonces, si ya sabemos cómo se transmiten las infecciones y cómo prevenirlas... ¿qué sigue después?

4. Revisión. Tener cualquier tipo de práctica sexual involucra asumir los riesgos que involucra, del mismo modo que cualquier otra cosa en la vida. Y aunque podemos hacer muchas cosas para reducir los riesgos, la posibilidad de la exposición sigue estando presente la mayoría de las veces.

¿Cómo estar en revisión constante? Realizarse pruebas de detección de ITS, así como pruebas confirmatorias si alguna fuera positiva. ¿Cada cuánto? Es difícil decir un número general, pero mi sugerencia es que lo hagan una vez al año una vez que empiecen a tener relaciones sexuales, y que si tienen alguna práctica de riesgo no se esperen más de tres meses. Considera que algunas infecciones requerirán un periodo de ventana más amplio para detectarlas (como el VIH), mientras que otras podrían no manifestarse hasta varios años después de estar latentes en el cuerpo (como el VPH).

👁 51

Asiste a revisión médica cuando detectes alguna anomalía, verruga, fluido extraño, olor desagradable y persistente, dolor,

enrojecimiento, roncha o llaga. No esperes a que desaparez-
can, porque algunos de estos síntomas van a irse "solos", y eso
no significa que el virus ya no esté presente (la sífilis, por ejemplo, se manifiesta en su primera etapa como llagas, en la segunda
desaparece del cuerpo y en la tercera ya genera daño en varios
órganos). También considera que no todas las ITS tienen una sin-
tomatología clara o evidente; sin embargo, ir a revisión médica
apenas se detecte alguna anomalía puede ayudar mucho.

¡Toma tratamiento! Puedes dividir las ITS en dos: las que se
pueden curar y las que no (al día de hoy, aunque quizá mañana sí).
Algunas, como la gonorrea o la clamidia, se pueden curar a través
de tratamientos con antibióticos con un gran margen de efectividad. Otras no podrán curarse, pero el tratamiento ayudará a que
los niveles del virus se mantengan bajos y puedas sobrellevar la
infección sin desarrollar una enfermedad grave (e incluso, como
en el caso del VIH, llegar a ser indetectable e intransmisible).

5. *Salud pública y educación sexual.* La fórmula es simple: si tenemos buena educación sexual y buen acceso a la salud pública, las
ITS podrán ser prevenidas y tratadas más pronto, y eso significará
una reducción en su incidencia y daño.

Suena lógico, pero en la práctica no siempre sucede así. No
sólo eso: en ocasiones, los propios conceptos que utilizamos desde la salud pública limitan que una población más amplia en-
tienda la relación entre las políticas y su sexualidad. Tomemos el
ejemplo de "población clave". En 2014, refiriéndose a personas
que viven con VIH, la OMS definió a las poblaciones clave como:
"aquellos que, debido a determinados comportamientos de alto
riesgo, corren un mayor riesgo de contraer la infección por VIH,
independientemente del tipo de epidemia y del contexto local.
A menudo también existen cuestiones legales y sociales relaciona-
das con esos comportamientos que aumentan su vulnerabilidad

al VIH". Los hombres que tienen sexo con hombres, por ejemplo, son un grupo de población clave.

Hablamos de hombres que tienen sexo con hombres (HSH) porque es un término más descriptivo y sirve para abarcar la totalidad de la población de hombres que tiene sexo, ya que no todos se identificarán como homosexuales o gays (es importante aclarar que, hasta donde entiendo, el término se refiere a "hombres cis"). Se podría argumentar que los HSH son la población clave debido a que el sexo anal es la práctica en la que existe mayor probabilidad de transmisión del virus. Sin embargo, lo cierto es que el principal motivo de esta incidencia mayor es la desatención estatal, la discriminación y la falta de recursos de salud dirigidos a esta población. No por nada, los otros grupos de población clave son, también, personas abandonadas por el Estado: personas privadas de la libertad, usuarios de drogas inyectables, trabajadoras sexuales y población trans. Es decir: son el estigma y la precariedad social los que crean una población de riesgo, no sólo sus prácticas.

El concepto "población clave" es una navaja de doble filo. Por un lado, hace posible centrar recursos en donde más se necesitan. Por otro, las poblaciones que no forman parte tienen la falsa percepción de que no pueden adquirir el virus. En el caso del VIH, un ejemplo es la población heterosexual. El VIH ha aumentado su presencia en esta población cada año, con la falta de condón en las relaciones sexuales como principal motivo; de hecho, según la organización AHF México, 90% de las mujeres con VIH lo adquirieron al tener relaciones sexuales desprotegidas con su pareja estable. La noción de que si te encuentras en una relación monógama no eres *población clave* que deba realizarse pruebas de detección de ITS es otro factor. (Como regla general, vale la pena hacerse la prueba al menos una vez al año, si tienes pareja estable, y cada seis meses, si tienes varias parejas sexuales.)

¿Qué sucede cuando el Estado es negligente con la atención a las ITS desde la salud pública? Las consecuencias son catastróficas. Por poner un ejemplo: en México, por ley, el Estado tiene la obligación de proporcionar el tratamiento gratuito a todas las personas VIH positivas; sin embargo, a raíz de la pandemia y de los recortes de salud de parte del gobierno federal (como la desaparición del Fondo de Salud para Bienestar), México se ha enfrentado a un desabasto de tratamiento muy grave, lo que ha expuesto a muchas personas a desarrollar sida o transmitir el virus. El fenómeno no es nuevo, existe desde hace un par de décadas, pero se agravó mucho en 2020. Es importante que le exijamos al Estado que mantenga y refuerce su atención a las personas que viven con ITS, así como en los esfuerzos de brindar educación sexual y prevención primaria.

51 ¿Qué puedo hacer si me diagnostican VPH?

Para A.

¿Qué es el VPH?

El virus del papiloma humano: la infección de transmisión sexual (ITS) más común de todas. Se piensa que ocho de cada diez personas sexualmente activas la tendrán en algún momento de sus vidas.

¿Y qué hace o qué?

El VPH puede llegar a provocar cáncer, más común en el cérvix, aunque de ningún modo es la única forma: existen más de doscientos tipos conocidos de VPH y alrededor de cuarenta de ellos pueden infectar vulva, vagina, pene, boca, garganta o ano, la mayoría de las veces por transmisión sexual.

Sin embargo y a pesar de que la transmisión es muy sencilla, en la mayoría de las ocasiones no sucederá nada. En nueve de cada diez casos, las infecciones no tendrán mayor efecto y desaparecerán solas en un par de años. Sin embargo, cuando se queda, el VPH es un virus que no tiene cura (hasta hoy, al menos).

Espera, ¿dijiste cáncer?

Sí. En México, el cáncer cervicouterino es el segundo por el que más mujeres mueren (después del de mama). Esta forma de cáncer tiene presencia en 7.5 por ciento de la población mexicana, entre 4 y 6 mil casos al año, con once a trece muertes diarias. No todos los casos están relacionados con el vph y existen otros factores involucrados en su aparición (como hábitos, ambiente, genética, etcétera), pero sí hay una correlación fuerte y por eso es notable.

¿Cómo se transmite el vph?
Su vía de transmisión más común es el sexo oral, vaginal o anal, usualmente por contacto de mucosa a mucosa. Si tu vulva, vagina, cuello uterino, pene o ano entran en contacto con los genitales, boca o garganta de una persona que lo tenga, puede existir transmisión, incluso si la persona no muestra síntomas, porque, de hecho, muchas veces no los habrá.

Pero si siempre uso condón tengo protección, ¿no?
👁 50   Sí... pero sólo de forma parcial.

¡¿Entonces el condón no me protege?!
¡Sí lo hace! Usar condón disminuye mucho las probabilidades de transmisión, pero su protección es limitada debido a que sólo cubre *una parte* de los genitales. Entonces, por ejemplo, si tienes sexo con una persona, usas un método de barrera que no cubre el área de la piel donde está la infección y ésta entra en contacto con tu piel, puede haber transmisión.

Si el condón no me protege completamente, ¿hay alguna otra manera en que lo pueda prevenir?
¡Sí! Existe una forma muy efectiva: las vacunas. Las vacunas previenen los tipos de vph más propensos a causar cáncer. En ocasiones hay campañas que promueven la vacuna gratis o a bajo costo, pero también puedes encontrarla de forma privada (es común

que pediatras y ginecólogas la puedan aplicar). Antes se hablaba de varias restricciones de edad o de género, pero ahora se promueve que cualquier persona menor a cuarenta años se la aplique. Eso sí, los precios varían de lugar a lugar.

¿Cómo puedo saber si porto el virus del VPH?

Si eres una persona con vulva, realízate la prueba de Papanicolaou (citología cérvico-vaginal) con la frecuencia indicada por tu ginecóloga. Con esta prueba de detección oportuna, tu gine detectará si existen células anormales que puedan haber sido causadas por el VPH y buscará un tratamiento adecuado. Si la prueba indica que existe una anormalidad, es posible que se requieran de más pruebas (como una colposcopía) para confirmar que se trata del VPH.

Si eres una persona con pene, es más complicado. Para nosotros todavía no existen pruebas de rutina para detectar el virus. Sin embargo, podemos solicitar que se nos examine de forma particular. A través de un hisopado en el pene, ano u otras zonas afectadas, se obtiene una muestra para detectar si son portadoras de VPH, mediante técnicas de PCR. Dicho esto, lo mejor que podemos (y deberíamos) hacer es vacunarnos, para evitar tanto la transmisión como el desarrollo de cáncer.

¿Tú estás vacunado?

Sí. Me vacuné a los 23 años y les puedo decir que mi vida sexual es mucho más tranquila desde que disminuyeron mis preocupaciones por transmitir o adquirir un VPH de alto riesgo. Súper recomiendo buscar evaluación médica para tomar una decisión responsable. :)

¿Una persona que ya porta el virus podría vacunarse?

¡Sí! Como mencioné antes, existen varios tipos de VPH, por lo que es conveniente protegerte de aquellas cepas que no tengan presencia en tu cuerpo. Además, la vacuna ayudará a evitar que aparezcan condilomas.

Oye, pero ¿qué no las vacunas causan aut-?
Ni siquiera te atrevas. I dare you. I DOUBLE DARE YOU.

Es en serio, he escuchado cosas feas sobre la vacuna del VPH y me preocupa.
La idea de estos peligros de las vacunas es un mito sin sustento científico creado por las personas antivacunas y que tiene gravísimas consecuencias de salud, pues HAY UN MONTÓN DE PERSONAS QUE NO SE ESTÁN VACUNANDO DE ENFERMEDADES PREVENIBLES POR TEORÍAS DE CONSPIRACIÓN RIDÍCULAS. Sobre Gardasil, una de las dos marcas que existen de vacunas contra el VPH (la otra se llama Cervarix), el sitio web *Snopes* se encargó de recopilar información que demuestra que la vacuna es segura.

Bueno va, me voy a vacunar. Pero, en todo caso, puedo darme cuenta de si alguien tiene VPH desde antes, ¿no?
No. En ocasiones, el VPH provocará verrugas visibles en los genitales, que se ven como una pequeña coliflor. Pero en muchas otras, el virus se mantendrá oculto o se manifestará en forma de lesiones que no son visibles al ojo humano. De hecho, las investigaciones han apuntado a que los tipos de VPH que más probabilidades tienen de provocar cáncer (conocidos como "de alto riesgo") no siempre se manifiestan en forma de verrugas.

Recuerda siempre que existen más de doscientos tipos del virus y que ocho de cada diez personas activas sexualmente lo tendrán en algún momento de su vida. O sea, es más probable que tu pareja y tú coincidan en haber tenido VPH alguna vez en la vida que en, no sé, su película favorita. Es más, hasta podría ser un tema de conversación en la primera cita. Piénsalo.

Mi número de parejas sexuales es como la edad recomendada de los rompecabezas: de 9 a 99. ¿Significa que ya tengo vph?

No necesariamente. Aunque la probabilidad de transmisión aumenta conforme más parejas sexuales tengas, no hay manera de saberlo sólo por eso. Y, vaya, tu probabilidad de morir atropellado aumenta cada vez que sales a la calle, pero no por eso vas a dejar de hacerlo. Así que, aunque sea un factor de riesgo, tu número de parejas sexuales no debería preocuparte demasiado. Lo importante es que uses un método de barrera, te vacunes, te revises periódicamente y reduzcas riesgos.

¿Y si me lo llegaran a transmitir, puedo saber quién fue?

Lo más probable es que no. Es posible portar el virus del vph durante años (incluso décadas) sin que se manifieste. Puede ser que hayas adquirido el virus a los 20 años y lo manifiestes hasta los 30, por ejemplo. Hay un montón de personas que adquirieron el vph y, como nunca lo manifestaron, murieron sin saberlo.

Estoy entrando en pánico.

¡No lo hagas! Estos temas asustan, sí. Pero no hay que tenerles miedo, sino intentar comprenderlos para poder tomar decisiones conscientes, placenteras y responsables. Toma en cuenta que:

- Como ya dije, la mayoría de las infecciones por vph desaparecerán solas en los primeros dos años después de haberlas contraído. De hecho, en ocasiones las ginecólogas no otorgan ningún tratamiento inmediato al detectar vph, de modo que puedan observar si será el caso.
- Es posible reducir el riesgo de transmisión utilizando vacunas y métodos de barrera durante el sexo.
- Es imposible saber si una persona infectada con vph desarrollará cáncer o no, por lo que no vale la pena angustiarse

por eso. Como dicen de vez en cuando: ¿para qué preocuparte cuando puedes ocuparte?

- Y esa última es una palabra clave: existen tratamientos posibles para atender la infección y evitar que desarrolles cáncer.

Bueno... me calmo... a ver... ¿dices que se puede tratar?
Sí. El primer paso para tratarlo, y el más efectivo, es un diagnóstico temprano.

**Fíjate que en lo que leía esto fui a revisarme y resulta que tengo
el diagnóstico. ¿Ahora qué?**
De entrada: mantén cercanía con tu médica o médico de confianza, procura revisiones regulares y busca tratamiento. Una vez
tratadas las lesiones, se reducen muchísimo tus probabilidades
de transmitir el virus, aunque puedes adquirir otras cepas (por
eso importa recibir la vacuna, incluso si ya se detectó alguna va-
riante). Aparte de esto, hay dos cosas importantísimas que debes
procurar: tu salud física y tu salud mental.

Considera una palabra clave: *inmunodeficiencia*. Un estado
continuo de estrés, ansiedad, poco descanso, enfermedad, mala
alimentación, hábitos dañinos, etcétera, va a facilitar que el virus
desarrolle su objetivo: causar cáncer. No hay que darle chance.
En la medida de lo posible procura nutrición, descanso, ejercicio
y demás hábitos que permiten una vida saludable. El tabaco aumenta la probabilidad de desarrollar cáncer cervical, por lo que
es recomendable no consumirlo o reducir la frecuencia, así como
mantenerse en espacios libres de humo. Usa condón o métodos
de barrera, siempre. En una de ésas hasta acabas teniendo mejores hábitos que los que tenías antes del diagnóstico (porque sí,
llega a pasar).

Cuida también tu salud mental. Háblalo con personas de confianza que no te vayan a estigmatizar. Si está en tus posibilidades,

ve a terapia. Busca grupos de apoyo a los que puedas asistir presencialmente o en internet. Recibir un diagnóstico de vph puede ser una experiencia muy fuerte, dolorosa y estigmatizante (sobre todo si eres mujer) y no es raro experimentar depresión o ansiedad después, debido a la culpa. Y esto no tendría por qué ser así.

¿Debo decirle a mi pareja del diagnóstico?

Es enteramente tu elección. Si decides compartirlo, no lo hagas desde la culpa sino desde la responsabilidad compartida. Si lo haces, que sea con la intención de informar por responsabilidad sexual desde el lugar más amoroso contigo posible.

Considera también que, si eres responsable contigo y tus cuidados, no siempre necesitas comunicar el hecho a tu pareja. Si usas métodos de barrera, no tienes prácticas de riesgo, estás en tratamiento (si es necesario) y sigues las indicaciones de tu médica o médico, no tienes que decirlo si no quieres, pues eliminas o reduces al mínimo las posibilidades de transmisión.

Recuerda que tú no eres tu diagnóstico. No se trata de poner una carta sobre la mesa como diciendo: "Pues tengo esto, ya sabrás tú si me aceptas así...", como si tu valor dependiera de tu estado de salud. Eres quien eres por lo que tienes en la cabeza y en el corazón, no en los genitales.

Me sigo sintiendo muy triste, como si mi vida sexual ya se hubiera acabado.

Sentirte así es normal, ¡pero esa creencia es falsa! Tu vida sexual no se ha terminado. Como dije antes: un diagnóstico no te define. No eres una persona *infectada*, eres una persona *con una infección*. Y esa diferencia importa. Portar vph (o cualquier otra its) no dice nada de la persona que eres, ni de tus decisiones, ni de tu moralidad, ni de tu futuro. Si el virus no se considerase de transmisión sexual, posiblemente ni hablaríamos con tanto miedo de él. Sólo piensa: ¿cuántas otras cosas pueden producir cáncer y no nos dan tanto miedo ni producen tanto estigma? Esto, obviamente, no es un llamado a desestimar la infección, sino a dimensionarla. Conocer a fondo un problema es la mejor manera de comenzar a prevenirlo y a confrontarlo y, muchas veces, el estigma generado alrededor de las ITS es, precisamente, lo que impide su oportuna detección y atención.

Hay vida después del VPH. Hay oportunidades de salud, hay sexo delicioso, hay días y semanas y meses enteros de cotidianidad sin preocupación. Pero gran parte de esto tiene que ver con la actitud con la que lo enfrentes, con los cuidados a tu persona y con la ayuda que decidas buscar. Además, en una de ésas desaparece solo y nunca te enteras de que lo tienes; en una de ésas lo detectas a tiempo y jamás desarrollas cáncer. Te regalo un mantra: "Prevención y tratamiento, sí; pánico moral, no". Escríbelo en un papelito, guárdalo en tu cartera y obsérvalo cada vez que lo necesites. Y si necesitas apoyo psicológico, búscalo. En estos momentos la psicoterapia puede ser un servicio de salud tan importante como la consulta médica, no lo dudes.

Y sobre todo, recuerda: no eres la única persona en el mundo viviendo esto. Nunca lo eres. No estás sola.

Las cosas pueden salir bien.

Veinte lecturas recomendadas

Un hecho, una ilusión, una proposición y una nota:

El hecho: un libro nunca será suficiente para abarcar todo lo que trata la sexualidad humana.

La ilusión: si hice bien mi trabajo, este libro habrá respondido algunas inquietudes pero, sobre todo, habrá despertado más preguntas y mucha curiosidad por responderlas.

La proposición: veinte libros para seguir leyendo y aprendiendo sobre sexualidad. Algunos de ellos fueron utilizados como referencia para escribir este libro, otros no; de igual modo considero que valen mucho la pena. Estos libros no son de ninguna manera *lo único* que se ha escrito sobre el tema, pero son algunos de mis favoritos personales.

La nota: lamentablemente, la mayoría de estos libros están en inglés. No existen muchos libros en español sobre sexualidad (y los que existen no siempre son ideales). Este libro, de hecho, es un esfuerzo por enmendar eso y, en cierto modo, hacer una traducción de algunas de las ideas que circulan en otra lengua que no es la nuestra.

Y ahora sí, las recomendaciones.

Si quieres leer más sobre la ciencia de la sexualidad

S=ex². *La ciencia del sexo*, de Pere Estupinyà (Debate, 2013)
Este libro tiene una narración ligera y divertida que busca explorar cómo la ciencia ha respondido a dudas comunes sobre la sexualidad humana, así como indagar sobre el estado actual de la investigación que se realiza sobre el tema. El libro te lleva a diversas partes del mundo y explora varios debates científicos muy interesantes, como la química detrás de los celos, el origen de la orientación sexual o las disfunciones sexuales. Si nunca has leído nada sobre sexo, ésta es la mejor primera opción que existe. De hecho, fue uno de los libros que me convencieron de que lo que yo quería era hacer divulgación de educación sexual, más que investigación.

Bonk: The Curious Coupling of Science and Sex, de Mary Roach (Norton, 2008)
Uno de los libros de divulgación científica sobre sexualidad más conocidos. La autora fue pionera en escribir este tipo de textos y, aunque algunos de los datos que presenta ya están desactualizados, la discusión que abrió sigue vigente. De Aristóteles a las nuevas tecnologías, Mary Roach cubre una buena parte del espectro de las cosas esenciales que hay que saber sobre el sexo.

The Red Queen, de Matt Ridley (Harper, 1993)
Matt Ridley responde en este libro una pregunta que no sabía que tenía hasta que lo leí: ¿por qué, evolutivamente, tenemos *sexo*? Es decir, ¿por qué resultó conveniente para algunas especies evolucionar de tal manera que se necesitara la diferencia sexual para la reproducción? Y todavía más: ¿por qué las distintas especies se reproducen de formas diferentes? Escrito de una manera ligera y con mucha atención a la belleza existente en la

biología, este libro es una gran opción para personas curiosas no sólo en la ciencia de la sexualidad sino en por qué el sexo puede ser estudiado desde una perspectiva evolutiva.

Sex/Gender: Biology in a Social World, de Anne Fausto-Sterling (Routledge, 2012)
En estos tiempos en que cualquier cosa que atente al binarismo de género se considera "ideología", conviene tener a la mano recursos científicos para poder desmentir las creencias de los sectores más conservadores de la sociedad. Este libro de Anne Fausto-Sterling está escrito para cualquier persona y elabora de manera sencilla, y desde las ciencias biológicas, por qué el sexo no es binario (¡!) y por qué el género es una construcción social (¡¡¡!!!). Puros datos aquí. También fue uno de los primeros libros que leí que hablaba de manera sencilla sobre estos temas, lo cual agradecí porque, hasta ese momento, lo que había aprendido sobre la diferencia sexual había sido en *papers* académicos, jaja.

Si quieres leer más sobre la mente erótica

Tal como eres, de Emily Nagoski (Neo Person, 2021)
Si me pidieras recomendar un libro esencial para entender la mente erótica, creo que *Tal como eres* sería la primera opción que me vendría a la mente. Escrito originalmente para mujeres cis (pero, a mi gusto, aplicable fácilmente para cualquier persona), el libro es una mezcla entre teoría y ejercicios prácticos orientados a conocer profundamente cuáles son las circunstancias y disparadores que te excitan, cuáles te apagan y cómo procurar relaciones sexuales más placenteras y auténticas. De aquí saqué lo de los "aceleradores y frenos", por ejemplo.

The Erotic Mind, de Jack Morin (Harper, 1995)
Uno de los libros que más me han ayudado a comprender cómo
funcionan, en el nivel psicológico, la excitación y el deseo. Jack
Morin desintegra en sus partes la mente erótica para echarse un
clavado no sólo en los mecanismos que la conforman sino, además, en cómo usar esos mecanismos a nuestro favor para sanar
nuestras heridas y llevar una vida sexual más placentera y más
auténtica. De aquí tomé la idea general para el texto sobre la "experiencia sexual cumbre".

Tell Me What You Want, de Justin Lehmiller (Da Capo, 2018)
Este libro presenta los resultados de un estudio que se realizó en
Estados Unidos con más de cuatro mil personas a las que se les
preguntó acerca de sus fantasías sexuales. ¿Algunos de los resultados? Las fantasías que tenemos suelen ser sobre los mismos temas, 95 por ciento de las personas fantasean y más gente quiere
un trío de lo que pensarías. El libro es bueno no sólo por el estudio sino también porque indica cómo conocer tus fantasías puede
ayudar a mejorar tu vida sexual. En mi práctica profesional, varios
datos que se mencionan en este libro los he usado como parte del
trabajo de soltar la culpa en los deseos eróticos de las personas.

Si quieres leer más sobre la historia de la sexualidad

Historia de la sexualidad 1 (aunque también los volúmenes 2, 3, y
4), de Michel Foucault (Siglo XXI, 2019)
No puedo hablar de libros que tratan la sexualidad humana
sin hacer mención a la obra de Foucault. Si no estudias filosofía, ciencias políticas o sociología este libro podría resultar un
poco complicado de leer, pero te prometo que cuando lo termines tendrás una visión completamente distinta sobre el sexo y

sobre cómo la sociedad construye el discurso alrededor del tema. "El poder es poder es poder es poder, aprende algo poder", dijo alguna vez el célebre MC Dinero inspirado en este libro. Historia cien por ciento real.

Queer: A Graphic History, de Meg-John Barker y Jules Scheele (Icon, 2016)
La historia ilustrada del movimiento queer, en orden cronológico y con ilustraciones muy lindas. Es una gran lectura introductoria si te interesa tener un contexto del término y del movimiento pero no tienes tiempo o energía para clavarte denso en su historia. También hay una viñeta donde aparece Lacan diciendo "pah". ¿Cómo perderte eso?

Sexualidades. Tensiones entre la psiquiatría y los colectivos militantes, de Silvia Di Segni (Fondo de Cultura Económica, 2013)
A mi gusto es el libro más denso de toda la lista, pero también uno de los más eruditos. Lo que hace Di Segni es genial: explica paso a paso cómo la sexología, en tanto ciencia, fue creando los discursos que comenzaron a regular la manera moderna en que entendemos la sexualidad, y cómo ha entrado en conflicto con las formas en que las personas, de hecho, viven esas sexualidades. Si te interesa conocer sobre la historia de esta disciplina y cómo ha entrado en tensión con los colectivos LGBTIQ+, ésta es una de las mejores opciones que existen.

Si quieres leer más sobre erotismo en relaciones de largo plazo

Love Worth Making, de Stephen Snyder (St. Martin's Press, 2018)
Quizás has estado ahí: llevas años con tu pareja, la amas, pero ya no sientes deseo. Intentan de todo: irse de vacaciones, comprar

lencería, probar con un trío, tomar un masaje, qué se yo, lo que sea para volver a reavivar la llama. Pero no funciona. Porque el deseo es más complejo que muchas de las soluciones que alcanzamos a idear y porque tiene dimensiones más profundas que las que en varias ocasiones nos llegamos a imaginar. ¿Cómo mantener (o recuperar) el deseo con una pareja con la que llevas años? Este libro pretende dar esa respuesta.

Inteligencia erótica, de Esther Perel (Temas de Hoy, 2007)
El primer libro de Esther Perel sigue tan vigente hoy como hace 14 años, cuando fue publicado originalmente: escrito para parejas que llevan mucho tiempo juntas y están experimentando problemas con el deseo, el libro explora las complejidades de la excitación, la necesidad de novedad, la aparente paradoja de que el amor no siempre coincidirá con el deseo y algunos consejos sobre cómo mantener viva la llama de la pareja, todo de una manera increíblemente compasiva y empática. Si estás en una relación de larga duración, esta lectura puede traer mucho beneficio a tu vida. Y bueno, es uno de mis recursos de cabecera en terapia de pareja: simplemente genial.

Si quieres leer más sobre guías prácticas para el placer a vulvas

She Comes First, de Ian Kerner (Kerner, 2004)
Un libro que utiliza el poder de la ciencia para enseñar a hacer mejor sexo oral a vulvas. De eso trata. Porque obviamente, esto existe. Y es genial. El libro nace de la experiencia de Kerner de haber sido eyaculador precoz y no querer dejar a sus parejas sin orgasmos, por lo que se volvió un experto en el no siempre tomado en cuenta arte del cunnilingus. Aunque difiero ligeramente en algunas cosas (particularmente en lo que él vende como "El

Método" para provocar un orgasmo con sexo oral), creo que si eres una persona con interés de mejorar tu práctica oral, el recurso puede ser de mucha ayuda.

Becoming Clitorate: Why Orgasm Equity Matters and How to Get It, de Laurie Mintz (Harper, 2017)
Un paso esencial para comenzar a superar la brecha orgásmica es que las personas con vulva tengan acceso a recursos que les permitan entender cómo funciona su cuerpo y su deseo. Este libro habla específicamente sobre el tema y trae información de vanguardia para ayudarte a conseguir los orgasmos que siempre has querido. Y si eres alguien que disfruta de darle placer a personas con vulva, también es un invaluable recurso para la ricura compartida.

Si quieres leer más sobre guías prácticas para el placer a penes

The Penis Book, de Aaron Spitz (Rodale, 2018)
Todo lo que tienes que saber sobre el pene. ¿Cómo cuidarlo? ¿Cómo mantenerlo sano? ¿Cómo procurar la calidad de las erecciones? ¿Mi tamaño es normal? ¿Cuáles son los beneficios y desventajas de la circuncisión? ¿Qué infecciones son más peligrosas? ¿Debería ir con un urólogo? Ésas y más preguntas, respondidas ahí. Ah, y el humor es genial. Sucede que cuando hablas de penes parecería que hacer chistes sobre el tema es cosa sencilla, pero la verdad agotas los primeros lugares comunes de inmediato. No pasa con este libro: no sólo aprendí sino que me hizo soltar genuinas carcajadas.

Passionista, de Ian Kerner (Kerner, 2008)
Escrito en clave de ser una guía para mejorar las habilidades sexuales de las mujeres que se relacionan con hombres, el libro
esconde uno que otro secreto sobre la sexualidad en general y algunos consejos para poder hacer de la experiencia en la cama
algo menos angustiante y mucho más dialogado. Si bien no es
una lectura que profundice en muchas cosas, sí me parece que
resulta de gran utilidad para personas que apenas se están co-
menzando a cuestionar cosas sobre la sexualidad y quieren ir a
pasos tranquilos.

Si quieres leer más sobre guías para diversas prácticas sexuales

Better Sex through Mindfulness, de Lori Brotto (Greystone, 2018)
¿Pueden las técnicas del *mindfulness* ayudar a las mujeres a mejorar su vida sexual? La psicóloga canadiense Lori Brotto lleva años
haciendo investigación alrededor de esta pregunta y ha escrito
un libro que explora no sólo los beneficios sexuales que pueden
adquirirse a través de ciertas prácticas (como disminución de la
ansiedad, manejo de un trauma o aumento en el deseo), sino que,
además, comparte algunas de manera muy detallada. Y aunque
está dirigido a mujeres (porque su investigación se ha centrado
en esa población), me parece que todas las personas pueden be-
neficiarse de lo escrito aquí.

The Ultimate Guide to Kink, de Tristan Taormino (Cleis Press, 2012)
Si alguna vez deseaste practicar bdsm y no tienes ni idea de dónde empezar, este libro es la respuesta. Tristan Taormino es una
educadora sexual muy famosa en todo el mundo por hacer pornografía educativa y por escribir una de las guías prácticas para
relaciones no monógamas más famosas del mundo: *Opening Up*.

Pero, curiosamente, no se sabe mucho de este libro, que es un recurso invaluable para comenzar a entrarle al mundo del *kink*.

Breve manual para swingers, de Mariana Mhar y Diego Velázquez (edición de autor, 2016)
El título dice mejor que yo de lo que trata. Mariana y Diego lo abarcan todo: terminología básica, ventajas del ambiente, posibles peligros y cómo prevenirlos, reglas y protocolos, mejores formas para conocer a otras parejas y, sobre todo, cómo iniciarse en el *lifestyle*. Hay dos cosas que valoro mucho de este libro: la primera es que está bien escrito (algo que se puede decir de pocas publicaciones en español sobre sexualidad) y la segunda es que lo escribe una pareja y con frecuencia te la puedes imaginar alternando entre la escritura y las orgías y sólo sentir un "awwww".

Si quieres leer más sobre infecciones de transmisión sexual

Strange Bedfellows, de Ina Park (Flatiron, 2021)
Este NO es un libro sobre cómo prevenir ITS, pero sí agarra la lupa y se pone a observarlas con una precisión tan minuciosa que, bueno, creo que aprendí más del tema en sus páginas que en toda mi formación profesional. Y no sólo eso: nunca pensé que un libro sobre infecciones pudiera hacerme reír tanto. Y eso es maravilloso, porque nada funciona tanto como el humor para hacer más pequeños a los monstruos que nos aterrorizan. Una chulada.

Referencias

Más allá de las lecturas que recomendé en las páginas anteriores, y para quienes no puedan vivir sin las referencias completas, incluidas las académicas, las presento a continuación por partes. En el caso de los textos en línea, incluyo la URL en su formato reducido para que no resulte una pesadilla teclearla en el navegador.

PARTE 1. CUERPO, MENTE Y PLACER

Sobre el estímulo sexual efectivo se puede consultar *Sexoterapia integral*, de Juan Luis Álvarez Gayou (Manual Moderno, 1988); hay una versión en línea aquí: *bit.ly/2PlQcTy*. La idea de los aceleradores y frenos la explica Emily Nagoski en *Tal como eres* (Neo Person, 2021). La referencia a *recordar* como volver a pasar por el corazón es, por supuesto, de *El libro de los abrazos*, de Eduardo Galeano (Siglo XXI, 1989). Jack Morin trata las experiencias sexuales cumbre en su indispensable *The Erotic Mind* (Harper, 1996). Una buena explicación fisiológica del orgasmo se encuentra en el artículo de Adam Safron "What Is Orgasm" (*bit.ly/3CsgIlw*), y sobre los procesos de la eyaculación se puede consultar "Normal Male Sex Function", de Amjad Alwaal, Benjamin N. Breyer y Tom F. Lue (*bit.ly/3cfdjM9*). Sobre la eyaculación en ciertas patologías puede leerse "Orgasmic and Ejaculatory Problems in Clinical Practice", de Stacy Elliott (*bit.ly/3Khle89*), y para el "orgasmo seco", un breve artículo de la ISSM que se encuentra aquí: *bit.ly/3Ta3ShA*. Un buen artículo sobre el orgasmo tras la cirugía de próstata es "Achieving Orgasm after Radical Prostatectomy", de Peter Wherwein (*bit.ly/3PF4Dw9*). Sobre los orgasmos múltiples masculinos se puede leer "Multiple Orgasms in Men", de Erik Wibowo y Richard J. Wassersug (*doi.org/10.1016/j.sxmr.2015.12.004*) y "Male Multiple Ejaculatory Orgasms", de Beverly Whipple, Brent R. Myers y Barry R. Komisaruk (*doi.org/10.1080/01614576.1998.11074222*). A propósito de las "blue balls" en las mujeres escriben sendos artículos Korin Miller (*bit.ly/3QZBH34*) y Jaleesa Baulkman (*bit.ly/3KgiFTR*). Sobre la maniobra de valsalva puedes consultar en *Wikipedia*. Ana Estrada escribe sobre el squirt desde un punto de vista explicativo y práctico en "Hablemos del squirt" (*bit.ly/3R3kjKP*). Acerca de los fluidos se pueden consultar los artículos "New Insights from One Case of Female Ejaculation", de Alberto Rubio-Casillas y Emmanuelle A. Janini (*doi.org/10.1111/j.1743-6109.2011.02472.x*) y "Everything You Need to Know about Female Ejaculation", de Adrienne Santos-Longhurst (*bit.ly/3wpnlBg*), así como el libro *Pucha potens*, de Diana J. Torres (Sexto Piso, 2020). Sobre la frecuencia de la eyaculación en las mujeres se puede consultar un artículo de Helen Thomson (*bit.ly/3CrqYKJ*); sobre su bienestar, otro más de Florian Wimpissinger *et al.* (*doi.org/10.1111/j.1464-410x.2012.11562.x*). La historia de Onán aparece en Génesis 38:1-10. Pablo Duarte comenta las ideas en torno a la abstinencia sexual y el rendimiento deportivo en "La verdad sobre el sexo y el futbol (*bit.ly/3dJTfSp*). Dos artículos médicos recomendables sobre los beneficios de la masturbación son éste de Jennifer R. Rider *et al.* (*doi.org/10.1016/j.eururo.2016.03.027*) y este otro de George Davey Smith *et al.* (*doi.org/10.1136/bmj.315.7123.1641*). Sobre la comunidad furry investiga Paola Aguilar en un artículo en *Vice* (*bit.ly/3pH6x58*). La definición patológica sobre los fetichismos está en el *Manual MSD* (*msdmnls.co/3pFuvO2*). Simon y Gagnon expusieron su teoría de los guiones sexuales en 1986, en el artículo "Sexual Scripts: Permanence and Change" (*doi.org/10.1007%2FBF01542219*). La prevalencia de la fantasía del sexo grupal la documenta Justin J. Lehmiller en *Tell Me What You Want* (DaCapo, 2018). Kelly D. Suschinsky y Martin L. Lalumière estudian la respuesta de excitación durante una violación en el artículo "Prepared for Anything?" (*doi.org/10.1177%2F0956797610394660*).

PARTE 2. NUESTRAS IDEAS SOBRE EL SEXO

El capítulo en cuestión de *How I Met Your Mother* es el número 12 de la segunda temporada, "First Time in New York". Adrienne Rich presentó su idea sobre la heterosexualidad obligatoria en 1980 en "Compulsory Heterosexuality and Lesbian Existence" (*doi.org/10.1086%2F493756*). Sobre la frecuencia del orgasmo en mujeres escribe Fabiola Trejo en "La brecha del orgasmo" (*bit.ly/3R899Vi*). El video viral de Jordann Just puede verse en su cuenta de Twitter: *bit.ly/3KgYNQP*. Se puede leer completa la cita del Talmud con la que comienza el capítulo 13 aquí: *bit.ly/2oHpeqc*. La cita de Emily Nagoski está en *Tal como eres* (Neo Person, 2021). Sobre el miedo moral, vale la pena leer *La enfermedad y sus metáforas*, de Susan Sontag (Debolsillo,

2012). "Out of DSM", de Jack Drescher (*doi.org/10.3390%2Fbs5040565*), es un buen recuento sobre cómo tardó en eliminarse la clasificación de la homosexualidad como patología. En general, sobre la visión de ciertas realidades humanas desde la lente patológica puede revisarse *Sexualidades*, de Silvia Di Segni (FCE, 2013). Un buen mapa de los tipos de atracción y orientación lo tiene en línea la Universidad de Carolina del Norte en Chapel Hill (*unc. live/3wp4hDi*). Sobre la acefobia y sus expresiones violentas habla este artículo: *bit.ly/3QNmv9w*. Sarah Doan-Minh estudia la violación correctiva en "Corrective Rape" (*bit.ly/3Aluf7c*). Sobre el tratamiento farmacológico del trastorno sexual hipoactivo puede leerse este artículo: *bbc.in/305kOtn*; la guía de la Secretaría de Salud para su atención peri y posmenopáusica en México se encuentra aquí: *bit.ly/3Aa5Ypa*. El *wiki* sobre asexualidad presenta una explicación sobre el símbolo del pastel en la comunidad (*bit.ly/3Cr7LsA*) y una guía sobre los distintos matices de la atracción (*bit. ly/3R3MVDJ*). El texto de Carla Luisa Escoffié Duarte a propósito de la asexualidad puede leerse acá: *bit.ly/3wmIrQU*. Por aquí las cuentas de Instagram de Katy Fishell: @katyfishell y @sex_is_weird. Sobre la duración del coito escribe esto Alba Ramos Sanz: *bit.ly/3Ki3dGN*. Para la cita de T.S. Eliot uso la traducción (él la llama "aproximación") de José Emilio Pacheco (Era, 2017). Sobre el posporno y el porno educativo, recomiendo leer sendos textos de Paola Aguilar (*bit.ly/3AfmXGF*) y Mayra Zepeda (*bit.ly/3T9CTml*), respectivamente. Hay datos sobre los medios para llegar al orgasmo en una encuesta realizada a mujeres hispanas en 2020 que publicó en Instagram Fabiola Trejo: *bit.ly/3ci4hOA*. La cita de bell hooks está en su libro *The Will to Change* (Washington Square Press, 2005). Sobre el rol del tamaño del pene en las prácticas elegidas escriben Christian Grov *et al.* en su artículo "The Association between Penis Size and Sexual Health among Men Who Have Sex with Men" (*doi.org/10.1007%2Fs10508-008-9439-5*). *The Ultimate Guide to Sex and Disability* lo publicó Cleis Press en 2007. El ensayo de Aranxa Bello "La sexualidad en los márgenes" puede leerse aquí: *bit. ly/3PSScgE*. Priscila Hernández Flores escribe "Mujeres con discapacidad y violencia sexual", también disponible en línea (*bit.ly/3AEFU74*); a propósito de la vulnerabilidad de las niñas con discapacidad existe este texto del Fondo de Población de las Naciones Unidas: *bit.ly/3wqoSUA*. En Vimeo hay un subsitio dedicado al documental *Yes We Fuck!*, dirigido por Antonio Centeno y Raúl de la Morena (2015): *vimeo.com/yeswefuck*. Suzie Heumann escribe en "Enlightened Sex" sobre la respiración tántrica (*bit.ly/3TcuZc8*). Sobre la actividad sexual en personas con lesiones en la columna puede consultarse "Impact of Spinal Cord Injury on Sexuality", de Marika J. Hess y Sigmund Hough (*doi.org/10.1179%2F2045772312Y.0000000025*).

Parte 3. Guías prácticas sobre prácticas

El estudio sobre la prevalencia de orgasmos durante las relaciones sexuales en distintas poblaciones puede conseguirse (mediante pago) en:
bit.ly/3AIhNEw. Sobre la penetración y otros mecanismos que tienen que
ver con el orgasmo femenino está este artículo de Daniel Oberhaus: *bit.
ly/3caQWaV*. A propósito de la necesidad de educar para cerrar la brecha
vuelvo a citar a Fabiola Trejo, "La brecha del orgasmo" (*bit.ly/3R899VI*).
Las similitudes en la anatomía del pene y el clítoris las estudian Lauren-
ce Baskin *et al.* en "Development of the Human Penis and Clitoris" (*bit.
ly/3pD3tXx*). Aquí hay un artículo de *Women's Health* con posiciones sexuales para ayudar la estimulación del clítoris: *bit.ly/2I82v22*. Vale la pena
seguir las cuentas en Twitter de Delia Ochoa (@delia8a) y Alicia Delicia
(@alicia_deliciaa). *Becoming Cliterate*, de Laurie Mintz, apareció publicado
por Harper en 2017. Otras tres referencias para complementar el capítulo
sobre el clítoris y el orgasmo femenino son la enciclopedia en línea *pussy
pedia.net* (de la que también hay un libro publicado por Hachette en 2021);
el sitio *www.omgyes.com/es/*, que tiene mucha información sobre técnicas
de masturbación, y el libro *She Comes First*, de Ian Kerner (Souvenir Press,
2019). Un buen resumen de la terapia de focalización sensorial se encuentra
acá: *bit.ly/2JvwA9X*. Rachel Thompson escribe aquí sobre los beneficios de
la masturbación en pareja para cerrar la brecha orgásmica: *bit.ly/3QYcLJy*.
En el blog *Secret Pleasures* hay un breve texto sobre el uso de lubricante a
base de silicona con juguetes del mismo material: *bit.ly/3PMoQoi*. Acerca de la pastilla "del día siguiente" para el vih puede leerse este texto: *bit.
ly/3Kihy6d*. Edwin Ortiz realiza un divertido inventario de raps dedicados
al analingus en *Complex* (*bit.ly/3R1OxOk*). Sobre los juguetes sexuales como
parte del "internet de las cosas" y su seguridad ante los hackers escribe
para Wired Matt Burgess este artículo inquietante: *bit.ly/2u7G5or*. Escribí en 2019 un texto sobre las fantasías de cuckold/hotwife a partir de una
encuesta en internet: *bit.ly/3CrKA1f*. Hay una edición reciente en español,
con nueva traducción y material ampliado, del clásico *Ética promiscua*, de
Dossie Easton y Janet W. Hardy (Melusina, 2018). Una traducción del mapa
de la no monogamia, de Franklin Veaux, se puede ver aquí: *bit.ly/3RaanPX*.
Acá, un texto de Paola Aguilar sobre la comunidad swinger: *bit.ly/3AioADB*.
El *Breve manual para swingers* de Mariana Mhar y Diego Velázquez se puede adquirir en el blog de los autores: *jardindeadultos.net*.

PARTE 4. CUIDADOS SEXUALES

Se pueden consultar en línea varios datos estadísticos sobre infección de VIH (*bit.ly/2QgvPVe*) y otras ITS (*bit.ly/2HpLekm*), violencia sexual contra menores (*bit.ly/2yZ5h2N*) y embarazo en adolescentes (*bit.ly/3PH6fFL*). Hice una nota sobre el congreso de la WAS en 2019: *bit.ly/3TbPy8t*. Emily Land escribió para la San Francisco AIDS Foundation un texto alentador sobre la esperanza de vida en pacientes de VIH que comienzan a tratarse en etapas iniciales de la infección (*bit.ly/3TbPAgB*). La falta de eficacia de los programas de educación sexual centrados en la abstinencia y alejados de la discusión sobre el placer sexual está documentada en textos de la Unesco (*bit.ly/2Hvla46*) y de Jenny A. Higgins (*doi.org/10.1363/3924007*). Christine Ro escribe sobre por qué muchas víctimas no reconocen que fueron violadas aquí: *bbc.in/3AJdsB9*. La página oficial de The Pleasure Project: *thepleasure project.org*. Acá dos textos sobre las ventajas de la educación centrada en el placer: para la persuasión y el proceso cognitivo (*bit.ly/2Izo6ho*) y para las actitudes ante el bienestar sexual (*dx.doi.org/10.1080/19317611.2019.1654587*). Sobre el papel central del placer en la actividad sexual, nunca está de más leer y releer la Declaración sobre derechos sexuales: *bit.ly/3cknyyY*. Varias precisiones sobre el efecto fisiológico y psicológico inmediato del abuso sexual se encuentran en el artículo "Why Sexual Assault Survivors Forget Details", de Linda Geddes, disponible aquí: *bbc.in/3PJb9SH*. El video, memorable, de "First Date", de Blink 182: *youtu.be/vVy9Lgpg1m8*. Sobre la paroxetina y la eyaculación precoz puede leerse más aquí: *bit.ly/3wqeOhD*. Deepak Prabhakar y Richard Balon presentan un buen resumen sobre los antidepresivos y los mecanismos de la respuesta sexual: "How Do SSRIs Cause Sexual Dysfunction" (*bit.ly/3R34rbh*). Acerca del abandono de tratamientos con antidepresivos a causa de sus efectos en la sexualidad, puede leerse un buen estudio aquí: *doi.org/10.9740%2Fmhc.2016.07.191*. A propósito de manuales sobre tipificación de trastornos y psicoterapia, la American Psycological Association publica el DSM-V (su edición más reciente es de 2013) y la OMS tiene en línea la Clasificación Internacional de Enfermedades (*icd.who.int/es*). Sobre el tratamiento a personas asexuales y cómo se ha asimilado a las terapias de conversión, puede leerse acá: *bit.ly/2MHwtl8*. La Clínica Mayo tiene esta ficha útil sobre el dolor durante las relaciones sexuales: *mayocl.in/2Ug8pAw*. En esta cuenta de Instagram hay información bilingüe sobre vulvodinia: @peacewithpain. La referencia clave para nuestras maneras de hablar sobre la enfermedad es, de nuevo, *La enfermedad y sus metáforas*, de Susan Sontag (Debolsillo, 2012). Sobre el censo de bacterias, esta notita de la BBC: *bbc.in/3QNGZ27*. La OMS mantiene en línea información sobre la influenza (*bit.ly/3PJi26E*) y el herpes neonatal (*bit. ly/3T9ARmn*). L.V. Anderson publicó en *Slate* la triste historia de la estigmatización del herpes: *bit.ly/3KdxeaZ*. La necesidad de vacunar a los niños contra el VPH se explica en esta nota: *bit.ly/3dRYYG2*. Aquí se resume un artículo sobre la educación centrada en la abstinencia y las actividades de riesgo: *bit.ly/3TeOAbm*. Dos artículos sobre desabasto de medicamentos y vacunas en México pueden leerse aquí: *bit.ly/3AIg4yX* y aquí: *bit.ly/3pBszGp*. En este video de Sexplaining explico el uso correcto del condón: *youtu.be/ Mok-B-geono*. Amanda Chatel entrevista a Tiffany Gaines sobre los condones de sabores para *Bustle*: *bit.ly/3ce5mH2*. Los CDC de Estados Unidos tienen en línea un buen resumen sobre profilaxis posexposición en español: *bit.ly/3T5MUkF*. A propósito del Día Mundial del Sida, escribí en 2020 este artículo en donde menciono los avances para el tratamiento del VIH: *bit.ly/3wlN11J*. Una versión actualizada de las recomendaciones de la OMS sobre las poblaciones clave, en su sitio web: *bit.ly/3PGaoK1*. La estadística del contagio de VIH en pareja se puede leer en esta nota: *bit.ly/2G6ANQL*. Sobre la crisis en la detección y tratamiento de VIH en México a partir de la pandemia, este texto en el blog *Vidas positivas*: *bit.ly/3T5NRtf*. Una comunicación de los CDC sobre la seguridad de las vacunas en su sitio web (*bit.ly/3CsyAwO*), además de la investigación de *Snopes* sobre Gardasil (*bit. ly/3Cw3Yu6*). Por último, para el capítulo sobre VPH consulté varios textos que se hallan en *Pussypedia* (*bit.ly/3pBubQt*) y los sitios web de Planned Parenthood (*bit.ly/3AHZJdL*), los CDC (*bit.ly/3Kgv6PG* y *bit.ly/3Csj2ZS*), el Instituto de Urología de Zaragoza (*bit.ly/3RnpzcD*), la revista *Proceso* (*https://bit. ly/3KebawU*) y otros sitios informativos (*bit.ly/3KeaB6g* y *bit.ly/3QN8VD1*), así como este video de Laci Green: *youtu.be/3ohdiekok7A*.

Agradecimientos

Este libro se empezó a escribir cuando la vida era sólo eso que se supone que era la vida, se siguió escribiendo cuando una pandemia llegó de la aparente nada y lo cambió todo, y terminó de escribirse cuando la vida regresaba a ser lo que se supone que antes era. Si cualquiera de estas palabras se alcanzó a hilar con otra con algo de coherencia es porque hubo personas amorosas que me enseñaron mucho, mantuvieron a flote mi estabilidad mental y me recordaron que, incluso en la crisis, siempre queda un huequito para el placer. No, esperen, dejen lo refraseo: *sobre todo* en la crisis, es importante hacerle un huequito al placer.

Fabiola: gracias por aceptarme, aunque eso implique la consciencia plena de que el primer libro de tu hijo está dedicado, al menos en un porcentaje menor, a explicar cómo lamer múltiples partes del cuerpo. Perdón por este chiste, pero ps ya sabes cómo soy. Te amo muchísimo.

Areli: sisters are forever, I'm so glad you are mine ♥.

Jesús: si algún día lees este libro (no sólo esta parte, sino, ya sabes, *el libro*), espero que sepas que tú también fuiste parte de esto y que aquí también hubo mucho amor para ti.

Mayra Zepeda, Ana Estrada, Daniel Moreno, Karen Villeda, Julieta García, Nayeli García: gracias por la confianza de invitarme a ser una parte pequeña de los sitios que resguardan. Y perdón por todos los paréntesis que me tuvieron que editar (el otro día leí que parece que es una muletilla de las personas con TDAH, quién sabe).

Maia: gracias a ti no sólo existe este libro, sino que me siento un poco menos solo en el mundo (de aquí a que un horror cósmico inefable nos arroje a todos hacia la locura, al menos).

Aura: gracias por la complicidad paciente y amable en los *rants* y ansiedades propias de mi absoluto desconocimiento de lo que implica escribir un libro. Te tqm, amistad.

Camila, Paco: gracias por todas las veces que nos recordamos que (quizá) sí tenemos algo valioso que decir y hacer en este mundo.

Citlalli: te rifaste con la portada. Gracias por ese apoyo de último momento.

Alexandra Elbakyan: sin *Sci-Hub*, este libro jamás habría sido escrito, porque no hay manera en que ni yo ni nadie que no esté en la academia formal pueda pagar el acceso tan resguardado a la literatura científica. ¡Que viva la ciencia libre!

A mis pacientes, alumnes, personas que me leen en redes sociales: su curiosidad infinita alimenta la mía. Gracias por todo lo que me enseñan con sus preguntas y comentarios. Y si existe una sola persona en el mundo que al leer este libro se sienta menos sola, sepan que ustedes abrieron el camino para que eso sucediera.

Y por último, Paola: tú leíste y comentaste amorosamente todos los textos aquí escritos antes que cualquier otra persona. Tu espíritu precioso me enseña diario lo que puede ser la vida cuando elegimos la ternura por sobre todas las cosas. El amor eres tú.

Esta obra se imprimió y encuadernó
en el mes de noviembre de 2022,
en los talleres de Impregráfica Digital, S.A. de C.V.,
Av. Coyoacán 100-D, Col. Del Valle Norte,
C.P. 03103, Benito Juárez, Ciudad de México.